大学学科地图丛书

丛书总策划	周雁翎
社会科学策划	刘　军
人文学科策划	周志刚

大学 学科地图 丛书

经济学与管理学系列

A GUIDEBOOK FOR STUDENTS

微观经济学
学科地图

胡涛 著

图书在版编目(CIP)数据

微观经济学学科地图/胡涛著. —北京:北京大学出版社,2022.4
(大学学科地图丛书)

ISBN 978－7－301－31024－3

Ⅰ. ①微… Ⅱ. ①胡… Ⅲ. ①微观经济学—高等学校—教材 Ⅳ. ①F016

中国版本图书馆 CIP 数据核字(2022)第 065012 号

书　　　名	微观经济学学科地图 WEIGUAN JINGJIXUE XUEKE DITU
著作责任者	胡　涛　著
责 任 编 辑	刘　军
标 准 书 号	ISBN 978－7－301－31024－3
出 版 发 行	北京大学出版社
地　　　址	北京市海淀区成府路 205 号　100871
网　　　址	http://www.pup.cn
电 子 信 箱	zyl@pup.pku.edu.cn　　新浪微博:@北京大学出版社
电　　　话	邮购部 010－62752015　发行部 010－62750672 编辑部 010－62767346
印 刷 者	河北滦县鑫华书刊印刷厂
经 销 者	新华书店 730 毫米×1020 毫米　16 开本　17.25 印张　265 千字 2022 年 4 月第 1 版　2022 年 4 月第 1 次印刷
定　　　价	85.00 元

未经许可,不得以任何方式复制或抄袭本书之部分或全部内容。
版权所有,侵权必究
举报电话: 010－62752024　电子信箱: fd@pup.pku.edu.cn
图书如有印装质量问题,请与出版部联系,电话: 010－62756370

"大学学科地图丛书" 编写说明

"大学学科地图丛书"是一套简明的学科指南。

这套丛书试图通过提炼各学科的研究对象、概念、范畴、基本问题、致思方式、知识结构、表述方式，阐述学科的历史发展脉络，描绘学科的整体面貌，展现学科的发展趋势及前沿，将学科经纬梳理清楚，为大学生、研究生和青年教师提供进入该学科的门径，训练其专业思维和批判性思维，培养学术兴趣，使其了解现代学术分科的意义和局限，养成整全的学术眼光。

"大学学科地图丛书"的作者不但熟谙教学，而且在各学科共同体内具有良好的声望，对学科历史具有宏观全面的视野，对学科本质具有深刻的把握，对学科内在逻辑具有良好的驾驭能力。他们以巨大的热情投入到书稿的写作中，对提纲反复斟酌，对书稿反复修改，力图使书稿既能清晰展现学科发展的历史脉络，又能准确体现学科发展前沿和未来趋势。

近年来，弱化教学的现象在我国大学不断蔓延。这种倾向不但背离了大学教育的根本使命，而且直接造成了大学教育质量的下滑。因此，当前对各学科进行系统梳理、反思和研究，不但十分必要，而且迫在眉睫。

希望这套丛书的出版能为大学生、研究生和青年教师提供初登"学科堂奥"的进学指南，能为进一步提高大学教育质量、推动现行学科体系的发展与完善尽一份心力。

北京大学出版社

前言

微观经济学是经济学领域的基础学科，也是其中发展最为成熟的学科之一。现代微观经济学起源于亚当·斯密的《国富论》，其经典内容的大厦在马歇尔的《经济学原理》中大致成形。20世纪70年代，博弈论的引入将现代微观经济学推向了新的高度，形成了以合约为分析主题的多个分支，比如信息经济学与制度经济学。

《微观经济学学科地图》是微观经济学的学科指南，从全景的角度展现微观经济学的整体面貌，描述学科布局，总结学科的研究方法范式，梳理学科发展脉络，介绍学科前沿，展望学科发展趋势。

《微观经济学学科地图》从时间轴上展现了微观经济学的发展，并注意从学科发展逻辑的角度介绍微观经济学的深入发展。从时间上，该书梳理了微观经济学的发展历程，从19世纪边际效用论的产生到20世纪初微观经典供需大厦的建立，其后微观经济学开始进入现代微观理论时代，尤其是以信息经济学和制度经济学为主题的理论领域。从逻辑上，在完全竞争、完全信息以及无外部性三大假设下构建的经典供需理论面临突破的需要，本书以逐步放开三大假设为逻辑主线，勾勒了微观经济理论从以选择为研究主题的经典供需理论发展到当今以合约为重点的现代信息经济学与制度经济学的过程。

此外，本书还简明地总结了经济学的方法论基础、研究的统一范式以及微观经济学最常用的研究方法。

作者由衷感谢北京大学出版社提供的这个宝贵机会，使得这本指南式的学科地图得以成形、付梓。作者认为，对于一个学科的发展而言，教材建设固然重要，学科指南也不可或缺。因为通过"学科地图"，读者不仅可以掌握学科具体的知识点，还可以从整体的视角了解学科知识点的相互关系以及发展脉络，取得相得益彰的学习效果。

第一章 微观经济学学科概述

第一节 微观经济学学科简介 / 001
　　一、经济学的定义 / 001
　　二、经济学的研究路径 / 002
　　三、经济学的基石——微观经济学 / 007
第二节 现代微观经济学发展的历史沿革 / 009
　　一、边际效用论 / 010
　　二、边际生产与分配理论发展史 / 012
　　三、微观经济学经典大厦的成熟 / 015
第三节 现代微观经济理论的发展 / 016
　　一、信息经济学的兴起 / 017
　　二、制度经济学 / 019
第四节 微观经济学在中国的发展 / 020
　　一、民间自发引介为主的阶段 / 020
　　二、官方认可后迅速发展的阶段 / 022
　　三、反思与展望 / 023

第二章 微观经济学学科核心概念

第一节 体现微观经济学基本思想的概念 / 024

第二节 与成本和收益有关的概念 / 029

第三节 消费者理论的重要概念 / 034

第四节 生产者理论的重要概念 / 039

第五节 制度经济学的重要概念 / 041

第六节 信息经济学的重要概念 / 044

第三章 微观经济学学科经典理论框架

第一节 经典供需框架导论 / 051

第二节 需求 / 053

　　一、偏好 / 053

　　二、效用函数与无差异曲线 / 053

　　三、消费者均衡 / 054

　　四、消费者均衡的变化 / 055

　　五、需求曲线的推导 / 056

　　六、需求曲线的形状 / 057

第三节 供给 / 058

　　一、生产技术与等产量曲线 / 058

　　二、生产者均衡 / 059

第四节 经典经济学的核心框架：供需均衡 / 062

　　一、均衡的意义 / 062

　　二、供需均衡 / 063

　　三、供需均衡的现实应用 / 064

第五节 要素市场的供需 / 067

　　一、要素的供给 / 067

　　二、要素供给曲线的形状 / 067

　　三、要素的需求 / 068

　　四、要素需求曲线的形状 / 068

　　五、要素市场均衡 / 069

第六节　经典框架的延伸：垄断　/ 071
　　一、产品市场垄断　/ 071
　　二、要素市场的垄断　/ 073
第七节　一般均衡理论　/ 074
　　一、一般均衡简介　/ 074
　　二、一般均衡的重要分析框架　/ 075
　　三、一般均衡的重要结论　/ 079
　　四、一般均衡的应用价值　/ 082

第四章　微观经济学研究方法：方法论、研究范式与常用形式

第一节　实证经济学方法论——科学的解释　/ 085
　　一、理论 VS 事实　/ 085
　　二、经济理论的构建　/ 088
　　三、经济理论的验证　/ 091
　　四、对经济学方法论常见质疑的回应　/ 094
第二节　研究范式：理性、均衡与比较静态分析　/ 099
　　一、理性　/ 100
　　二、均衡　/ 100
　　三、比较静态分析　/ 103
第三节　微观经济学研究的常用形式——模型　/ 110
　　一、经济学模型　/ 110
　　二、微观经济学是否过度数学模型化　/ 113
　　三、如何建立微观经济学模型　/ 124

第五章　微观经济学前沿（一）：博弈论与信息经济学

第一节　博弈论　/ 129
　　一、什么是博弈论　/ 129

二、博弈论的理论基础概念：知识（或信念） / 131

三、博弈结构的两种表示法 / 135

四、解概念 / 138

第二节 信息经济学 / 148

一、逆向选择 / 149

二、信号发送 / 150

三、信息筛选 / 157

四、道德风险（委托代理） / 161

五、机制设计理论 / 167

六、拍卖理论 / 177

第六章 微观经济学前沿（二）：制度的经济分析

第一节 外部性争议与科斯定理 / 189

一、外部性争议与权利的界定 / 189

二、一个制度分析的著名例子：佃农理论 / 190

第二节 科斯定理与交易成本 / 193

一、交易成本概念的辨析 / 193

二、交易成本理念与价格理论理念 / 195

三、租值耗散 / 196

四、公共领域的价值 / 198

五、交易成本与产权 / 201

第三节 经典产权经济学 / 202

一、产权的起源 / 203

二、企业是什么 / 204

三、合约的选择 / 208

第四节 现代产权理论 / 211

一、不完全契约 / 211

二、不完全契约模型 / 213

第五节　交易成本理论　/ 217
　　一、概述　/ 217
　　二、交易的特点与交易成本　/ 218
　　三、治理结构与交易成本　/ 219
　　四、交易成本理论的应用　/ 220
　　五、展望　/ 222

第七章　微观经济学经典文献与代表性学术期刊

第一节　微观经济学经典文献　/ 225
　　一、经济学方法总论　/ 225
　　二、新古典微观经济学　/ 226
　　三、博弈论与信息经济学　/ 228
　　四、制度经济学　/ 231
第二节　微观经济学代表性学术期刊　/ 235
　　一、《美国经济评论》　/ 235
　　二、《美国经济学期刊：微观》　/ 235
　　三、《美国经济评论：洞见》　/ 235
　　四、《政治经济学杂志》　/ 236
　　五、《经济学季刊》　/ 236
　　六、《经济研究评论》　/ 237
　　七、《计量经济学》　/ 237
　　八、《欧洲经济学会期刊》　/ 237
　　九、《经济理论杂志》　/ 238
　　十、《兰德经济学杂志》　/ 238
　　十一、《博弈与经济行为》　/ 238
　　十二、《劳动经济学》　/ 239
　　十三、《法和经济学杂志》　/ 239
　　十四、《发展经济学杂志》　/ 240
　　十五、《公共经济学杂志》　/ 240

第八章 微观经济学代表学者

一、亚当·斯密 / 241

二、艾尔弗雷德·马歇尔 / 242

三、维弗雷多·帕累托 / 243

四、米尔顿·弗里德曼 / 244

五、阿门·艾尔钦 / 245

六、保罗·萨缪尔森 / 246

七、肯尼斯·阿罗 / 247

八、杰拉尔·德布鲁 / 248

九、罗纳德·科斯 / 249

十、加里·贝克尔 / 251

十一、约翰·纳什 / 252

十二、丹尼尔·卡尼曼 / 253

十三、约瑟夫·斯蒂格利茨 / 255

十四、埃里克·马斯金 / 256

十五、罗杰·迈尔森 / 257

十六、让·梯若尔 / 258

第一章

微观经济学学科概述

第一节 微观经济学学科简介

一、经济学的定义

新古典经济学大师艾尔弗雷德·马歇尔（Alfred Marshall）给经济学下的定义是：经济学是关于人们普通生活事务的学问。它研究一部分个人与社会的活动，这部分活动与人们获取与利用必要物质获得幸福紧密相关。因此经济学一方面研究财富，另一方面，而且是更重要的一方面是研究人类行为。[1]

其后，较流行的一个定义是：经济学研究人类如何配置稀缺资源以及这些行为对整个社会产生的影响。[2] 在大多数情况下，经济学的研究确实聚焦于资源的配置问题以及配置结果对社会福利的影响。

---

[1] Alfred Marshall, *Principles of Economics*, New York: Cosimo, 2009, p. 1.
[2] Daron Acemoglu, David Laibson, and John List, *Microeconomics*, New Jersey: Pearson, 2015, p. 4.

随着经济学研究领域的逐步拓展,尤其是加里·贝克尔(Gary Becker)将经济学的方法应用于家庭、法律以及歧视等领域,以研究主题来界定经济学的方式似乎已经不能将后来发展的很多经济学分支纳入,比如制度经济学、法和经济学等。因此,一些经济学家提出以研究方法定义经济学,比如尤金·西尔伯柏格(Eugene Silberberg)提出的一个定义很有代表性:经济学是一门社会科学,它建立在一般化的行为与技术假设上,同时简化处理所有不可观察的影响因素,将这些因素假设为固定不变,然后仅仅基于可观察约束条件的变化来推断人类事务的变动,并力图得到在经验上可证伪的结论。[1]

当然,哪种定义更好主要取决于研究者自身的偏好。对于经济学的定义虽然存在不同的看法,但这几乎不会给经济学研究带来麻烦。实际上经济学大多数研究具有很高的相似度。首先,在经济学研究方法上共识度很高,一般都是从理性的假设出发,按照优化方法进行推演;其次,在主题上,经济学研究涵盖的范围与领域的细分也达到了相当的共识。目前经济学研究领域的分类有国际统一标准——JEL 分类表,它是美国经济学会(American Economic Association)旗下的著名刊物《经济学文献》(*Journal of Economic Literature*)开发的一套完整的经济学研究领域细分表,现已成为经济学界的通用标准。

二、经济学的研究路径

资源是稀缺的,这是经济学最重要的前提。亚当·斯密(Adam Smith)是公认的现代经济学的创建者,其《国富论》中的一个核心主题就是探究人类如何利用有限的资源获取更多的财富。围绕着资源配置,现代经济学的研究主线大致为两条互补的路径,其一是以资源配置为中心的研究,其二是研究资源配置赖以运行的制度与规则。

人们在满足自身需求的过程中,必然要调用各种资源,但是资源的利

---

[1] Eugene Silberberg and Wing Suen, *The Structure of Economics: A Mathematical Analysis*, New York: McGraw-Hill/Irwin, 2000, p. 6.

用面临着限制。经济学将所有的限制分为两类。第一类是人类共同面临的限制，它来自大自然，在经济学中这类限制称为稀缺性，表示自然资源有限与人类需求无限之间的矛盾。第二类是人与人相互之间的限制，表示人们在满足自身需求过程中对资源产生竞争。在单个人的世界（经济学常用鲁滨孙世界代表）只有第一类限制，经济学的研究类似工程学或物理学。在多个人的世界，两类限制同时存在。正是因为人类面临的自然资源是有限的（第一类限制），才导致了人们使用资源满足需求时存在竞争关系（第二类限制）。亚当·斯密以来的经济学研究的主线都是资源的最优配置，经济运行的制度背景（法律、执法机构、习俗以及惯例等）并没有得到重视。到了20世纪60年代制度经济学兴起，学界意识到经济运行的效率与其制度背景关系密切，一个社会的法律体系对产权的界定是否清晰，对产权的保护是否有力，双方自愿签约能否得到保障，契约的履行能否得到监督等，都直接影响到人们投资、生产、研发以及交易的激励。由此，以规则和制度为重点的研究路径成为经济学研究的主流之一。

第一类限制是稀缺性，是所有经济学研究的必要前提。在经济学研究中只考虑第一种限制的模型一般称为单人世界，它在分析上很简单，是了解资源配置很好的起点。在应用方面，这类模型并不局限于单人世界，很多涉及整个社会所有人群的经济问题也可采用这类模型来分析，比如税收对资源配置和社会福利的影响，或者一些国际贸易问题。

对于第二类限制，经济学在发展中经历了一个明显的"发现"过程。自《国富论》开始，很长一段时间里，经济学都是在理想化的假设下研究社会中人与人之间的竞争以及竞争如何影响社会资源配置。价格作为唯一重要的因素，决定了竞争的方式与结果。根据这一假设，资源的分配由价格决定，物品或服务归属于最高出价者。价格又由供给与需求决定，这就奠定了供需分析在经典经济学中的核心地位，因此经典经济学常常又称为"价格理论"。随着时间推移，供需框架的缺点逐渐显露，很多司空见惯的现象得不到解释。比如，为什么出现企业以及市场为何有这么多不同的经济组织？为什么存在产权与契约？价格体系运行的成本是什么？经济学者意识到价格作为竞争的准则是有前提的，以价格进行交换需要一整套底层制度的保证，没有清晰的产权界定、良好的产权保护与执行，价格体系就是空中楼阁。经济学发展到这个阶段，就好像"发现"了一个原本存在但是没有得到重视的领域，现在这一领域的研究已经蔚为大观，学界把所有有关的研究称为"制度经济学"。

（一）以资源配置为研究重点的路径

经济学研究遵从由简及繁的路径。最简单的情形是仅考虑第一类限制。在第一类限制中，无须考虑人与人之间的竞争，经济学研究与工程学非常类似，只需要研究在稀缺限制下如何配置资源使得一个人的需求得到最好的满足。经济学常用鲁滨孙经济（Robinson Economy）模型来回答这个问题。鲁滨孙面临的约束都来自大自然，稀缺资源体现为小岛上有限的自然物产以及鲁滨孙有限的劳动时间。劳动时间可用于捕鱼或者织衣，很显然捕鱼的时间越多，制衣时间就越少，鲁滨孙根据自己对饱腹与御寒的评价分配有限的劳动时间，从而使得自身需求得到最大化的满足。在鲁滨孙世界里，很多复杂的情形没有出现，其中最主要的是没有其他人对资源的竞争以及信息不对称问题。

（二）以制度安排为研究重点的路径

当考虑多于一人的经济模型时，就需要同时关注价格与非价格（制度）两种影响资源竞争的标准。

1. 价格准则

价格是资源竞争的准则，得到一种资源或物品不是靠争抢，而是靠价格。价格准则假设人们相互之间的竞争全部服从市场自由交换的规则，任何个体获得物品或资源需要付出物品或资源拥有者同意的交换条件，一般而言，这个交换条件是价格。这种研究范式将多人竞争问题做了理想化的简化，简化到了与鲁滨孙世界接近的程度。经典经济学以价格为竞争准则，可以回答弗兰克·奈特（Frank Knight）曾总结的五大资源配置问题：生产什么？以什么方式生产？生产多少？谁来生产？为谁生产？

一个社会，不同的人需求不同的产品，那么该生产什么产品呢？价格机制的回答很简单：哪种产品的利润高，资源就往哪边流动。生产产品的方式有很多种,该如何组织生产呢?价格机制的回答是哪种投入相对便宜就使用哪种投入。一种产品该生产多少呢?价格机制指出,当生产这种产品的数量达到其边际利润与生产其他产品的边际利润相等时就该停止。谁来生产呢?价格机制指出,当要素拥有者从某种产品生产中得到的边际回报高于边际成本时就会投入这种产品的生产中。为谁生产呢?价格机制指出,愿意支付市场价格的需求者得到商品。

在供需均衡的研究范式下,人们之间的竞争主要体现在价格上,价格作为一种标准起到了协调竞争的作用。不过,对现实稍微深入考察就会发现,将价格作为竞争准则有点过于简化了,价格体系的运行依赖于一些更为基本的制度条件,比如法律体系(包括产权制度)等。

2. 比价格更基础的因素:制度

(1) 竞争与社会财富

多人世界存在竞争。当经济学拓展到多人世界的资源配置问题时,意味着两类限制需要同时考虑。除了大自然的资源有限外,新增的限制条件是人与人之间的相互竞争———一项资源被一个人使用时,就不能被其他人使用,或者一个人对资源的使用限制了其他人对资源的使用。对于经济学研究而言,讨论自然界的约束远远比讨论人类社会的约束容易。多人世界形成社会,在社会里人与人之间出现了一个很基本的矛盾,即一个人按自己的意愿使用或获取资源时,很可能冒犯了其他人同样的权利,这是多人组成的社会与鲁滨孙世界最大的区别所在。在鲁滨孙世界中,他可以按自己的意愿自由地使用、获取资源。在社会中,肯定不能放任人们都按自己的意愿行事。道理非常简单,在规则上给予个体完全的、不受任何约束的自由,其结果必然导致弱肉强食,人类社会退化为丛林社会,人们不仅获得不了多少自由,而且生存的概率和条件都会恶化,这说明人与人之间的竞争需要约束。

约束竞争的目的是让竞争不去毁灭社会财富,而是创造社会财富。经济学在讨论社会中人与人之间的竞争时,采取了全面且富有洞见的视角,不仅关注竞争中"零和博弈"的一面,而且关注"正和博弈"的一面。显然,一项资源的使用或占有具有明显的"零和博弈"特性,一个人对资源的占有必然意味着其他人可以占有的资源相应减少。通常的视角都能注意到竞争的零和博弈特征，根据这种观点，一个人获得财富的障碍是其他人对同样财富的竞争或者获得财富必然来自对其他人的"剥削"。经济学非常重视竞争可能带来的"零和博弈"特征，不过经济学家意识到，人群之间的竞争不都是"此消彼长"的零和博弈，很多时候体现为"共同富裕"的正和博弈特征，比如要素的所有者采用自给自足的生产方式获得的总产量比不上将一部分要素的使用让渡给其他人。经济学认为，约束竞争中"零和博弈"的一面非常重要，人类社会演进出了各种正式与非正式的组织和规则：以政府以及各类管制机构为代表的正式机构，以法律和各种条例为代表的有形规则以及以社会习俗、文化和道德等为代表的无形制度。这些有形和无形的事物在很大程度上就是为了约束竞争毁灭财富。一般而言，竞争中零和与正和两个方面互相交织，一旦控制了竞争中的零和博弈特征，竞争就自然促进财富的增长。竞争中出现零和博弈时，说明人们之间的行动需要协调，良好的协调只能依靠第三方权威组织或机构解决，借用现在流行的说法，区分竞争中哪些是"零和博弈"的部分，正是区分政府与市场边界的一个可行思路。

（2）制度经济学

很明显，价格作为一种竞争标准是有前提的，或者价格体系并非在真空中运行，必须有良好的制度作为保障。对于这一点，罗纳德·科斯（Ronald Coase）在1959年的著名论文《联邦通讯委员会》中明确指出：除非资源的产权得到明确指定，其他人需支付才能从所有者手中得到资源，由此各种混乱将消失，不然私有企业经济体系不可能运行良好。[①]

科斯的呼吁迅速得到响应，经济学界开始关注价格体系运行的制度基础。大量学者如阿门·艾尔钦（Armen Alchian）、哈罗德·德姆塞茨（Harold Demsetz）、约拉姆·巴泽尔（Yoram Barzel）、张五常以及奥利弗·威廉姆森（Oliver Williamson）等纷纷从不同角度展开对制度的研究，

---

① R. H. Coase, "The Federal Communications Commission", *The Journal of Law & Economics*, Vol. 2, 1959, pp. 1-40.

开启了微观经济学的新领域——制度经济学。

威廉姆森的新制度经济学研究中，规则（比如产权规则）与交易费用是最核心的分析概念。①

威廉姆森按不同的层次对制度经济学的研究范围进行了界定。他先对社会分析的层次做了详细划分，然后再根据制度经济学的分析目标将其放入相应的层次中。具体而言，社会分析被分成了四个层次。最基础的一层是"无形制度"，以社会传统、社会习俗和行为范式为代表，其演进是自发的，在时间跨度上非常漫长。第二层是"正式制度"，以正式法律条文、正式的司法机关和行政分支为代表，在很大程度上是人为设定的，在时间跨度上要比无形制度短暂一些。第三层以社会治理模式为代表，它在时间上的跨度更短，主要研究在给定的无形及有形的制度下，哪种治理模式最节约交易费用。第四层是资源配置的优化，其核心是价格体系。威廉姆森认为前三层都是价格体系运行的制度基础，其中第一层的特点是自然演进，第二层则主要关注权利的界定与维护等正式规则。在威廉姆森看来，即使有了正式规则，还需要了解交易成本对不同合约形式的影响，这就是第三层，也是制度经济学分析的重心所在，它以交易为研究对象，以适应性原则的视角讨论交易与交易合约的治理结构之间的最优匹配。

制度经济学研究的领域比经典经济学更为深入，经典经济学是在既定的制度条件下研究资源的配置，而制度经济学是将经典经济学的假设前提作为研究对象，换言之，制度经济学将经典经济学的外生假设作为内生变量进行研究。制度经济学如今已经发展成为经济学的一大分支，已有的研究成果蔚为大观。根据具体研究方向的不同，制度经济学衍生出很多分支，比如交易成本经济学、契约经济学以及法和经济学等。

三、经济学的基石——微观经济学

经济学发展至今，体系已经非常庞大，涵盖很多分支领域，有宏观经

---

① O. E. Williamson, "The New Institutional Economics: Taking Stock, Looking Ahead", *Journal of Economic Literature*, Vol. 38, No. 3, 2000, pp. 595-613.

济学、微观经济学、计量经济学、行为经济学、公共财政学、劳动经济学等。不过在大多数时候，如果不特指某个专业领域，提到经济学都是指微观经济学。比如，不少流行的初级教科书都把经济学定义为"研究稀缺资源在各种竞争用途中的配置"，这种定义无疑是把经济学当成了微观经济学。

形成这种现象的主要原因，很大程度上与经济学学科的发展历史有关。首先，经济学在发展之初并不是一个独立的分支，它附属于道德哲学，即使是公认的现代经济学奠基人亚当·斯密，他的身份也不是经济学教授，而是哲学教授。1776年斯密划时代的巨著《国富论》问世，标志着经济学开始成为独立的学科。其次，经济学自斯密以后的发展大体是逐步完善新古典理论框架，新古典理论就是现代意义的微观经济学。这说明，早期经济学发展的历史基本上都是微观经济学的发展历史。再次，直到20世纪30年代，约翰·梅纳德·凯恩斯（John Maynard Keynes）《就业、利息和货币通论》发表，经济学才分为微观与宏观两大分支。最后，现代宏观经济学非常重视微观基础，微观经济学成为公认的最为基础的学科。自然而然，当没有特指时，学界形成惯例，提及经济学就是指微观经济学。

值得指出的是，微观经济学的讨论范围可以是非常"宏观"的话题，比如一般均衡理论是研究所有的产品与要素市场。反之，宏观经济学讨论的话题也可以非常"微观"，比如现在宏观经济学中占主流地位的增长理论与经济周期理论，都是用代表性消费者模型，这几乎是最具微观特点的模型。20世纪70年代以来宏观经济学的发展慢慢脱离了凯恩斯开创的总量分析思路，构建微观基础成为宏观经济学最重要的理论工作之一，微观与宏观的界限已经变得越来越模糊了。因此，从一定程度上，经济学科最重要的两大领域——宏观经济学与微观经济学——在理论基础上都是非常"微观的"。

第二节 现代微观经济学发展的历史沿革

经济学发展至今,已经形成了相当成熟的理论体系与研究范式。西方经济思想的发展最早可以追溯到古希腊时代,比如色诺芬(Xenophon,公元前430—前355)在其论著《经济论》中首次提出了"经济"一词。[①] 经济学长期以来不是独立学科,经过漫长的发展,直到古典经济学时代(以英国的威廉·配第、大卫·休谟以及法国的弗朗斯瓦·魁奈等为代表),经济学科的发展开始慢慢加速。亚当·斯密的巨著《国富论》发表,标志着经济学科开始独立,发展也踏入快车道。最终,新古典经济学集大成的工作由马歇尔完成,他在《经济学原理》中构建了供需均衡的框架,定义了现代微观经济学中非常重要的局部均衡理论,这标志着现代微观经济学的成立。到了20世纪50年代,一般均衡理论的完善代表了现代微观经济学理论在供需分析框架上已经成熟,这个阶段标志着经典经济学理论大厦封顶,也意味着对理想状态下市场机制的研究基本完成。此后,微观经济学研究的注意力慢慢转向市场运行中的"摩擦力",越来越多的学者认为经典微观经济学内容(或供需框架)的前提条件,比如信息对称、没有外部性、没有垄断、产权清晰、法律体系公正、契约完美执行等过于理想化,现实中市场的运行存在各种"摩擦",只有深入了解这些摩擦,我们才可能解释经典经济学无法解释的很多现象。到了20世纪70年代,随着对现实市场"摩擦"研究的逐步深入,信息经济学与制度经济学应运而生。至此,现代微观经济学进入前沿发展阶段。

纵观整个微观经济学发展历程,从学科的萌芽、产生直到经典经济学大厦的构建与完善,再加上现代信息经济学与制度经济学的兴起,形成了现代微观经济学整体发展的脉络。

---

① 晏智杰等:《西方经济学说史教程》,北京:北京大学出版社2013年版,第7页。

一、边际效用论

在现代微观经济学中，消费者理论是最重要的理论基础之一，它以主观效用价值为出发点，根据边际分析方法构建而成。

主观效用价值思想的萌芽产生得非常早，可以追溯到古希腊亚里士多德时代①，只是发展到了边际效用论的时期，才逐渐具有了现代微观经济学消费者理论的雏形。

在古典经济学时代，斯密与边沁两位经济学巨匠的研究是主观效用理论发展的大背景。② 斯密在《国富论》中指出，价值一词有两个不同含义，有时表示特定物品的效用，有时表示所用之物购买其他物品的购买力。斯密将前一种价值定义为"使用价值"，后一种定义为"交换价值"。"使用价值"按照斯密的说法就是效用。斯密甚至引用了著名的"水与钻石"的悖论形象地阐述两种价值概念的差异。边沁是公认的现代效用价值论的鼻祖，他把效用定义为一种人们持有的"趋利避害"的主观感受。他在《道德与立法原理导论》中定义，效用是任何事物都具有的一种特性，它倾向于给利益相关者带来实惠、好处、快乐、利益或幸福，或者倾向于防止利益相关者遭受损害、痛苦、祸患或不幸。③

古典经济学时代，两个重要的学者朱尔·杜普伊（Jules Dupuit）和赫尔曼·海因里希·戈森（Hermann Heinrich Gossen）对效用论的奠基功不可没。④ 杜普伊是一名工程师，在研究实际问题时发展了效用论中最重要的几个概念，他明确区分了总效用与边际效用的不同，同时还发现了"消费者剩余"的概念。戈森是一位非常自负的学者，他曾认为自己的著作

---

① 李晓蓉：《西方经济学说史》，北京：北京大学出版社2014年版，第11页。
② George Stigler, *Essays in The History of Economics*, Chicago: University of Chicago Press, 1965, pp. 67–75.
③ 〔英〕杰里米·边沁：《道德与立法原理导论》，时殷弘译，北京：商务印书馆2000年版，第58页。
④ George Stigler, *Essays in The History of Economics*, Chicago: University of Chicago Press, 1965, pp. 78–84.

《人类交换规律与人类行为准则的发展》可为人们实现自己的目的指明道路。① 戈森对于效用论有两大贡献。其一，明确提到了劳动的边际负效用，在表示劳动边际负效用的曲线中包含了边际效用递减的假设。其二，发现了现代微观经济学的核心结论——等边际法则。戈森认为，一个人效用最大化就是把可得的金钱分配到各种商品，直到花费在每种商品上的最后一块钱获得相同的满足。

经过古典经济学时代的发展，边际效用理论最终由以下三位学者分别独立提出。

（1）威廉·斯坦利·杰文斯（William Stanley Jevons）

杰文斯主要的贡献是在效用论基础上构建了消费者行为。② 他主张用科学的手段研究经济学，广泛采用数学、图形等手段阐述效用理论，这些数理方法在当时的研究中还是不多见的。

尽管经济学思想史上认为杜普伊是最早的效用论创立者，但是杰文斯独立发现效用论还是为他赢得了边际效用论创建者的荣誉。杰文斯在其著作《政治经济理论》中明确区分了总效用与边际效用，以函数关系表达总效用，认为总效用是由消费者消费的商品数量决定。《政治经济理论》并未使用"边际效用"这个现代术语，而是采用自创的名词"效用程度"（degree of utility）。杰文斯用微积分符号精确定义了效用程度，它是效用微分与商品数量微分之商。杰文斯还假设了边际效用递减，认为效用程度随着商品数量的增加而减少。

杰文斯另外一个重要的贡献是清晰地表达了消费者效用最大化的行为一定是"等边际效用"。杰文斯认为，当某种商品数量固定时，消费者可以在各种不同用途中进行分配，直到任何用途增加额外一单位商品带来的效用增量相等，这样消费者的效用实现最大化。尽管杰文斯并没有采用现代流行的边际效用符号，但是"等边际效用"这个普遍法则已经表达得非常清晰。

---

① 晏智杰：《边际革命与新古典经济学》，北京：北京大学出版社2004年版，第55页。
② R. B. Ekelund and R. H. Hebert, *A History of Economic Theory and Method*, Illinois: Waveland Press, 2007, p. 322.

(2) 卡尔·门格尔 (Carl Menger)

门格尔是奥地利学派的创始人,是公认的"边际效用论"三杰之一。门格尔是典型的主观效用价值论学者。① 他的商品四要素定义清晰体现了主观需求是其理论核心:第一,物品必须能满足人们的主观需求;第二,物品必须具备满足人们需求的特性;第三,人们可以意识到该物品能满足自身需求;第四,人们可以支配这种物品。

以商品提供的主观价值为基础,门格尔用举例的方式描绘了一张由十种商品组成、每种商品都给出了不同数量的边际效用值的表格,并根据表格提出了边际效用理论中最重要的法则之一——等边际原理。表格现称为"门格尔边际效用递减表"。② 门格尔认为人们将自己有限的资源用于商品消费,使得自身效用最大化。门格尔先把商品按重要程度(满足主观需求)分类,然后假设每个类别的消费具备满足程度递减性质,消费者最大化满足状态是在边际上,每个类别提供相同的效用。

(3) 莱昂·瓦尔拉斯 (Léon Walras)

出生于法国诺曼底的瓦尔拉斯是洛桑学派的创建者,他因为对一般均衡的研究被人们熟知。瓦尔拉斯在经济学研究方面非常重视数学工具的使用,他对边际效用理论的贡献之一是首次将等边际原理形式化。

在《纯粹经济学要义》一书中,瓦尔拉斯构建了现在仍然沿用的效用最大化模型,消费者的效用函数是 $f(x_1) + g(x_2) + h(x_3) + \cdots$,预算约束线是 $\sum p_i x = \sum p_i x_i^0$,效用最大化的结果就是所有产品在最后一单位花费中得到相同的边际效用。

二、边际生产与分配理论发展史

生产与分配是经典经济学的重要组成部分,在现代经济学中,边际生产理论的产生却很曲折,它并没有紧跟着边际效用论自然而然地产生,而是经过了一段漫长的过程,边际生产理论才由瓦尔拉斯、菲利普·亨

---

① 晏智杰:《边际革命与新古典经济学》,北京:北京大学出版社2004年版,第127页。
② 晏智杰等:《西方经济学说史教程》,北京:北京大学出版社2013年版,第260页。

利·威克斯蒂德（Philip Henry Wicksteed）、马歇尔、约翰·贝茨·克拉克（John Bates Clark）等人发展起来。

瓦尔拉斯对于生产理论的发展做了大量原创性的贡献。他认同让·萨伊生产三要素的说法，还加入了企业家这种生产要素，这种看法在当时是非常前瞻性的。斯蒂格勒在其博士论文中认为瓦尔拉斯对于生产理论的重大贡献至少有三点：第一个在概念上明确区分资产与资产提供的服务，第一个清晰通过数学方程描绘了竞争性市场中的生产过程，第一个在研究中严格按照资产与资产提供服务的二分法进行研究。[①] 当然，瓦尔拉斯的研究也有一些缺憾，他把生产简化为固定投入比例的生产函数，由此也失去了提出更为一般化的边际生产力理论的机会。

威克斯蒂德在边际生产力理论方面的贡献很清楚，他是英语世界中第一个用机会成本的概念来分析资源配置的经济学家。他认为在资源有限的前提下，一种物品的提供一定以其他物品的减少为成本。另外，威克斯蒂德还提出了生产要素之间具备替代性的原理，指出当一种要素减少时，增加一定数量的其他要素可以维持产量不变。[②] 认识到成本的本质以及生产要素之间可互相替代的原理，威克斯蒂德对于生产分配的认识已经很接近正式的边际生产力理论，他以资本为例说明了生产要素的最优使用就是边际回报与边际成本相等。

马歇尔是经济学说史上公认的巨人，他在经济学的很多领域都留下了足迹。在《经济学原理》第7卷，马歇尔集中论述了个各种要素的价格决定以及分配理论，他认为要素的价格受到边际生产力的影响，这部分形成要素的需求。通过对劳动、土地、资本以及企业家等要素供给的讨论，马歇尔实际上已经构建了边际生产力的分析框架。他对于边际生产力理论的贡献体现在以下一段关于"替代原理"的论述中：

"任何一种要素，诸如土地、机器、熟练劳力、非熟练劳力等倾向于有利润就得到使用。任何雇主或生意人，只要增加一种要素可以带来更好

[①] G, J. Stigler, *Production and Distribution Theories*, London: Transaction Publishers, 1994, pp. 232-255.

[②] Ibid.

收益,他们就会增加对要素的投入。他们估算要素在一种使用方式中的净收益(在货币上,要素带来的总收益的增量减去相应支出)以及在另外一种使用方式中的净收益。只要从一种使用方式上转移一点到另外一种能有收益,他们就会这么做下去。那么,任何要素的使用都服从供需的普遍条件:一方面是要素的各种用途以及这些用途对要素所有者用于满足人们需求的各种方式,另一方面是要素的库存。均衡点的达到符合替代原理,要素倾向于从其服务产生较低收益的地方转到较高收益的地方。"[1]

由此,马歇尔清楚地指出要素的需求是由要素的边际生产力决定的,要素的均衡价格由要素的需求与供给的平衡决定。

美国经济学家对边际生产力理论以及分配理论也做出了贡献。在经济思想史上,约翰·贝茨·克拉克独立发展出了价值理论与边际产出理论,其中边际生产力理论是克拉克最受称道的贡献。当时,虽然边际效用理论已经搭建得很完整,但是边际分析一直没有顺理成章地应用到要素价格理论中。克拉克将效用理论中的边际分析应用到要素理论中,使得生产理论与效用理论开始平衡发展,彼此对应而且浑然一体。

克拉克在一定程度上出于对收入分配公平的关注,发展了边际生产力理论。他在《财富的分配》一书中写道,剥削劳动的指控笼罩着整个社会。但是,如果我们要检验这种指控,就必须进入生产领域。我们必须将整个社会的工业产品分解成组成要素,以看清竞争的自然结果是否给予每个生产者他所创造的那个数额的财富。[2] 克拉克认为,工资和利息都是由相应的生产要素的边际产出决定。以劳动为例,当其他生产要素如资本固定时,劳动的边际产出是递减的,劳动要素同质,都获得边际回报。所有的产出减去工资总额得到的剩余并非剥削,它等于资本的边际产出。为了强调各种生产要素的对等,克拉克还指出,当劳动要素固定时,资本的边际产出递减,每单位资本要素获得相同的边际回报,所有产出减去利息总额是剩余,但不是剥削,

---

[1] R. B. Ekelund and R. H. Hebert, *A History of Economic Theory and Method*, Illinois: Waveland Press, 2007, p.373.

[2] 〔美〕约翰·贝茨·克拉克:《财富的分配》,陈福生等译,北京:商务印书馆1981年版,第3页。

它等于劳动的边际产出。

边际产出理论在克拉克的著作中达到了一个高峰，微观经济学的大部分教材在撰写分配理论章节时仍然沿用了克拉克的理论。不过，克拉克的边际产出理论还是留下了一点技术上的难点。根据克拉克的理论，社会总产品根据边际产出贡献分配应该不多也不少，可是生产技术需要满足怎样的特点才能达到正好分配完整的结果呢？从技术上，对这个问题给出严格回答的经济学家是威克斯蒂德，他证明当市场完全竞争以及企业的生产规模报酬不变时，各种生产要素的报酬按其边际贡献进行分配，企业的总产出正好分尽。

三、微观经济学经典大厦的成熟

何谓微观经济学的"经典大厦"？新古典经济学经典大厦的核心是供需模型，最基本的供需模型是在完全竞争的前提下，需求者效用最大化的行为由需求曲线代表，生产者利润最大化的行为由供给曲线代表，需求方与供给方互动达成一致后，每个人都没有改变现有状态的激励，这是经典大厦的均衡观。

马歇尔是经典大厦的构建者，马歇尔在《经济学原理》中以需求曲线、供给曲线以及供需均衡使整个经济学体系变得简单清晰，对于经济学而言这个贡献非常重大，它是奠基性的贡献，毫无争议地使马歇尔成为经济学说史上公认的新古典经济学集大成者。

需要特别指出的是，马歇尔从物理学借鉴来的均衡观是非常重要的贡献，这种贡献至少体现为三个方面。第一是廓清经济学中长期存在的一些误解，比如马歇尔以前的经济学家都认为产品价格由生产成本决定。马歇尔认为，产品价格是均衡现象，它不仅受到生产成本的影响，同时也受到产品需求的影响。第二是实用价值。在《经济学原理》出版后，局部均衡很快就成为微观经济学分析的主流范式，20世纪不少著名的经济学家都以局部均衡作为微观经济学教学的核心内容。[①] 除了在教学上，局部均衡易于讲授之外，其实际的分析价值是不可忽略的。弗里德曼非常认可马歇尔

---

① Milton Friedman, *Price Theory*, London: Transaction Publishers, 1976.

微观经济学学科地图

的局部均衡分析,认为这种框架是分析实际问题的"发动机"。在弗里德曼的《价格理论》一书中,作者非常注意理论联系实际,把供需分析框架用于当时很多现实问题的分析,比如"医改问题""公路收费站"等实际问题的研究。第三是有关经济学的方法论,这个问题在20世纪50年代引起了巨大的争论,本书第四章方法论一节将详细讨论,在讨论中我们可以看到均衡分析框架所起到的重要作用。

以马歇尔《经济学原理》的问世作为微观经济学经典大厦落成的标志,不会引起大的争议,不过大厦的成熟完善还需要把局部均衡的分析进一步拓展,因为局部均衡分析留下的空白是不同市场之间的相互影响。局部均衡理论在逻辑上已经是非常严谨的自洽体系,但是并非没有任何缺陷。当我们考察多个市场时,局部均衡容易陷入"循环论证"。比如我们考察面包市场时追问:人们买面包的收入是从哪来的?如果回答是在劳动力市场挣来的,那么继续追问:企业哪来的钱在劳动力市场发工资?接下来的回答只能是企业是卖面包获得的收入。克服循环论证的一个办法是把局部均衡的框架拓展为一般均衡,一般均衡理论中要素价格与产品价格虽然互相影响,但是同时决定,循环论证的问题消失。

一般均衡分析由瓦尔拉斯提出,但在论证中存在明显缺陷。一般均衡理论到了20世纪五六十年代才宣告成熟,对此做出最大贡献的是肯尼斯·阿罗(Kenneth Arrow)、杰拉尔·德布鲁(Gerard Debreu)和莱昂内尔·麦肯齐(Lionel McKenzie)三位大师,其中阿罗和德布鲁还因为这个重大的理论贡献获得了诺贝尔经济学奖。

第三节 现代微观经济理论的发展

微观经济学的经典大厦搭建成熟后,意味着在供给与需求的框架下大多数重要的理论工作已经完成。微观经济学理论的发展步伐似乎要慢下来,但微观经济学的发展并没有放慢速度,而是迎来了一段非常具有创造性的、快速的发展时期。

沿着对经典理论反思的路径，微观经济理论开始了现代的发展。经典理论的假设体系很理想化，从抓住理论本质、忽略无关紧要因素的角度看，这是构建理论必然的过程。此外，经典理论实际应用价值也不小，它相当准确地描述了价格体系运行的规律，对诸如产品市场、要素市场以及税收等重要经济问题的分析与现实情况相差无几。不过对于很多常见的现实问题，经典的供需模型缺乏解释力，比如为何存在产品品牌、广告现象如何理解、经济中为何存在契约等。更重要的是，为什么有了市场后还存在企业？企业的本质是什么？市场与企业的边界在哪里？现代微观经济学从放开经典理论的两个假设开始，试图对这些现象给出合理的解释。具体而言，经典供需模型中的两个关键假设得到了放松：其一是交易双方在有关信息方面是对称的，没有任何一方拥有信息优势；其二是市场交易没有成本，买卖双方的交易没有因为信息问题或者外部性问题而产生任何阻力。信息经济学的产生源于放开了信息对称的假设，这个领域正式产生是在20世纪70年代，并因为博弈论的引入而迅猛发展。制度经济学的产生大致兴起于同一时期，它关注交易成本大于零的真实世界，往往也借助博弈论的分析工具，为人们理解制度的本质打开了一条道路。

一、信息经济学的兴起

在经典微观经济学领域，信息是完美的，人们获取信息无成本，对交易的关键信息是对称的。可是在现实中，获取信息不仅有成本，而且成本有时候相当明显，比如购买商品时需要花费时间了解哪家的销售价格低廉，同类产品中哪款型号最符合消费者的需求等。同样，现实中，交易双方对于关键信息不是对称的，比如股东与管理层对企业的了解是不同的，消费者很多时候不如厂商那么了解产品质量等。这些现实情况说明，信息对于经济活动有重要的影响，而且信息不是免费的。

信息经济学与经典经济学最明显的区别是有关信息的假设。在经典经济学中，假设交易各方对交易标的有充分的、对称的信息。以产品为例，交易双方对于产品的价格、质量以及性能等信息都是完全了解的。而信息经济学从更为现实的角度出发，认为市场上存在很多交易，信息在买卖双方之间是不对称的。比如在二手车市场，卖家对汽车质量的了解程度一般好于买家；或者在劳动力市场，雇主与雇员签约后观察不到雇员的努力程度。

信息经济学正式拉开帷幕的标志是斯蒂格勒（George Stigler）在1961年发表的《信息经济学》一文，该文是最早开始以严谨的理论分析信息不对称情形的研究。从20世纪70年代开始，由于博弈论的引入，产生了大量具有开创性意义的信息经济学文献。其中本特·霍姆斯特罗姆（Bengt Holmstrom）1979年发表的《道德风险与可观察性》成为道德风险的经典之作。迈克尔·罗斯查尔德（Michael Rothschild）与约瑟夫·斯蒂格利茨（Joseph Stiglitz）1976年发表的《竞争性保险市场均衡》标志着"筛选理论"的诞生，这篇论文也是斯蒂格利茨获得2001年诺贝尔经济学奖的主要原因之一。乔治·阿克劳夫（George Akerlof）在1970年发表的《柠檬市场》一文为逆向选择模型奠定了基础，也为作者赢得了诺贝尔经济学奖。迈克尔·斯宾赛（Michael Spence）1973年发表的《就业市场信号》打开了"信号理论"的大门，它不仅引发了大量有关信号机制的后继研究，而且为作者赢得了2001年度诺贝尔经济学奖。

信息经济学另外一个分支是现今非常活跃的机制设计理论与拍卖理论。这个领域的理论起源于20世纪60年代，莱昂尼德·赫尔维茨（Leonid Hurwicz）是公认的奠基人之一。与道德风险和逆向选择不同，机制设计理论不是在给定博弈的基础上刻画博弈的均衡性质。机制设计理论（包括最优拍卖机制）是给定一个目标，设计一个博弈，使得博弈的均衡达成既定目标。从某种意义上，机制设计理论是博弈论的"逆过程"。机制设计理论与拍卖理论发展至今，取得了非常丰富的成果，是经济学理论应用到现实中最完美的领域之一。

经过近四十年的发展，信息经济学已经成为微观经济学的重要分支，其研究的领域非常广博，对此进行全面的介绍是不太可能的。本节将沿用大多数信息经济学的介绍方式，主要介绍三个大的经典领域：逆向选择、道德风险与机制设计与拍卖理论。

二、制度经济学

经典微观经济学以讨论价格机制为主题，隐含的假设是给定制度，特别是拥有良好的产权制度，权利界定完整，权利归属清晰，合约的维护、遵守与执行没有成本等。因此，经典微观经济学完全忽略了制度问题，它无法解释经济中为何有不同的组织形式，为何有企业，为何有不同的制度或契约安排形式等。

新制度经济学的产生弥补了经典微观经济学的缺陷。新制度经济学公认由科斯开创。科斯在本科期间游学美国，在参观了很多企业后产生了一个疑问：既然价格机制可以引导众多生产者分工协作，并做出利润最大化的选择，那为什么有企业存在？毕竟企业中资源的配置方式与市场交易的区别太大了，它不以价格信号而是依据层级关系下发指令来配置资源。

通过为何存在企业这个问题的回答，科斯将交易成本引入经济学，从此微观经济学在"选择"或"资源配置"的主题之外，开辟了一条新的道路。这条道路以研究制度为主题，有时候也称以契约为研究主题，可以回答很多经典微观经济学无法回答的问题。

现在已经占据主流位置的制度经济学沿着交易成本大于零的路径开始发展，经过很多大师，比如艾尔钦、德姆塞茨、巴泽尔、张五常、威廉姆森以及奥利弗·哈特（Oliver Hart）等的分析与拓展，我们对于制度的了解越来越深入，不仅知道了企业与市场的边界由交易成本决定，还知道了制度的选择很大程度上是为了最小化交易成本。此外，在研究方法上，制度经济学经过桑福德·格罗斯曼（Sanford Grossman）与哈特等人的发展，提出了一个全新的制度经济学范式——不完全契约理论，讨论交易双方在无法穷尽所有合约细节的环境下，交易者如何签约来最小化交易成本。这套理论不仅丰富了制度经济学的分析框架，而且还最早成功地将制度经济学的分析严格数学化。

第四节　微观经济学在中国的发展

改革开放后,经过多年的引入、借鉴与扬弃,我国经济学的研究与教育和国际日益接轨,形成了中西结合发展的局面。在改革开放之初,各界常以西方经济学作为总称,而较少使用微观经济学与宏观经济学。今天,学界习惯以学科研究领域划分,因此多以微观经济学与宏观经济学具体指称,一度流行的西方经济学的称呼变得越来越少见。

事实上,改革开放之初西方经济学是以一个整体引入中国的,并没有明确的微宏观之分。本节我们以西方经济学在中国当代的发展为主线,侧重梳理其中微观经济学领域的情况。

以改革开放为时间原点,西方经济学在中国的发展历程大致经历了三个阶段的变迁。第一个是批判为主的阶段,第二个是评论与借鉴相结合的阶段,第三个是应用为主的阶段。[①] 以上三个阶段突出的是中国对西方经济学态度上的变迁。西方经济学先从民间自发摸索开始,然后随着社会主义市场经济体制改革发轫,官方对于西方经济学的态度从有所松动到予以正式认可,中国加入世贸组织后,西方经济学的提法明显减少,微观经济学与宏观经济学成为主流称呼。[②]

一、民间自发引介为主的阶段

党的十一届三中全会之后,伴随着"实践是检验真理的唯一标准"的大讨论,全社会思想空前解放。以经济建设为中心的目标推动人们主动认识经济客观规律,民间开始自发地引介、探索西方经济学。在这个阶段,西方经济学尚未细分为微观与宏观两个部分。

高校课程设置方面,从20世纪80年代早期开始,少数高校自发设置

[①] 方福前:《引进西方经济学40年》,载《教学与研究》2018年第12期,第67—79页。
[②] 杨春学:《西方经济学在中国的境遇:一种历史的考察》,载《经济学动态》2019年第10期,第11—23页。

了西方经济学课程或西方经济学说史一类课程，但是国家教育主管部门并没有明确认可高校的课程设置，到 20 世纪 80 年代后期，教育主管部门才正式允许高校开设微观经济学与宏观经济学等基础理论课程。①

课程的设置带动了西方经济学主流教材的引入。高鸿业教授翻译的萨缪尔森《经济学》影响了当时整整一代学者。② 这本教材的作者萨缪尔森刚获诺贝尔经济学奖不久，全书明确分为了微观与宏观两个部分，是中华人民共和国成立以来第一本完整的微观经济学与宏观经济学教材。③

在这个阶段，民间的自发引介并非没有官方的推动，有些具有标志性意义的事件一般都离不开官方机构的支持。20 世纪 80 年代初到 90 年代初，发生了几件有着重要纪念意义的事情。

其一，三次会议。1984 年 9 月 3 日，一批中青年学者组织了一次学术研讨会，称为"莫干山会议"。会议讨论了当时很多实际的改革问题，比如价格改革、企业改革与粮食购销体制改革等。这次会议对高层产生了相当大的影响。从会议的主要议题看，大多都属微观经济学领域。第二个会议是著名的"巴山轮"会议，于 1985 年 9 月召开。这次会议的主题主要是通胀与经济周期等宏观问题。第三次会议是"京伦会议"，于 1994 年 8 月召开。这次会议的主线是微观经济学，主题涉及中国经济转轨期间的产权和公司治理结构等重大问题。④ 三次会议中有两次的研讨主题都属于微观经济学领域。

其二，讲习班。20 世纪 80 年代到 90 年代有两个重要的讲习班极大地推动了西方经济学在中国的传播，活跃在国内外的很多著名学者都曾经在讲习班学习过。第一个讲习班是由当时中国社科院副院长许涤新邀请多位国际著名学者在颐和园开设的计量经济学讲习班。两位华裔学者刘遵义与邹至庄担任授课教师。邹至庄教授专门为课程写了一份详细的讲义，后来

---

① 李慧：《中国西方经济学 70 年：学科发展历程与前景展望》，载《经济研究参考》2019 年第 18 期，第 24—37 页。
② 〔美〕保罗·萨缪尔森：《经济学》，高鸿业译，北京：商务印书馆 1979 年版。
③ 方福前：《引进西方经济学 40 年》，载《教学与研究》2018 年第 12 期，第 67—79 页。
④ 钱颖一：《理解现代经济学》，上海：东方出版社 2021 年版，第 355—356 页。

讲义正式出版,名为《中国经济》。全书以中国经济为背景写就,共八章,其中有六章是微观经济学。① 该书之后又成为另外一个重要讲习班"福特班"的教材。1983年,教育部邀请邹至庄教授具体筹办并发起了这个培训项目。"福特班"的主要目标是培养能胜任西方经济学教育的学者。

二、官方认可后迅速发展的阶段

1992年10月,党的十四大召开,确立了建设社会主义市场经济体制的目标,西方经济学的引入发生了重大变化,开始迅速发展。

在这个阶段最为重要的变化之一是国家教育主管部门在学位上明确认可西方经济学专业的设置。1993年国务院学位办决定设立西方经济学硕士与博士点,国家教委正式把西方经济学增设为理论经济学的二级学科。官方的正式认可推动西方经济学在中国更为迅速地传播。

在书籍方面,很多著名的出版社如商务印书馆、三联书店以及各大高校出版社翻译出版了大量西方经济学文献,很多文献的翻译推介几乎与外文原版书同步发生。另外,西方经济学的提法渐渐退出历史舞台,微观经济学与宏观经济学的称呼占据主流。②

在吸引海外人才方面,20世纪90年代初至今,"海归"逐渐形成潮流。1994年,世行专家、哈佛大学经济学博士邹恒甫回到母校武汉大学开设数理经济学实验班,将大量国外的优秀教材同步引进,除了数学工具外,该实验班尤其注重微观经济学和宏观经济学的基础训练,后来这个经济学试验田又推广到了北京大学等高校,培养了大量优秀的专业人才。同年,林毅夫、易纲等"海归"学者在北京大学创办了中国经济研究中心,现在该中心更名为国家发展研究院,已经成为国内经济学教育的重镇。2006年,美国伯克利加州大学终身教授钱颖一回国担任清华大学经济管理学院院长,短短几年该院就成为国内高考学子最向往的院系之一。

---

① Gregory Chow, *The Chinese Economy*, New Jersey: World Scientific, 1987.
② 杨春学:《西方经济学在中国的境遇:一种历史的考察》,载《经济学动态》2019年第10期,第11—23页。

三、反思与展望

在微观经济学引入中国四十多年中，学界的共识是取其精华，去其糟粕。

高鸿业教授是国内西方经济学研究领域德高望重的学者，他主编的微观经济学教材是国内最流行的教材。这本教材有一个最大的特点，每个章节的最后都会对该章微观经济学理论予以反思。举一个具体的例子，在生产要素价格决定的章节，高鸿业教授在对边际分配论的理论贡献给予肯定的同时，也提出了非常明确的批判，认为边际分配论仅能说明给定社会条件下的分配问题，不能解释社会条件本身是如何形成的问题。而马克思主义的分配论则是完善的，不仅解释了分配问题，还说明了不同阶级收入形成的社会条件。[①]

另外，全盘否定微观经济学理论乃至现代经济学对中国经济实践的贡献，也不可取。对此，方福前教授的看法有一定代表性，他认为，中国正在建设社会主义市场经济体制，微观经济学中关于市场运行的原理可以借鉴，因为市场机制是社会主义市场经济与西方市场经济的交叉点、共鸣点。钱颖一教授的观点可谓不谋而合，他认为现代经济学的思想与中国的经济改革是共进的，既受益于中国的经济改革，也推动了中国的经济改革，一些重要的微观经济学概念比如产权、激励、市场机制等不仅成为百姓的常用词汇，也成为标准的官方文件与政策用语。

展望未来，中华大地的改革必将为现代经济学提供源源不断的素材与养分，在扬弃中吸取现代微观经济学理论的合理成分，摈弃其庸俗的成分，获得长足的自主发展。

---

① 高鸿业：《西方经济学（微观部分）》，北京：中国人民大学出版社2015年版，第278页。

第二章 微观经济学学科核心概念

微观经济学学科概念与术语非常多，本章根据现代微观经济学的内容特点，精选能充分代表微观经济学学科的核心概念进行介绍。① 本章将这些概念分为以下几个部分：第一是体现微观经济学基本思想的概念；第二是涉及成本与收益的概念；第三、第四是消费者与生产者理论的核心概念；第五是制度经济学的重要概念；第六是微观经济学前沿——不对称信息经济学的重要概念，这部分还补充了几个常用的经济效率概念。

第一节 体现微观经济学基本思想的概念

1. 稀缺

大多微观经济学教科书都将稀缺性定义为有限的资源与人类无限需求之间的矛盾。这是现代经济分析产生的大前提。毫不夸张地说，没有稀缺概念就没有现代经济学。

---

① 阿维纳什·迪克西特（Avinash Dixit）所著《微观经济学简论》（*Microeconomics: A Very Short Introduction*, Oxford: Oxford University Press, 2014）对微观经济学的介绍非常精辟，本章在有关概念的选取上借鉴了该书，但是本章的介绍更深入、更全面。

(1）稀缺与丰足

稀缺与丰足并不对立，一个物质更为丰富的社会中人们享受的生活水平更高，但是并没有消除稀缺。比如，社会并不能满足每个人都获得称心如意的房子、食物、衣服、医疗服务或旅行需求等。人类社会获取更为丰足的物质条件的手段一直都没有改变，比如诚信的合作、对未知世界的探索、辛勤的劳动等。人类社会赖以获取更好的生活条件的这些手段正好体现了稀缺性的约束，如果没有稀缺的约束，那么人类可以毫不费力地得到一切。人类社会持续的经济增长在表象上是越来越丰足的社会，其实质过程是人们在稀缺性的约束下不断优化资源配置的结果。

（2）稀缺、竞争与资源配置标准

经济学家认为没有稀缺性的假设就没有经济学。其逻辑含义是稀缺性假设是经济学分析的逻辑起点，它是最基本的经济学假设，此假设直接确定了微观经济学大厦的根基与分析框架。

艾尔钦在《生产与交换》一书中明确地将稀缺、竞争与歧视视为同一事物的不同面，张五常在《经济解释》中持有相同的观点。稀缺是经济学的行为假设，根据稀缺的前提可知人类社会处处存在竞争，比如对于资源，不同的人有不同的要求。以土地为例，有人想种玉米，有人想种稻谷，还有人想开发为购物中心，土地的稀缺与人们利用土地的不同想法之间出现了冲突，因此产生了竞争，诉求各异的很多人一起竞争同一块土地的使用。

竞争的出现，需要某些办法解决矛盾，社会通过一定的标准在各种不同的利益诉求中配置资源，不仅是解决利益冲突所必需，同时也决定了一个社会的行为激励。如果采用非市场经济标准，常见的形式有排队、票证或者具备某特定的资格等。以排队形式配置商品，那些更有闲时的人较容易获得资源，人们有激励挤时间早早地排到靠前的位置，生产的激励不一定很高。如果以票证配置商品，人们更加没有生产的激励，因为多工作并不能获得更多的票证，少工作也不会减少票证。如果以某种资格作为分配的标准，譬如中国20世纪90年代前的福利分房制度，那么人们的激励是"熬资格"。市场经济的配置法则是价格，它不是简单的"多劳多得"，而是"多有效的劳动才能多得",通过市场经济交换获得资源的能力与个人为社会提供其他人认可的产品(有效产品)的能力与努力紧密联系。

从概念上澄清了稀缺、竞争、分配标准并非不同事物,它们是同一事物的不同表象,很多问题的争议可以得到一定程度的缓解。比如,有人认为市场竞争不好,消除市场竞争可提高福利,事实上由于稀缺必然导致竞争,尽管某种具体形式的竞争可被消除,但是竞争本身依然存在,只是形式不同而已。

2. 理性

理性概念在经济学中常与"经济人"一起介绍。"经济人"的说法源自维弗雷多·帕累托(Vilfredo Pareto),约翰·穆勒(John Mill)对"经济人"的定义是:"作为一个人,他不可避免地用最少的劳动时间和体力上的付出获得最多的必需品、便利设施和奢侈品。"[1] 后来,"经济人"普遍用来指用最小的付出获取最大的满足。经济人的概念常被狭隘地理解为人类是自私的、贪婪的。现代微观经济学已经很少使用"经济人"这个容易引起误解的说法,改用价值中立的理性假设。

(1) 理性概念是微观经济学的基本概念之一

查阅权威的经济学辞典《新帕尔格雷夫经济学辞典》,在"理性"的词条中指出"没有两个经济家有相同的定义","理性不可定义但又容易确认"。[2] 词条首先是认可这个最为关键的行为假设在经济学界并没有达成共识,然后又略显自相矛盾地断言理性概念不可定义,但是在应用中容易辨识。

对于初学者,似乎难以理解一个概念的定义是没有定论的,其实这是所有基本概念的共同特性,大凡基本概念往往都是不容易精确定义的。只要是基本概念,要么很难再从更为基本的概念出发定义之,要么在所谓

---

[1] 杜丽群、程俊霞:《"经济人"假设与人工智能时代》,载《北京大学学报(哲学社会科学版)》2021年第6期,第147—157页。

[2] Lawrence Blume and David Easley, "Rationality", In: *The New Palgrave Dictionary of Economics*, London: Macmillan, 2018, pp. 11275-11286.

更为基本的概念上无法达成共识。对于理性的解释，曾经出现过从哲学层面或者心理学角度给予定义的尝试，由于争议较大，逐渐淡出经济学视野。

现代微观经济学将"理性"作为一个推断个人行为的公设，它不仅价值判断中立，而且也与所谓的"自私自利"没有必然关联。

（2）理性是经济学分析的公理假设

从亚当·斯密"看不见的手"的著名论断开始，经济学的出发点就是假设个体行为服从追求自利的动机。随着主观基数效用论的兴起，经济学者开始用主观效用来表达个体理性，其中最著名的学者有边沁和穆勒。比如边沁认为，效用是所有目的的一种特性，倾向于产生利益、优势、快乐、美好或幸福，或在考量某方利益时，防止恶作剧、痛苦、邪恶或不幸的发生。

由于基数效用论暗含效用可客观度量，质疑与争议越来越大，很快序数效用论逐步占据主导地位，然后理性的内涵才与"自私自利"的含义逐渐分离。现代微观经济学已经形成了两种非常成熟的效用论，一种是经典偏好理论，一种是显示偏好理论。

A. 经典偏好理论

在经典的偏好理论中，理性等价于人们的偏好是一致性。假设个人拥有的选择组合为 B，表示所有属于 B 的元素都是个体可行的选择。以消费者选择为例，B 代表消费者一定收入条件下可以购买的各种商品组合。经济学对于偏好最重要的假设是个体对于所有属于 B 的元素可以排序，理性偏好的定义是个人在排序中不出现矛盾。比如 $x, y, z \in B$ 是个体能做的三种选择，如果个体对 x, y 之中更为偏好 x，而在 y, z 之中更为偏好 y，那么不能在 x, z 之中更偏好 z。这是对理性偏好的公理化定义，称为偏好可传递。不难看出，以上理性偏好的定义中，所有属于 B 的元素比如 $x, y, z \in B$ 最重要的特点是可行选择，这些元素不再必然代表自私自利，可行选择完全可以是"利他"的行为。仍以消费者选择为例，x, y, z 表示消费者在收入约束下可能的各种选择，偏好理论没有进一步限制这些组合只能自己消费，比如 x 可以表示自利行为——自己消费 x 的商品组合，y 可能表示将商品组合 y 捐赠给他人。自此，偏好理论将理性与价值判断分开，理性只是研究个体选择的公理假设。

B. 显示偏好理论

经济学第一个诺贝尔奖获得者萨缪尔森创建了显示偏好理论，主要目的是将个体选择建立在更加牢固的客观基础上。在萨缪尔森看来，偏好是"看不见"的，对偏好做假设不如对看得见的实际选择做假设。

在显示偏好中，重要的资料是人们的选择组合 Ω 以及人们的选择行为 $C(B)$，$B \in \Omega$。以具体的消费者选择为例，假设消费者可能的选择 $\Omega = \{(x, y), (x, y, z), (x, z)\}$，表示消费者选择场景 B 有 (x, y)，(x, y, z)，(x, z) 有三种可能，如果 $C(\{x, y\}) = x$，表示当消费者遇到 x，y 两种组合时选择了 x，在微观经济学中形象地称之为 x 显示偏好于 y。

显示偏好中最重要的假设是理性，表示人们在各种选择中体现的一致性或者无矛盾。显示偏好弱公理就是对理性的定义，指的是当某元素显示偏好于另外一个元素时，就不能在选择中出现相反的显示偏好。仍以消费者选择为例，如果 $C(\{x, y\}) = x$，那么再出现 $C(\{x, y, z\}) = y$ 就明显违背了理性原则，因为前者表明 x 显示偏好于 y，后者却表明完全相反的显示偏好——y 显示偏好于 x。

显示偏好理论虽然在理论基础上与经典偏好有所差异，但是两个理论对理性的定义以及理性是价值判断中性这两方面是完全一致的。

（3）理性与边际决策

在微观经济学中，理性具体的实现是目标函数的最优化，而最优化的决策又是由边际决策体现。因此，微观经济学认为：理性人考虑边际量。①边际决策是在某特定状态下对现有状态做出的微小调整。定义中所谓的"特定状态"可以代表丰富的情形，比如可代表一定的消费量、一定的生产量或者一定的收入量等，对于特定状态的微小调整就对应消费量的微小改变、生产量的微小改变以及收入量的微小改变。按照微观经济学术语

---

① 曼昆在著名的《经济学原理》一书中总结的十大经济学原理，其中一个为"理性人考虑边际量"。

可称之为边际消费量、边际产量以及边际收入量。

消费者理性的选择由边际消费量带来的收益与为此付出的边际成本决定，前者大于后者消费者将加大消费，只有当两者相等时消费者才获得最大效用。

生产者的理性选择由边际产量的收入与为此付出的边际成本决定，前者大于后者生产者将继续生产，只有当两者相等时生产者才获得最大利润。

第二节 与成本和收益有关的概念

经济学的大前提是稀缺，由于稀缺人类才需要在各种资源用途中做出选择，经济学对于成本的定义源于选择。

1. 机会成本

（1）选择与机会成本

在经济学中，没有选择就没有成本。机会成本是做出某选择不得不放弃的其他选择中最优选项所具备的价值。布坎南在《新帕尔格雷夫经济学辞典》中认为，机会成本的定义一定是个体主观的价值体验，而且机会成本是前瞻的，它只是在选择的瞬间存在，一旦选择结束，机会成本就消失了。

（2）机会成本的度量是间接的

任何一种特定行动或者对资源的某种特定使用方式本身无法确定机会成本。比如劳动一个小时带来某种程度的辛苦，可是辛苦本身不是劳动的机会成本。一个小时劳动的机会成本一定是按这个小时用于其他用途带来的最高价值（比如产出）衡量，因此对特定行动或资源使用的机会成本进行度量，不是直接衡量行动本身带来的物质损耗、体力耗费以及负效用，而是间接地通过这些行动或资源在其他用途中的价值体现。

（3）主观的机会成本与客观的市场价格

机会成本是主观的个体感受，从研究的角度，主观事物只有客观化后才能展开讨论。在微观经济学中，企业成本理论涉及各种成本与生产的关系，讨论中都是以客观的市场价格来衡量企业成本。市场价格是否是主观机会成本合理的客观计量？这是一个较为复杂的问题，接下来通过具体的例子表明现代微观经济学应用价格客观度量成本的方式是合理的。

企业在生产中有两种机会成本，分别是显性机会成本和隐性机会成本。显性机会成本是伴随企业货币支出产生的成本，它指的是企业按照市场价格购买原材料或雇佣劳动力所产生的成本。从严格的机会成本概念看，100元花出前与花出后（已经没有100元）的机会成本完全是不同的（布坎南认为机会成本是选择瞬间才存在），前者是100元的各种可能花费带来的收益，后者是已经以某种特定花费方式（比如作为工资发放）花费了100元，那么机会成本将是这种特定花费方式还具备的机会价值。

A. 货币支出前

100元在花费之前的选项有很多，按照严格定义，任何特定的花费方式所放弃的最具价值选项才是花费100元的机会成本。假设花费100元可以有潜在的多种受益方式，将这些方式按受益程度从高往低排序，方式A受益180元，方式B受益170元，方式C受益160元……那么采用方式A花费100元时，机会成本是170元。例子表明，100元的货币支出，机会成本很可能不等于100元，为什么在微观经济学的成本论中显性机会成本却总是按照由原材料市场价格决定的货币支出来衡量呢？道理是，在经济达到均衡时，市场上不存在套利可能，任何一笔货币支出都不可能还存在大于货币支出数额的受益方式。

B. 货币支出后

货币支出后，100元已经购买了原材料，这个时候的机会成本是指所购入的原材料在其他各种可能的应用中具备的最高价值。与货币支出前的分析类似，理论上购买来的原材料在其他各种用途中的价值不一定等于100元，但是，任何不同价值的应用方式都意味着套利可能，因此在经济达到均衡时，套利机会已经穷尽，所有应用价值相等。

对于按照客观市场价格支出的货币（微观经济学的术语是显性机会成本），我们通过货币支出前与支出后的严格讨论得出，企业的显性机会成本可以由客观的市场价格表示。同时一个很常见的误解也得到了澄清，显性的机会成本其实必须区分为货币支出前后两个方面讨论,只有货币支出前的机会成本才是显性机会成本,由于货币支出前后两个机会在时间上几乎同时发生,并且金额一致,常常误以为是同一个机会成本的衡量。

(4) 机会成本与会计成本

前面的分析表明,显性机会成本等于货币支出,因为会计只认定货币支出是成本,因此微观经济学的显性机会成本等于会计成本。

微观经济学的成本还包含隐性机会成本,隐性机会成本是机会成本与会计成本的差异所在。隐性机会成本是企业自有资源投入生产的机会成本,它的度量也可以用客观的市场价格表示。比如某种原材料是企业自有的,虽然不需要花费货币从市场购买,但是这部分原材料的出售价格代表了企业自用的机会成本。

2. 利润与经济租

在微观经济学中,最常用的收益概念是利润。利润的定义很简单,它等于收入减去成本,其中收入为企业的销售收入,成本包含所有显性与隐性的机会成本。定义简单不意味着概念容易理解,利润的概念是微观经济学中较难的概念之一,其中涉及机会成本在不同情形下应该如何界定的难题,具体的难点是机会成本到底应不应该包含经济租。从流行的微观经济学教科书来看,利润的定义也因此存在差异,有的教科书在界定机会成本时没有包含经济租,有的明确把经济租算入机会成本[1],有的则明确区分了经济租进入成本与不进入成本两种情况。[2] 因此,透彻理解利润概念的关键在于辨明经济租到底是不是一种机会成本。

接下来,先定义经济租,在定义过程中通过例子阐述经济租算作成本以及不算作成本的差异,了解两种成本观点对利润概念的影响。然后,从经济分析的角度对比将经济租视为成本与不视为成本的优劣,据此给出明确的利润概念。

---

[1] Jeffrey Perloff, *Microeconomics: Theory and Applications with Calculus*, New York: Pearson, 2008.

[2] Hal Varian, *Intermediate Microeconomics*, New York: Norton & Company, 2003.

(1) 经济租

经济租属于一种特殊要素的收入,当要素的供给量天然给定时,要素的收入完全由要素的需求决定,因为要素的供给量不受要素需求或要素价格的影响,符合这种特点的要素收入为经济租。

以完全竞争市场为例,假设仅有某地区盛产橘子,当地所有橘农都拥有自己的土地,土地只适合种橘子,没有任何其他用途,土地的机会成本等于零。橘农的边际成本 MC 与平均成本曲线 AC 由所有投入要素(包含土地)的机会成本组成。市场长期均衡如图 2-1 所示,横轴是价格,纵轴是数量。橘子市场的均衡价格为 P,对于给定的价格 P,橘农最优产量决策如左图,每个橘农的收入大于投入要素(不包含土地)的总成本,如图阴影部分所示。收入大于成本的这部分就是通常意义下的"利润"。因为其他地区的土壤不适合种植橘子,这部分"利润"不会被竞争侵蚀。

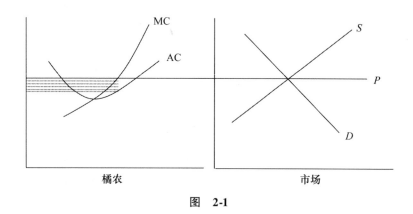

图 2-1

尽管例子中的"利润"归橘农,但是它真正的归属是土地。稍微换个角度可以清晰了解"利润"的真正归属。回到例子中,其他方面保持不变,唯一的变化是橘农没有土地,需要租赁种植用地,当地租为零时,每个橘农的情况依然可以由图 2-1 表示,每户都获得"利润"。但是在长期,竞争一定使得橘农的利润等于零,图中的阴影面积将转化为土地拥有者的租金收入。上述分析表明,当土地要素是橘农自有的资源时,图中的阴影面积是固定要素(土地)的经济租。

按照机会成本的定义,经济租应该要算入成本。理由是,当土地要素是橘农自有资源时，农户可以将自有土地在市场上出租，租金收入必然等于经济租。这说明经济租其实是橘农生产的隐性机会成本之一，它应该计入总成本，算入此机会成本，橘农的长期利润等于零。

上述分析表明，经济租应该计入机会成本，其中的推理过程似乎没有任何问题。正是因为推理在逻辑上很严密，使得经济学界在利润概念上存在一定分歧。将经济租作为机会成本是不是没有问题呢？接下来，从有利于经济分析的角度展开辨析。

（2）长期均衡利润恒为零

如果经济租计入成本，无论企业是竞争还是垄断，在逻辑上都将出现企业利润恒为零的结论。当企业处在竞争行业，市场长期均衡时，一般的经济学结论是边际企业的利润等于零，其他企业（也称内边际企业）的利润大于零。内边际企业平均成本必然小于边际企业才能获得正利润，逻辑上，内边际企业一定存在边际企业不具备的某种优势，按惯例这种优势称为"企业家才能"。很明显，内边际企业的利润其实是企业家才能的经济租，它同时也是内边际企业的隐性机会成本（比如将企业家才能出租给边际企业）。当企业自由进出没有障碍时，某企业若成为垄断者，那它获得的垄断利润也必然属于企业独有的某要素，比如企业家才能或自有的某要素。依据同样的推理，垄断利润也是经济租，同时还是企业的隐性机会成本。

分析看起来很严密，却是逻辑上的同义反复。简单而言，分析的过程是，只要某企业在长期均衡获得正利润，就推断此利润一定属于企业的某要素，它同时意味着此利润必然是该要素在市场上出租的价格，为机会成本。由此得到一个核算意义上的恒等式：企业利润＝企业收入－企业成本（包含经济租）＝0。

根据逻辑常识，恒真的命题没有任何应用价值，因为它必然是分析的结果，属于一种经济行为事后的核算，不可能对分析有帮助。

（3）均衡决定与决定均衡

在把经济租作为企业隐性机会成本的过程中，有一个重要的区别被忽视了。经济租是被均衡决定的变量（或者事后通过均衡核算出来），虽然它可以表示企业某要素的出租价值,但是不应算作机会成本。[①]

在图 2-1 中,无论经济租是否算入成本,变动的曲线是平均成本曲线,不变动的曲线是边际成本曲线。企业利润最大化的产量由边际成本曲线确定,边际成本不变,企业的最优产量不变。以对企业行为的分析而言,经济租是否计入成本完全不影响企业的均衡行为。现在可以清晰地对成本进行分类,那些决定边际成本曲线位置的成本是决定均衡的重要因素,那些通过均衡才能确定,仅仅影响平均成本曲线位置的成本不是决定均衡的因素。

所有决定均衡的成本才是对企业行为有分析价值的成本,其他被均衡确定的成本对分析企业的行为没有价值。根据均衡决定与被均衡决定的标准,前者是机会成本,后者不是机会成本,是经济租。利润的概念依然是收入减去成本,但是只有由外生因素所影响的成本(决定均衡的因素)才是真正的成本。

第三节 消费者理论的重要概念

1. 效用

效用是消费者主观满足程度的一种量化。在效用概念产生的过程中,其量化方式出现了一次重大的变化,现今称之为基数效用论转向序数效用论。

基数效用论是指人类的效用可以用具体的数字衡量。边沁是基数效用论的创始人之一,他把效用定义为一种人们持有的"趋利避害"的主观感受。他认为人类的幸福和痛苦可以按四个标准进行衡量——强度、持续时间、确定性和时间的远近。随后,杰文斯、门格尔和瓦尔拉斯等人将主观效用论推到边际效用论阶段,边际效用成为主观价值论最为重要的发现之

[①] 贝克尔和弗里德曼都赞同经济租不应计入成本。参见 Becker, *Economic Theory*, Transaction Publishers, 2007;M. Friedman, *Price Theory*, Aldine de Gruyter, 1976。

一，它指的是人们消费有微小增加时总效用的变化量，这是基数效用概念。

当然，效用是否真的能用基数衡量一直都存有争议，即使是边际效用论的创始人也对此充满怀疑。比如杰文斯写道："我认为我们很难形成对一个单位的快乐或痛苦的概念，因此对人们主观感受的数字量化是完全没有根据的。"[①] 实际上效用理论的发展一直试图将效用可以用数字衡量的假设弱化，很快经济学家发明了一种更有优势的研究工具——无差异曲线。

（1）序数效用论与无差异曲线

序数效用论与基数效用论两个术语在经济学界的普及是从希克斯与艾伦的名篇《价值理论的再思考》开始的[②]，希克斯与艾伦也被称为序数效用论的开创者。

基数效用论不仅认为效用可以用数字衡量，还认为不同商品效用之差有具体的含义。序数效用论的出现克服了基数效用论上述颇具争议的假设，认为效用可以排序，但效用数值不具有实际含义。序数效用论主要以无差异曲线为研究工具。无差异曲线类似地理学中的等高线，它是所有给消费者带来相同满足程度的商品组合之集。无差异曲线有四个很重要的假设：第一是无差异曲线位置越高，表示效用越大；第二，无差异曲线两两不相交，表示消费者的效用排序不会出现自相矛盾；第三，无差异曲线斜率是负数，表示商品之间的替代性；第四，无差异曲线凸向原点，表示人们对均衡商品组合的偏好。

（2）现代偏好论

现代微观经济学的效用论常称为偏好理论，它是序数效用论的进一步抽象。现代偏好理论已经完全摒弃了效用或偏好的心理含义，不再将效用看成一种幸福或痛苦指数，它仅仅只是消费者选择的公理化前提。尤金·斯拉斯基（Eugen Slutsky）是最早将偏好与心理、内省与哲学等含义

---

① 转引自 Stigler, "The Development of Utility Theory", *The Journal of Political Economy*, Vol. 58, No. 5, 1950, pp. 373-396。

② Torsten Schmidt and Weber Christian, "Andreas Heinrich Voigt and The Hicks—Allen Revolution in Consumer Theory", *Economic Inquiry*, Vol. 50, No. 3, 2012, pp. 625-640.

脱钩的经济学家之一①,他仅仅把效用当成消费者的某种目标函数,通过目标函数推导可以在现实中检验的结论。现代偏好理论以先验的效用假设为公理体系,假设的主要作用不是为了准确地描述人们的心理,而是方便推导具有证伪性质的理论结论。

2. 需求法则

需求法则也称为需求定理,是微观经济学最重要的法则之一。需求法则的含义是一种商品的需求量与价格反方向变化。

(1) 需求量的变化与需求的变化

在微观经济学中,一种物品的需求量是消费者愿意且能够购买的数量。由于可以影响消费者需求量的因素很多,比如该商品的价格、其他一些相关商品的价格、消费者的收入、商品的质量等,而需求法则又仅只是价格与需求数量之间的关系,为了区分价格对需求数量的影响以及其他因素对需求数量的影响,经济学将前者称为需求量的变动,后者称为需求变动。如果把需求法则在二维图形上表示,横轴代表数量,纵轴代表价格,需求法则就变成需求曲线。需求量的变动在图形上呈现为沿着同一条需求曲线移动,需求变动呈现为需求曲线位置的移动。

(2) 需求法则中的价格

依照需求法则,物品的价格与需求量反向变化。在需求法则中,价格并不局限于货币价格,严格而言它应该是相对价格。相对价格是微观经济学中最常用的价格概念,一种商品的相对价格是这种商品在市场上可以交换的其他商品数量,比如一本书的价格是 60 元,一部电影的价格是 30 元,则一本书的相对价格是 2 部电影,或者一部电影的相对价格是二分之一本书。

一旦理解了相对价格,那么著名的"艾尔钦-艾伦需求定理"则很容易理解。艾尔钦与艾伦曾经提出过一个非常有趣的现象,旅游的人们在购物时,高档品的占比高于本地购买比例;高等级的农产品更多销往外地。

---

① 转引自 Stigler,"The Development of Utility Theory",*The Journal of Political Economy*,Vol. 58,No. 5,1950,pp. 373-396。

这些貌似难以理解的现象，通过需求法则可以轻松解释。以旅游为例，假设在本地高档衣服价格为 1500 元，低档衣服价格为 500 元，旅游的路费为 500 元，那么在本地，高档衣服的相对价格是 3 件低档衣服，而出去旅游后，购买高档衣服的成本变成 2000 元，购买低档衣服的成本变成 1000 元，高档衣服的相对价格变为 2 件低档衣服，因此旅游地的高档衣服价格比本地更低，人们更倾向于购买高档衣服。农产品的解释完全一样，高品质农产品加上固定的运输费用后，相对价格下降，其需求量提升。

（3）需求法则一般化的陈述

大多数教科书都将需求法则描述为价格与需求量之间的关系，实际上需求法则的含义非常广泛，它意味着任何行动（不一定是购买行动）的数量都与代价反向变动。比如当排队时间变长时，排队购买门票的需求量下降；服务质量下降时，服务的需求量下降等。

在现实世界中，很多非市场交易领域中，一般化的需求法则起着和市场中一样的作用。以治理堵车为例，靠扩充公路的方式往往在一段时间后就失效，背后的原理就是需求法则。人们对道路通勤的需求与等待时间反向变化，当道路变宽后，人们等待的时间变少（堵车程度减缓），于是通勤需求增加，过一段时间后，增加的通勤又将宽阔的马路变得拥挤。

3. 重要的量化概念

还有一些定义，主要是对无差异曲线数学性质的描述，因为它们很常用，也有必要介绍。

（1）边际替代率

无差异曲线的斜率就是边际替代率，表示消费者在一定商品组合情况下，为了维持效用不变，减少一单位某商品的消费需要最少用几个单位其他商品来弥补。比如，如果 A 商品对 B 商品的边际替代率为 2，含义就是减少一单位 A 商品的同时，给消费者 2 个单位的 B 商品，才能刚好维持消费者的效用不变。

（2）各种需求弹性概念

经济学巨匠马歇尔创立了需求弹性概念，弹性概念是微观经济学中常用的敏感度分析，表示一种变量的变化引起需求量变动的相对程度。

A. 需求价格弹性

需求价格弹性是价格变动百分之一时需求量变动的百分比例。比如价格上升百分之一，需求量下降百分之二，那么需求价格弹性等于二。一般将需求价格弹性大于一称为富有弹性，需求价格弹性小于一称为缺乏弹性，需求价格弹性等于一称为单位弹性。

需求价格弹性与厂商收入变动之间有一条著名规律，当需求价格富有弹性时，降价提高厂商收入；当需求价格缺乏弹性时，提价增加收入。

B. 需求交叉弹性

其他商品价格变动百分之一引起本商品需求量变动的百分比称为需求交叉弹性。假如某其他商品价格上升百分之一，本商品需求量上升百分之二，那么需求交叉弹性等于二。假如某其他商品价格上升百分之一，本商品需求量下降百分之二，那么需求交叉弹性等于负二。

在微观经济学中，需求交叉弹性大于零称为替代品，因为其他商品价格的上升导致消费者增加本商品的消费，这说明消费者以更加便宜（相对价格）的本商品替代了一部分价格上涨的其他商品。与此对应，需求交叉弹性小于零称为互补品，因为其他商品价格的上升导致消费者同时减少了本商品的消费。

C. 需求收入弹性

消费者收入变动百分之一引起本商品需求量变动的百分比例称为需求收入弹性。假如收入上升百分之一，本商品需求量上升百分之二，那么需求收入弹性等于二。假如收入上升百分之一，本商品需求量下降百分之二，那么需求收入弹性等于负二。

在微观经济学中，需求收入弹性大于零称为正常品，需求收入弹性小于零称为低档品。

第四节　生产者理论的重要概念

1. 生产者

生产者理论在本质上是消费者理论的推论[①]，两者是从属关系。不过在初、中级微观经济学课本中一般把消费者理论与生产者理论作为平行关系，其中最主要的理由有三点。第一，迄今为止仍然没有一个统一的生产者理论。第二，对于大多数研究而言，比如税收、竞争市场、垄断市场以及一般均衡等，把生产者当成"个体"不仅非常简便，而且足够精确。第三，如果把生产者当成"个体"，那么生产者理论的研究工具与消费者理论完全类似，两者在理论上高度统一。

（1）生产者的两种定义

在生产者理论中，对于企业有两种定义。第一种是传统观点，把企业当成"个体"，它是一个具有转换功能的"黑箱"——经济术语即为生产函数，将各种生产的投入要素转化为终端产品。第二种观点认为企业是多人合作的生产组织，不能简单地用生产函数代表，因为一个企业的生产函数是由企业的组织形式决定，所以企业研究的核心是企业组织由什么因素决定。目前，后一类研究都划归于新制度经济学或交易成本经济学中。

为了区分两种不同的生产者理论，避免名称上的混淆，以生产函数看待的生产者继续称为生产者；将生产者作为多人合作组织来定义的观点中，生产者改称为企业组织。在微观经济学术语上，前者有时候也称为新古典生产者理论，后者称为制度经济学的企业组织理论。接下来的定义都属于新古典生产者理论。

（2）生产者目标

生产者的目标是总收入与总成本之差最大化，常称为利润最大化。由于完全竞争企业的利润在长期总是等于零，利润最大化对研究生产者行为

[①] B. C. Eaton and D. F. Eaton, *Microeconomics*, New Jersey: Prentice-Hall, 1995.

不是很方便,因此微观经济学常用利润最大化的必要条件——成本最小化研究企业行为。用成本最小化的目标进行研究有两大优势:第一是不同市场结构(如垄断与竞争)的生产者可在统一框架下讨论;第二,无须新的研究工具,消费者理论的研究几乎可照搬过来,消费者研究相应的结果也完全可复制过来。

(3)等产量曲线

与无差异曲线类似,生产者的等产量曲线是指能生产某固定产量的各种不同要素组合之集。一般而言等产量曲线也有类似的假设:第一是等产量曲线位置越高,表示产量越大;第二,等产量曲线两两不相交;第三,等产量曲线斜率是负数,表示要素之间可替代;第四,等产量曲线凸向原点,表示均衡要素组合具有更高的产出。

不过,等产量曲线与无差异曲线有一个重要区别,等产量曲线是基数性质而不是无差异曲线的序数性质,也就是每个等产量曲线代表的数值有确定的产量含义,不同等产量曲线的差额代表有实际意义的产量之差。

2. 供给定理

供给定理的含义是一种商品的供给量与价格正方向变化。

(1)供给量的变化与供给的变化

在微观经济学中,一种物品的供给量是生产者愿意且能够供给的数量。由于可以影响生产者供给量的因素很多,比如本商品的价格、其他一些相关商品的价格、消费者或生产者的预期、商品的质量等,而供给定理又仅只是价格与供给数量之间的关系,为了区分价格对供给数量的影响以及其他因素对供给数量的影响,经济学将前者称为供给量的变动,后者称为供给变动。如果把供给定理在二维图形上表示,横轴代表数量,纵轴代表价格,供给定理就变成供给曲线。供给量的变动在图形上呈现为沿着同一条供给曲线移动,供给变动呈现为供给曲线位置的移动。

(2)供给定理中的价格

与需求法则类似,在供给定理中,价格也应当理解为相对价格。比如当生产者预期产品未来涨价时,现期供给将下降。用供给定理来解释就是未来价格上涨意味着一个单位的现期商品以未来商品来衡量,价格是下降的,根据价格与供给量的正相关关系可知现期的供给量下降。

3. 边际技术替代率

等产量曲线的斜率就是边际技术替代率,表示生产者在一定的要素组合下,为了维持总产量不变,减少一单位某要素的投入最少需要用几个单位其他要素来弥补。比如,如果 A 要素对 B 要素的边际技术替代率为 2,含义就是减少 1 单位 A 要素的同时,如果增加 2 个单位的 B 要素,那么总产量保持不变。

4. 供给弹性概念

最常用的供给弹性就是供给价格弹性,表示价格变动百分之一,供给量变动的百分比例。比如价格上升百分之一,供给量上升百分之二,那么供给价格弹性等于二。一般将供给价格弹性大于一称为富有弹性,价格弹性小于一称为缺乏弹性,价格弹性等于一称为单位弹性。

第五节　制度经济学的重要概念

微观经济学的经典内容常常也称为价格理论,其主要的工作是阐释价格机制的运行规律。在讨论价格机制时,微观经济学将价格运行的制度背景当成既定前提,并相应做了非常理想化的制度假设,其中包括交易没有成本、产权界定清晰、产权的执行没有成本。此外,微观经济学对价格机制运行的具体环境也做了非常理想的假设,其中最重要的假设是买卖双方对于交易的关键信息,比如产品或服务的质量、供方或需方的努力程度等方面是对称的。

自科斯于 1937 年发表《企业的性质》一文开始,市场机制运行的制度基础开始进入经济学家的视野,诸如市场与企业的边界、经济组织、交易成本等问题渐渐成为微观经济学研究的主流领域,现在这些研究领域全部称为新制度经济学。到了 20 世纪 70 年代,以阿克劳夫关于柠檬市场的分析、斯宾赛开创的信号理论以及斯蒂格利茨等人关于逆向选择的分析为标志，信息不对称的研究在微观经济学中占据越来越重要的地位。接下来介绍新制度经济学与信息经济学中重要的概念。

1. 产权

（1）法律意义

产权在经济学和法学上都是非常重要的概念，产权的概念在这两个学科中既有区别又有联系。法学上的产权注重在法律条文上清晰规定权利以及权利的适用范围，经济学上的产权定义比较宽泛，其主要目的是服务于特定权利分配与经济效率之间的关系。

在法律上，产权是一组权利，"这一组权利描述了人们对其拥有的资源可以做什么、不可以做什么：他们可以占有、使用、开发……转让、抵押、出租、借贷，或者阻止他人侵犯自己的财产"。①

（2）经济意义

在经济学上，艾尔钦对产权的定义是"由社会保障的、归属于个人的使用经济物品的某些特定权利"。② 实质上这个定义与法律定义比较一致，也认为产权是一组权利。当然，大多数情况下，经济学在使用产权一词时含义要宽泛很多。一组权利，不管是否符合法律意义的产权，只要所涉各方能清晰约定，权利的执行有保障，经济学上都归之于产权范畴。在现实世界，很多权利在法律上没有规定，甚至是非法的权利，在经济学中这些权利依然可以纳入产权分析。19世纪50年代，美国加利福尼亚州发现金矿，但是矿区的开采权在法律上是空白，理论上所有淘金者都可以开采金矿，可是事实上所有开采者在没有政府参与的情况下，签订了各方必须遵守的开采协议，这些协议主要就是界定采矿权。③ 类似的，一组不被法律认可的权利，比如，毒品生产与交易的标的物是非法的，如果交易标的物在贩毒组织内部有清晰的产权，这种情况还是可以纳入产权分析。总而言

---

① 〔美〕罗伯特·考特、托马斯·尤伦：《法和经济学（第五版）》，史晋川等译，格致出版社2010年版，第66页。

② Armen Alchian, "Property Right", in: *The New Palgrave Dictionary of Economics*, London: Macmillan, 2018, pp. 10892-10897.

③ John Umbeck, "The California Gold Rush: A Study of Emerging Property Rights", in: *Explorations in Economic History*, Vol. 14, No. 3, 1977, pp. 197-226.

之，经济学意义上的产权，采用的是实用意义上的定义，主要目的是为了方便有关的制度以及行为分析。

2. 交易成本

在微观经济学中很少有概念像交易成本一样，应用那么广泛，却找不到一个统一的定义。一般而言，交易成本流行的定义中，有一类是较为宽泛的定义，另一类是较为具体的定义。

（1）宽泛的定义

经济学家阿罗对交易成本的定义非常宽泛，认为"经济系统运行的成本"就是交易成本。类似的，在《新帕尔格雷夫经济学辞典》中，交易成本的定义是"凡鲁滨孙世界里不存在的成本"以及"它可视作一种制度成本"。

根据宽泛层面的定义，多人社会的资源配置与单人世界的资源配置出现了一些本质的区别，在单人世界中，应用稀缺资源的唯一约束是大自然；而在多人世界中人群之间对于稀缺资源的要求是竞争性的，对有限资源的不同诉求会产生各种各样的交易障碍，所有这些交易的阻力都是交易成本。经济制度的一项重要功能就是以最小的成本解决不同诉求之间的冲突，以最大的可能维持合作。

（2）具体的定义

研究产权的经济学家将交易成本的定义规定得更为具体，巴泽尔认为交易成本是"转让、获取以及保护产权"的成本。[①] 该定义将交易成本与产权的保护与执行联系起来，这种观点在经济学界很流行。

早期一篇很有名的文献是艾尔钦和德姆塞茨所写的《生产、信息成本与经济组织》[②]，是在具体的意义上定义交易成本，具体考虑的是作为"信息成本"的交易成本。2009年经济学诺贝尔奖获得者威廉姆森对于交易成本的定义最具体，认为不确定性引起的对新情况的适应、交易各方事后的讨

---

① Yoram Barzel, *Economic Analysis of Property Rights*, Cambridge: Cambridge University Press, 1997, p. 4.

② A. Alchian and H. Demsetz, "Production, Information Costs, and Economic Organization", *American Economic Review*, Vol. 62, No. 5, 1972, pp. 777-795.

价还价以及交易中的专有资产引发的"敲竹杠"是主要的交易成本。

交易成本具体的定义与宽泛的定义没有矛盾,前者是根据具体的研究界定的交易成本,某种意义上是后者的外延。虽然不同的研究领域关注不同的交易成本,但是所有的交易成本无论是合约的讨价还价、产权的维护或是信息成本都属于经济制度运行的成本。更加合适的看法是,宽泛的定义与具体的定义加起来才是完整的定义,宽泛的定义是把所有具体的交易成本归类为"制度运行的成本",具体的定义是以举例的方式突出某些具体的交易成本。

(3)存在的问题

交易成本的引进打开了一扇研究经济组织的大门,增进了人们对制度与组织的理解。不过交易成本的定义太宽泛了,使得任何经济行为都可以通过找到一种合适的交易成本予以解释。较具代表的批评如斯坦利·费希尔(Stanley Fischer)所言,"交易成本作为一种理论是名副其实的'坏'名称……几乎所有问题都可以应用某交易成本将道理说通"。[1]

威廉姆森对费希尔的批评很重视。一方面,他认可过于宽泛的定义导致交易成本成了一个总是适用的理论,容易导致理论内容空洞,无太多实际应用价值;另一方面,威廉姆森又认为如果完全否定交易成本,那么我们无法解释经济中为何存在各种各样的经济组织。由此,对于交易成本比较调和折中的思路是以非常具体的方式界定交易成本,交易成本的变化至少可以通过不同的经济组织进行一定的识别。

第六节 信息经济学的重要概念

1. 逆向选择

(1)定义

逆向选择是指交易发生前的信息不对称对交易行为的影响。比如劳动

---

[1] Stanley Fischer, "Long-Term Contracting, Sticky Prices, and Monetary Policy: A Comment", *Journal of Monetary Economics*, Vol. 3, No. 3, 1977, pp. 317-323.

力市场上,求职者的天赋能力不可观察,而且求职者对自己能力的信息优于招聘者。这种信息不对称的存在使得市场均衡与完全信息的情形有很大的区别。

阿克劳夫是最早研究逆向选择的学者,他研究事前信息不对称对均衡的影响时采用的是竞争性均衡概念,后来对于逆向选择的研究大多数集中在市场自身如何克服逆向选择的影响以及政府能否以及如何改进信息不对称的效率扭曲。

(2) 竞争性均衡

竞争性均衡就是在竞争的框架下讨论信息不对称问题,它假设所有的参与者是价格接受者,所有市场主体对市场的运行有理性预期。

以经典的二手车市场为例,假设汽车质量只有卖者了解,买者只知道质量的分布,假设汽车的质量服从 0 到 100 的均匀分布,假设卖者的保留效用是汽车质量的 0.8 倍,比如质量 100 的车主对汽车的保留效用是 80,当市场出价大于等于 80 时,车主愿意卖出汽车。简单起见,买者的效用等于汽车质量。当市场价格是 80 元时,所有卖者都愿意卖出汽车,买者对于质量有理性预期,知道汽车的期望质量是 50,由此买者不可能出价高于 50,质量高于 50(也就是保留效用高于 50)的旧车将退出市场,旧车平均质量下降,买者的出价相应降低。依此类推,旧车市场将不会发生交易。

上例表明,当汽车质量是均匀分布时,信息不对称造成了巨大的损失。因为当信息对称时,所有的汽车都应该交易,不管质量如何,卖者对每辆车的保留效用都小于买者的支付意愿(汽车的实际质量)。比如质量 100 的汽车,卖者的保留效用等于 80,这辆车交易的净社会剩余等于 20。信息不对称使得所有的交易都不可能发生,社会的福利远远低于信息对称情形下的福利。

值得指出,信息不对称不一定总导致市场完全消失,汽车质量的分布函数、车主的保留效用等决定市场的均衡,不同的分布函数与保留效用下既可能存在一定的交易规模,也可能没有任何交易。

(3) 市场自动演进

信息不对称导致市场失灵，甚至导致市场消失。那么依靠市场自身是否能从一定程度上克服失灵？回答是肯定的。

斯宾赛在1973年提出了非常著名的"信号理论"，在信息不对称的研究中广泛使用博弈论。根据信号理论，拥有信息优势的一方可主动以可信的方式披露信息，比如质量好的车更可能采用一些难以被低质量汽车模仿的方式向市场传递可信的信号，比较常用的信号如质保证书、品牌等。而理性的消费者会根据这些市场信号准确判断产品潜在质量。信号是市场自身演进的克服信息不对称的机制。

除了信号机制外，罗斯查尔德与斯蒂格利茨在1976年提出了市场的筛选机制，指出信息劣势方可主动采取一些措施对交易对手进行筛选。比如，美国保险公司的费率菜单一般都是低费率对应高自付额，高费率对应低自付额，高风险的顾客为了回避高自付额，一般会挑选高费率的收费方式。市场通过信息劣势方的筛选机制在一定程度上克服了信息不对称的影响。

(4) 政府管制

逆向选择导致市场失灵，政府的介入有可能改进市场效率。由于市场自身可能演进各种克服逆向选择的机制，那么政府介入的必要条件是管制效率至少要比市场自身演进的效率更高。比如，信号发送虽然解决了信息不对称问题，但其成本可能太高。具体而言，当市场上劣质二手车的比例很低，那么信号发送的效率损失会很高，因为绝大多数的优质车都需要花费一定的信号成本。如果政府采用简单的政策，禁止任何企业发送信号，市场将节约一大笔信号成本，市场的效率有可能提高，甚至达到最优。[①]

对于市场筛选机制，政府也可能通过设计更为复杂的合约方案提高经济效率。以劳动力市场为例，政府可以相对于市场的筛选机制，适当降低

---

① 理论上，当卖者的保留效用小于买者的支付意愿时，信息对称的最优效率是达成所有交易。在信息不对称情形下，市场发送信号后，市场的交易虽然都达成了，但是损失了大量的信号发送成本。政府禁止信号发送，所有信号成本都节约了，均衡回到了竞争性均衡。若高质量的比例比较高，竞争均衡的效用很可能高于信号发送的效用，政府管制可以达到最优效率。

高能力类型的筛选标准以及工资标准，然后相应增加低技能类型的筛选标准以及工资标准，如果政府收支可以平衡，那么这种复杂的合约就比市场自身筛选机制的效率高。

2. 道德风险

（1）定义

道德风险是指在交易发生后信息不对称对交易行为的影响。经典的例子是委托代理关系，比如委托人有个项目，代理人运作项目，项目的收益受到代理人的努力程度和自然状态的影响。努力程度只有代理人了解，自然状态是影响项目收益的随机因素。因为努力程度不可观察，代理人有偷懒的激励，并且可以把偷懒造成的项目损失归因为差的自然状态。

道德风险与逆向选择有明显区别。第一，道德风险的信息不对称发生在交易（或者签约）后，而逆向选择的信息不对称发生在签约前；第二，道德风险不适合在供需分析框架里研究，而逆向选择的研究既可以用供需框架（如阿克劳夫），也可以采用博弈论。道德风险研究当签约后，委托人不能完全控制代理人的行动时，最优的合约如何设定，供需理论显然不适合研究这种互动场景，因此道德风险模型都是用博弈论工具。

（2）最优的合约

道德风险问题中委托人与代理人的利益不是完全一致的，当委托人不能很好地监督代理人的行为时，代理人很容易以自己的利益为目标，甚至以损害委托人利益的方式追求自己的收益。

如何设计尽量符合委托人利益的合约是道德风险关键所在。合约的条款对委托人与代理人的利益都有影响，能够激励代理人努力工作的合约在其他方面不一定有优势。具体而言，对代理人最强的激励是委托人将收益的剩余索取权完全让渡给代理人，代理人在这种合约下的努力激励最高，可是这种合约不一定是最优的风险分配方案，尤其是当委托人的风险偏好高于代理人的情况下，最优的风险分担应该是委托人承担所有风险，而这又意味着委托人应该拥有收入的剩余索取权。

道德风险问题的合约需要在激励代理人与配置风险之间做出最优的权

衡取舍。

（3）政府管制

由于信息不对称出现的时间不一样，道德风险涉及的政府管制与逆向选择问题有明显区别。逆向选择问题涉及的是比较政府与市场在解决信息不对称问题上的效率优劣。道德风险问题一般不涉及政府与市场解决信息不对称问题的对比，因为对于签约后的信息不对称，市场与政府选择的最优合约面临同样的权衡取舍，最优的合约不会有区别。

以道德风险为背景的政府介入问题主要就是政府在管制中如何设计最优合约的问题，管制的目的是为了改进市场效率。比如以环境保护管制为例，政府期望企业努力采用更为清洁的生产工艺，因为企业到底投入多少，努力程度不可观察，那么政府的管制可以通过一些间接标准约束企业，一种简单可行的合约就是用以前企业的实际减排业绩作为将来奖惩的依据。

3. 帕累托最优、经济效率最优与次优

在经典经济学与信息经济学中经常用到经济效率的判断，比如帕累托最优、经济效率最优与次优，这些概念容易混淆，尤其是在信息不对称环境下使用时，帕累托最优常常与经济效率最优混淆。

（1）帕累托最优

经济学中的帕累托最优是指资源配置的变化不可能在提高某些人福利的情形下，同时保证其他人的福利至少不下降。如果存在使得有人福利提高而其他人的福利至少不降低的配置，那么称这种资源配置的改变为帕累托改进，存在帕累托改进的资源配置不是帕累托最优。

帕累托最优的概念并没有区分概念应用的具体约束条件，比如帕累托最优标准是在怎样的资源约束、产权约束或者信息约束下使用。为了区分不同约束条件下的帕累托最优，经济学把帕累托最优做了清晰的分类，其中一类称为经济效率最优（First best），其他都称为经济效率次优（Second best）。

（2）经济效率最优与次优

一般认为没有任何交易成本（产权界定清晰，执行与监督无成本，信息对称，市场是完全竞争）时，资源配置只是受到天然禀赋的制约，那么仅有禀赋约束条件下的帕累托最优称为经济效率最优。

如果除了禀赋约束外，还有其他任何约束，比如信息不对称、产权的界定与维护有成本等，那么资源配置的帕累托最优面临更多的约束，这种情形的帕累托最优称为经济效率次优。

第三章

微观经济学学科经典理论框架

在微观经济学的整体框架中，位于微观经济学核心位置的是本章所介绍的经典框架，也称为供需模型或者完全竞争供需模型。供需模型是在一套理想化的假设下搭建的理论，其主要的假设有市场完全竞争、交易双方信息对称、产权制度完美（包括外部性）以及经济状态无不确定性等。微观经济学的学科经典理论框架顺着经典的供需模型依次展开。第一步是放开供需模型所谓"其他条件不变"的假设，脱离供需模型"局部"视角，得到"全视角"的一般均衡。第二步放开是逐次打开每个理想化的假设条件：其一放开完全竞争假设，展开的画卷是以垄断、垄断竞争以及寡头为主要"地标"的不完全竞争理论；其二打开价格机制运行后的制度"黑箱"，得到的是制度经济学的内容；其三打开信息对称假设，得到的是自20世纪70年代兴起的信息经济学分支。图3-1是整体框架的图示。

严格说来，图3-1并没有包括所有的内容，只包括了微观经济学的重要分支，有关微观经济学的主流研究方法论以及具体研究工具等内容没有包括在图3-1中。本书下一章将介绍经济学方法论与具体的研究工具。

本章重点介绍经典的供需均衡模型，其他拓展留待后面介绍。对供需均衡模型，我们先概括地介绍整体模型，然后介绍需求曲线的理论基础、供给曲线的理论基础以及市场均衡。接着，我们把供需模型推广到要素市

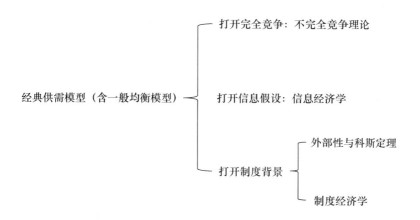

图 3-1

场，同时引出收入分配问题。其后，我们简单介绍垄断，因为这种情形在市场结构上与供需均衡所代表的完全竞争正好相反，且在分析上略做改变即可。最后，把供需均衡的"局部视角"打开，介绍"全视角的"一般均衡。虽然一般均衡理论本质上仍然是供需分析，但是它在理论上弥补了局部均衡的一些缺陷，在某些情形下的应用也与局部均衡有巨大差异，此外一般均衡还包含一些在微观经济学中有"地标"意义的新概念与分析框架，因此完整的供需分析需要包含一般均衡的介绍。

第一节 经典供需框架导论

供给与需求的均衡分析或者供需模型是微观经济学的经典内容，它以一套理想化的假设为前提，以需求、供给以及供需的均衡为最重要的分析工具搭建而成。通过简化的假设，微观经济学可以把注意力集中在价格机制的运行上。

从现代微观经济学诞生直到信息经济学的兴起，微观经济学主要都是以供需模型来阐述价格机制的运行，这也是微观经济学经常称为价格理论的原因。在讨论价格机制如何运行时，为了将很多影响价格以及被价格影响的因素区分开，微观经济学需要对这些因素进行分类。在经济学界，由马歇尔创造的需求与供给是最重要的分类。根据马歇尔的分类，需求是消费者对价格的反应，供给是厂商对价格的反应，因为需求与供给关注不同主体的价格激励行为，而且影响需求的因素与影响供给的因素几乎没有交集，这就使得供需分类法（或者供需模型）成为一种很好的因果识别机制。比如同样都表现为价格上涨，可是海滨度假胜地在夏天涨价与咖啡豆在霜冻之后涨价的原因完全不同。应用供需模型，海滨度假胜地的价格上扬是因为需求在夏天上升了（供给没有变化），而咖啡豆价格的上涨则是因为供给减小了（需求没有变化）。当然，也存在某些情形，供给与需求受到某共同因素的影响，比如雨水过多，既降低了葡萄酒原料的产量也影响了葡萄酒的味道，虽然情况略复杂一些，但供需模型仍然是适用的。

供需模型是微观经济学经典部分的核心内容，微观经济学经典内容的大厦几乎完全围绕供需展开。需求曲线的理论基础是什么？为什么它的斜率一般而言是负的？有没有可能为正？为了将需求定理建立在严谨的理论基础上，微观经济学必须考察消费者的偏好以及面临的客观约束，综合"看不见"的偏好与"看得见"的约束条件推导需求曲线。对应的，供给曲线的理论基础是什么？为什么它的斜率一般而言是正的？有没有可能为负？为了将供给定理建立在严谨的理论基础上，微观经济学必须考察厂商的目标以及面临的技术约束，综合厂商的目标以及面临的技术约束推导供给曲线。

根据严谨的理论构建了需求曲线与供给曲线后，工作只是完成了关键的第一步。第二步是以需求曲线与供给曲线为工具，以某种合适的方式将需求与供给两股决定性的力量联合起来。如何才算合适地综合了需求与供给两方面的信息呢？最好的答案依然是马歇尔给出的，他认为需求与供给的信息需要相互一致，借用物理学的概念，马歇尔以供需均衡定义两股力量的一致性。

需要注意的是，供需均衡与需求曲线和供给曲线在本质上是完全不同的。需求与供给一致性的要求看起来非常显然，但却不是逻辑必然。精确而言，需求与供给相等不可能由理性假设推导出来，它是一种外加的限制条件，或者公理化假设。而需求曲线和供给曲线在微观经济学中是由理性假设推导出来的。这说明在微观经济学中，供需均衡与理性都是最为基础的假设，两者在逻辑意义上是对等的、平行的，没有任何从属、包含关系或者推导与被推导关系。微观经济学中，理性的假设是为了将某些重要的不可观察的因素纳入统一的分析框架。而均衡的假设，不是为了说明供给与需求一定是相等的，它是一种挑选标准或限制条件，对所有满足理性假设的结果（如需求曲线和供给曲线）按某特定的标准进行筛选。

下面我们先介绍需求理论（消费者理论）、供给理论（生产者理论）以及市场均衡，然后再介绍供需模型在要素市场的拓展，接着简单介绍一般均衡，最后介绍垄断情形。

第二节 需 求

一、偏好

在现代经济学中，偏好是对消费者选择中"看不见"的信息以公理化的假设予以替代。在效用论产生之初，偏好一般等同于消费者的主观效用或者快乐程度，而现代经济学则在很大程度上脱离了以某种具体的含义阐述偏好。偏好在现代经济学中就是一套公理体系，是分析消费者行为的逻辑起点。

在经济学中一般在特定空间通常是商品空间定义偏好关系，以符号 $\succeq$ 表示在 N 维商品空间 $X \in R_+^N$ 上的偏好。对于偏好关系，经济学的（公理化）假设包含完备性、理性以及单调性。完备性是指消费者可以对商品空间 X 任意的商品组合做出排序，理性是消费者的排序不能自相矛盾或者满足传递性法则，单调性是消费者的偏好排序与商品的数量正相关。

二、效用函数与无差异曲线

偏好关系是需求理论中最基本的信息，可以用来分析消费者的选择。不过，偏好的实际使用不是很方便，微观经济学一般采用效用函数进行研究。比如对于商品空间 $X \in R_+^N$ 上的偏好 $\succeq$，可以定义一个等价的效用函数

$u(x)$,$x \in X$,等价的条件是对任意两个商品组合 x,$y \in X$,有 $x \geqslant y \Leftrightarrow u(x) \geqslant u(y)$。由于偏好关系最重要的是排序以及理性,至于具体用什么数值表示对商品组合的偏好不是那么重要,因此等价表达偏好的效用函数不是唯一的。

效用函数较抽象,当商品只有两种时,效用函数可以形象地由无差异曲线表达。如图 3-2,所有的无差异曲线都表示同一个效用函数。X 和 Y 分别表示两种不同的商品。图 3-2 只有三条无差异曲线,它们都属于同样的偏好。理论上,需要用布满整个空间的无穷条无差异曲线才可以完整地表示一个效用函数,不同的无差异曲线不表示偏好相异,而是表示同一偏好对于不同商品组合的不同排序。

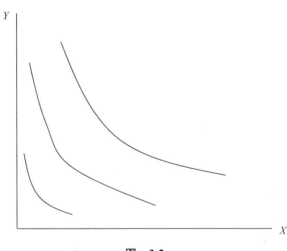

图 3-2

三、消费者均衡

偏好表示消费者选择中主观的因素,或者"不可观察"的因素。消费者选择还受到客观的限制,比如制度约束、物理意义的约束以及财富约束等。一般微观经济学以财富约束为代表考察消费者一定预算约束下的选择。

以两种商品的情形为例,消费者的预算约束线是 $p_x \cdot X + p_y \cdot Y = I$,$p_x$,$p_y$ 表示商品 X 和 Y 的价格,I 表示收入,预算约束线的图形如图 3-3 的直线所示。直线的斜率是相对价格 $\frac{p_x}{p_y}$,直线上的点表示把所有收入都用来购买两种商品,直线以内的三角区域表示收入没有花完。图中无差异曲线与预算约束线的切点是消费者的最优选择,也称为消费者均衡。

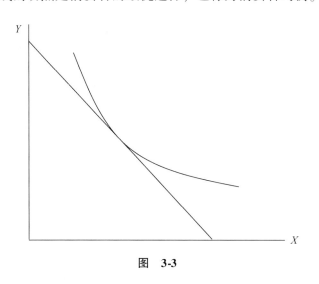

图 3-3

根据第二章的概念,无差异曲线的斜率是边际替代率,记为 MRS,切点处预算约束线的斜率与边际替代率相等,表达式为 $\frac{p_x}{p_y} = MRS$。经济直觉上,式子左边表示市场上一个单位的 X 可以交换 Y 的数量,右边表示消费者主观上认为一个单位 X 的价值(以 Y 衡量)。两者相等是经济学中最重要的"边际收益等于边际成本"原则的一种体现,MRS 表示消费者多消费一个单位 X 的边际收益,$\frac{p_x}{p_y}$ 表示多消费一个单位 X 的边际成本。

四、消费者均衡的变化

微观经济学重要的工作之一是从理论层面探索因果关系,因果关系中最受重视的一种性质是可实证检验。比较静态分析是微观经济学常用的手段,用来讨论当外生变量改变时,内生变量如何变化。如果比较静态关注的外生变量与内生变量都是"可观察"变量,那么得到的结论就具有可实证检验的性质。

消费者均衡中,可观察的外生变量是价格与收入,内生变量是消费量,也是可观察的。如果两种商品的价格没变,只有收入变动,消费者均衡的变动称为"收入效应"。收入增加、消费减少说明收入效应为负,此商品定义为低档品。反之,收入效应为正,此商品定义为正常品。

价格变动引起的消费变动略复杂,以两种商品情形为例,当商品 X 的价格降低,Y 商品与收入都没有变动时,将产生两种效应。第一种是相对价格发生变动,消费者购买 X 的边际成本下降,消费者有激励多消费 X,少消费 Y,这种效应称为"替代效应";第二种是实际收入发生变动,因为 X 降价,消费者实际上可以购买的商品增加,相当于实际购买力增加,这种效应就是"收入效应"。

五、需求曲线的推导

消费者理论可以用来推导需求曲线,从技术上需求曲线的推导就是一个简单的比较静态分析练习。比如 X 的需求曲线就是变动 X 的价格,保持 Y 的价格与收入不变,找出不同价格对应的 X 的需求量,综合价格与有关的消费者均衡需求量得到需求曲线。具体过程如图3-4所示,左图是消费者均衡,两条预算约束线的斜率变化代表 X 的价格变化,右图是 X 的需求曲线,价格 p_1 和 p_2 对应左图的价格,数量对应左图的数量。

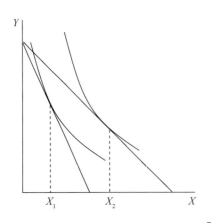
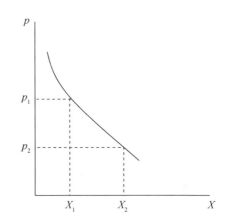

图 3-4

六、需求曲线的形状

需求曲线最重要的关系是价格与需求量之间的变化规律。当消费者的货币收入不变，价格变化产生两种效应：一种是替代效应，表示消费者为了维持效用不变，更多地购买价格变化后更加便宜的替代品；一种是收入效应，表示价格变化所导致的消费者实际收入改变，进而商品需求也随之发生改变。

一般而言，收入效应与替代效应的作用方向相同，因此需求曲线向下倾斜或者斜率是负数。如图 3-4 中的需求曲线斜率就是负数。当考察的商品是低档品时，收入效应与替代效应往往反向变化，理论上无法得出确定的结论。微观经济学中的惯例是如果收入效应小于替代效应，需求曲线仍然是向下倾斜，此商品称为低档品；如果收入效应大于替代效应，需求曲线向上倾斜，此商品就是非常著名的"吉芬品"。

在消费者理论中有一个考察替代效应与收入效应的著名方程，名为斯拉斯基方程（Slutsky Equation），具体表达式如下：

$$\frac{\mathrm{d}Q_i}{\mathrm{d}p_i} = \frac{\mathrm{d}Q_i^H}{\mathrm{d}p_i} - Q_i \frac{\mathrm{d}Q_i}{\mathrm{d}I} \tag{3.1}$$

式 3.1 的左边是价格变动时需求量的变化，取极限得到普通需求曲线的斜率，比如图 3-4 右图中 X 需求曲线的斜率。式子右边的第一项 $\frac{\mathrm{d}Q_i^H}{\mathrm{d}p_i}$ 是替代效应，表示当价格变化、实际收入保持不变，消费者的效用还维持在价格变化之前的水平时需求的变动，取极限得到补偿需求曲线 Q_i^H（或称希克斯需求曲线）的斜率。式子右边的第二项 $Q_i \frac{\mathrm{d}Q_i}{\mathrm{d}I}$ 是收入效应，注意前面带有负号，表示价格变动与收入变动的方向相反。

斯拉斯基方程在需求理论中的地位非常重要，常称为价值理论基本方程（The Fundamental Equation of Value Theory）。[①] 它在实证上也有非常重

[①] Jacob Mosak, "On the Interpretation of the Fundamental Equation of Value Theory", in, O. Lange, ed., *Studies in Mathematical Economics and Econometrics*, Chicago: University of Chicago Press, 1942, pp. 69-74.

要的应用价值，根据斯拉斯基方程，可以通过客观的变量表现不可观察的效用。将式 3.1 改写如下：

$$\frac{dQ_i^H}{dp_i} = \frac{dQ_i}{dp_i} + Q_i \frac{dQ_i}{dI} \tag{3.2}$$

式 3.2 左边是"看不见的"希克斯需求曲线，表示消费者维持效用不变时需求的变化。式 3.2 右边第一项是普通需求曲线，可以在现实中观察到。第二项是收入效应，也是可观察的。等号的含义实际上是不可见和可见因素之间的桥梁，通过可见的因素（右边项），我们可以了解左边项的信息。

虽然理论上，需求曲线的斜率没有定论，但在经济学中一般都认为需求曲线是向下倾斜的。实证证据方面也支持需求曲线向下倾斜的结论，自从 19 世纪"吉芬品"概念问世以来，现实中一直没有找到令人信服的实际例子，直到 2008 年杰森和米勒才在权威专业期刊上发文，声称首次找到"吉芬品"。① 由于实证上非常罕见，而且理论上若允许出现向上倾斜的需求曲线将导致需求定理没有"可证伪"的性质，许多经济学家倾向于把需求定理当作公理使用，其中最具代表性的学者是张五常。

第三节　供　　给

一、生产技术与等产量曲线

在微观经济学经典内容中，生产者作为经济组织的激励问题完全被忽略，被视为一个只对价格信号响应的"黑箱"。对生产者所有的信息都综合在既定的生产技术中，用于表示生产技术的标准形式是生产函数。

微观经济学最基本的分析单位是个体，其中最具代表性的个体是消费者，生产者作为个体或者"黑箱"来研究是一个简化过程。简化过程最大

---

① Robert Jensen and Nolan H. Miller., "Giffen Behavior and Subsistence Consumption", *American Economic Review*, Vol. 98, No. 4, 2008, pp. 1553-1577.

的好处之一是所有消费者理论的研究技术可以照搬使用。

从技术上，生产函数与效用函数非常相似。消费者偏好可以用效用函数 $u(x)$, $x \in R_+^N$ 表达，含义是数量为 x 的 N 种商品给消费者带来的效用指数。换个角度，把 x 看成 N 种生产要素的投入，$u(x)$ 就可代表企业的生产函数。在消费者理论中，效用函数的"等高线"是无差异曲线，对应的在生产者理论中，生产函数的"等高线"就是等产量曲线，表示所有可以生产相同产量的要素组合的集合。一般而言，为了研究的方便，微观经济学对等产量曲线的假设与无差异曲线很类似，包括位置越高产量越高、等产量曲线两两不相交、曲线凸向原点等。图3-5是某生产函数的一组等产量曲线，从图形上看与无差异曲线没有区别。

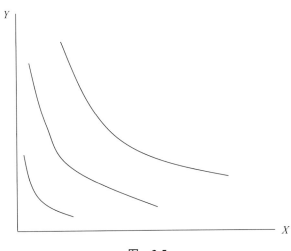

图 3-5

二、生产者均衡

尽管生产函数与效用函数、等产量曲线与无差异曲线存在相似的对应，但也存在一些重要的区别。其中最重要的区别之一是生产函数为基数性质，而效用函数为序数性质，等产量曲线的位置不仅表示产量的排序，而且还代表具体的产量规模。无差异曲线的位置只能表示排序，不代表任何具体效用数值。这个区别的存在使得消费者均衡与生产者均衡之间没有明显的对应关系。

(一) 成本最小化

如图 3-6,横轴和纵轴分别表示两种生产投入要素 X 和 Y,图形看起来与消费者均衡(图 3-3)完全一样,不过在经济含义方面有着巨大的区别。图 3-3 完整地表达了消费者均衡,而图 3-6 仅仅只能表示生产者均衡的一部分信息,精确而言它表示的是成本最小化,不是利润最大化。图中的等产量曲线代表一定的产量规模,图中与预算约束线类似的斜线称为等成本线,表示既定的要素投入成本,其斜率等于要素 X 的价格与要素 Y 的价格之比。切点表示给定图中等产量曲线的产量规模时生产者成本最低的要素投入组合。

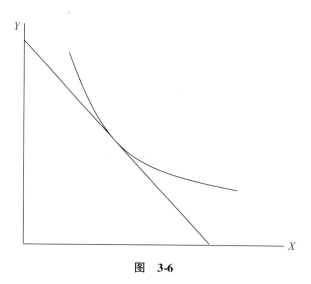

图 3-6

假设 w_1, w_2 是要素 X 的价格与要素 Y 的价格,图 3-6 切点的含义是

$$\min w_1 X + w_2 Y$$
$$\text{s.t.} \quad f(X, Y) \leq q \quad (3.3)$$

其中 $f(X, Y)$ 是生产函数,q 是某特定产量。不妨设式 3.3 的解为 $X^*(w_1, w_2, q)$ 和 $Y^*(w_1, w_2, q)$,在经济学中 $X^*(w_1, w_2, q)$ 和 $Y^*(w_1, w_2, q)$ 称为条件要素需求曲线,表示在给定产量条件 q 时企业最优的要素投入。把最优解代入目标函数得到非常重要的成本函数 $w_1 X^*(w_1, w_2, q) +$

$w_2 Y^*(w_1, w_2, q)$，简写为 $c(w_1, w_2, q)$。在大多数情况下，我们更关心产量对成本的影响，于是将成本函数写成 $C(q) \equiv c(w_1, w_2, q)$。

（二）利润最大化

在成本函数中产量规模是外生变量，企业的利润最大化将产量内生化。给定企业产品的价格 P，利润最大化问题写为

$$\max_q Pq - C(q) \tag{3.4}$$

以上过程显示，生产者均衡比消费者均衡更复杂，图 3-6 只是求均衡的第一步，求出的是成本函数。第二步，通过求得的成本函数以及利润最大化的要求求得企业的均衡产量。式 3.4 的解是 $P = C'(q)$，表示最优产量处价格与边际成本相等。

（三）供给曲线的推导

根据生产者均衡，简单做比较静态联系得到企业的供给曲线。由利润最大化的条件 $P = C'(q)$，价格 P 变动，企业就按边际成本曲线相应变动，维持利润最大化条件，说明企业的供给曲线就是企业的边际成本曲线。

严格而言，考虑到企业有利润大于等于零的要求，企业的供给曲线并不是边际成本曲线的全部，而是边际成本曲线高于等于平均成本曲线的那部分。

（四）供给曲线的形状

由于厂商的利润最大化行为不会涉及预算约束的问题，产品价格变动不会造成"收入效应"，供给曲线的形状也就没有需求曲线那么复杂，它只能向上倾斜。根据前面的阐述，供给曲线背后是企业利润最大化的行为，供给曲线是企业边际成本曲线的某一部分。利润最大化行为可以排除企业在边际成本曲线向下倾斜的阶段生产，因为这明显与利润最大化行为相悖，那么利润最大化的厂商只可能在边际成本向上的阶段生产，说明企业的供给曲线必然是与边际成本向上那部分重合。

第四节　经典经济学的核心框架：供需均衡

一、均衡的意义

理性与均衡是经济学的核心概念。理性是指个体决策是为了最大化某目标，前面的需求和供给都是理性决策的结果，消费者效用最大化产生需求曲线，生产者利润最大化产生供给曲线。

从理性的假设出发只能得到供给曲线和需求曲线，至于供给曲线与需求曲线如何关联以及市场价格如何决定还悬而未决。经济学家马歇尔开创性地用均衡来联系供给与需求，他将供给量等于需求量定义为均衡，然后再用均衡决定市场价格。此后，均衡成为经典经济学最主流的解概念。

供给量等于需求量是非常合理的要求，不过这个看似显然的要求掩盖了均衡的重要性，尤其掩盖了均衡概念中所包含的有关个体预期的要求。在经典经济学中一个容易犯的错误是认为均衡可以由理性假设推导出来。以最简单的供需模型为例，当供给大于需求时，市场出现产品积压，因此价格下降直到均衡；当供给小于需求时，市场出现产品短缺，因此价格上升直到均衡。以上是最常见的关于市场调整的论述，讲述当市场处于不均衡时，经济个体理性的行为可以使得市场自动回到均衡，理性可以推导均衡。

实际上，论述中忽视了一个很重要的问题。即使个体是理性的，当市场处于不均衡的时候，它也很难自动回到均衡。因为买卖双方对于价格的预期可能存在差异，供给量与需求量的下一步调整也不一定能同步。比如当市场价格过高，供给量大于需求量，厂商的理性决策是根据将来的价格预期减少一定的产量，消费者的理性决策是根据将来的价格预期增加一定的消费量，没有任何理由保证厂商与消费者对于价格的预期是相同的，厂商与消费者的理性调整不能保证市场恢复均衡。很明显，只有加入买卖双方在任何时候（包括市场不均衡情形）对于价格的预期都是一致的，个体理性才能保证市场能自动恢复均衡。这意味着，均衡不能由理性推演得来，它与理性之间没有逻辑上的包含与被包含关系，两者都是经典经济学的前提或公理。

二、供需均衡

(一) 市场均衡图形

供需均衡是最具经济学思维的模型之一，它将理性与均衡统一在一个简单的框架中。需求曲线处处体现了特定价格下的效用最大化，供给曲线处处体现了特定价格处的利润最大化，两者体现了经济个体的理性行为。均衡则是供给与需求互相对应，彼此相等。

严格说来，供需均衡是针对市场的，我们需要把个体的需求与个别厂商的供给加总得到市场的总需求与总供给，假设加总后的供需均衡如图 3-7 所示。

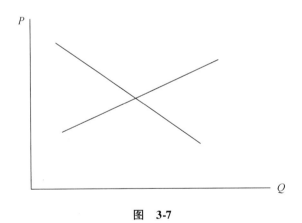

图 3-7

图 3-7 可能是最著名的经济学图形，向下倾斜的为需求曲线，向上倾斜的为供给曲线，两条曲线的交点是市场均衡点。

以图 3-7 为代表的供需均衡图形不仅在理论上很好地综合了理性与均衡两大经济学原则，在实际应用上，供需模型不仅能刻画市场对资源的配置，还能刻画很多"非市场"行为。

（二）市场均衡变化

供需模型的建立在很大程度上是为了理解市场机制的运行，尤其是市场如何随外生因素的改变而改变。在经济学中，我们称外生因素导致内生因素的变动为"比较静态分析"。应用比较静态分析，我们可以刻画市场均衡的变动，从而了解价格机制的运行规律。

在供需图形上，比较静态分析由两个步骤组成：先确定考察的外生因素导致哪条曲线发生移动，然后再比较移动后的均衡与原来的均衡，从而得到市场变动的结论。

比如，新技术的出现导致电脑的生产成本下降，不仅原有的电脑厂商将扩大产量规模，还可能有新的厂商加入电脑行业，这些行为都将导致供给增加，最终电脑市场的价格下降。从图形上，假设图3-7表示的是电脑行业，新技术的出现导致供给曲线向外移动，变化后的均衡与原来的均衡相比，价格下降，产量上升。

三、供需均衡的现实应用

以抽象的理性与均衡为根基搭建的供需模型是否有实际应用价值呢？答案是肯定的。体现一个理论重大价值的例子莫过于用理论得到的那些出乎意料的结论或者不通过理论几乎就想不到的结论。

（一）税单缴纳与税收负担

假定A行业的产品需要纳税，每单位的交易缴纳一定的税收。不应用供需模型，很难意识到缴纳税收与承担税收负担是完全不同的概念。直观思考比较容易得到，缴纳税收的一方承担了税收负担。然而严谨地应用供需模型分析，很容易得到无论哪一方缴纳税收都不影响双方的实际税负。道理在于，假设买方缴纳税收，那么需求曲线向下平移，移动的距离正好等于每单位交易的税额。假设卖方缴纳税收，相当于供给曲线向上平移，移动的距离正好等于每单位交易的税额。简单观察可发现，缴税方的改变虽导致均衡发生了变化，不过和原先的均衡相比，买者支付的总价款与卖者得到的净价款无区别。由此得到的结论是，无论税款由买方还是卖方支付，任何一方实际承担的税负没有变化。

因为补贴与税收完全相似，对应的结论是对市场的补贴，发给生产者还是发给消费者，或者按流行的说法"补供方"还是"补需方"没有差异，任何一方实际分享到的补贴收益不受哪方接受补贴的影响。

（二）均衡与非均衡

有意思的是，要理解供需均衡模型中提出的均衡观点到底有多重要，有时候需要从"非均衡"的现象才能体会。另外，在非经济学专业的人看来，现实世界几乎总是处于"非均衡"状态，很难接受均衡的观点。

经常用来挑战经济学家的"非均衡"例子大多来自日常生活，比如供给过剩的例子随处可见，超市或商场常保持很多库存，这充分说明了现实世界里供给常大于需求，两者的平衡不多见。实际上，我们不仅可以用供需均衡来解释这些显然的"不均衡"现象，而且可以发现"不均衡"视角无法发现的"无形商品"。

超市摆放的物品往往多于顾客购买的数量，这不是非均衡，而是因为有一种隐藏的无形商品"便利"没有考虑进去。现实世界中，由于存在各种不确定因素，人们的需求或者下一期的供给量都可能发生未预料到的变化，那么超市保持一定数量的库存可以极大地便利交易的发生，因为它能保证消费者任何时候前来购买都确信可以获得商品。倘若一家超市的商品总是处于售罄状态，可以预料这家超市的生意不会越来越好，反而会越来越差。因此，任何商品的交易都附带"便利"程度的考量，如果交易非常不便利，那么这个交易很难维持，厂商也很难盈利。应用供需模型，只需要将需求曲线的含义定义为"有一定便利程度的需求"，市场的均衡就意味着"便利"这种无形商品伴随着有形的货物一起交易。只要均衡中存在"便利"的交易，在现实中卖方就必然期望拥有库存。

通过引入无形商品——"便利程度"，消费者效用达到了最大化，生产者利润达到了最大化，两者通过厂商一定程度的库存实现了"便利"市场的均衡。

当然，对超市库存的解释，上述论述并没有说明均衡视角比非均衡视角更具优势，哪种解释具有优势还需要实证证据的支持。在此，超市经常补库存的现象是较具"区分度"的实证证据。具体而言，如果在现实中可以观察到补库存现象，则说明均衡视角优于非均衡视角。理由有两点。第一，根据均衡模型的解释，库存是均衡现象，它是厂商在市场竞争中利润最大化的主动选择，一旦库存下降，厂商会迅速恢复库存，因为保留库存给交易带来的"便利"程度是维持利润的最佳手段。第二，"非均衡"的视角仅把库存当成供给过剩的证据，不可能推导出超市补库存的结论。

（三）"非市场"现象

供需模型不仅仅只能分析市场行为，很多"非市场"现象也可以用供需模型进行有力的分析，而且有时候对"非市场"的分析更能反映供需模型的本质。

经济学的分析在很大程度上是成本收益对比，对于市场行为中的收益信息一般可以用需求曲线来总结，成本信息一般可以用供给曲线来总结。不少"非市场"现象当然可以用成本收益的视角分析，只要将收益曲线认为是需求曲线，成本曲线认为是供给曲线，整个分析就与市场行为没有区别了。

比如超市免费发放商品，采取先到先得的方式，人们排队获得商品。怎么分析人们的排队现象？如何确定每个人获得商品的排队时间？排队时间受到什么因素的影响？初看问题似乎无从下手，如果将问题整理为标准的供需问题，分析就很方便了。首先，我们需要确定获得商品的价格（代价）是等待时间。然后，确定供需曲线。本问题的供给曲线很简单，它是一条垂直线（由超市免费发放的总量决定），需求曲线实际上是所有人愿意等待的时间从高往低的排序。两条曲线的交点决定了均衡等待时间。比较静态分析无非是供需曲线的移动，人们对商品偏好的改变或者超市免费发放的总量改变都将导致等待时间发生变化。

第五节　要素市场的供需

前面的内容都是最终消费品的供需框架，要素市场也适合供需框架，形象地说，要素市场的供需是消费品供需的镜像。最终消费品的需求曲线是由无差异曲线与预算约束线得来，应用这套工具在要素市场得到的是要素供给曲线。最终消费品的供给曲线由利润最大化推导出来，利润最大化在要素市场上的应用得到的是要素的需求曲线。

一、要素的供给

要素的供给曲线需应用消费者选择理论。基本的思路是，消费者拥有一定的要素禀赋，要素的消费与商品的消费都产生效用，消费者在禀赋提供的收入下，消费最优数量的要素与商品，而要素的供给就等于要素禀赋减去要素最优需求量。

以劳动力供给为例，假设劳动力的初始禀赋 T 小时，工资率为 w。商品与闲暇都提供效用。消费者的最大化问题是：

$$\max U(Y, L)$$
$$\text{s.t.} \quad Y + wL \leq wT + Y^0 \tag{3.5}$$

经济含义为复合商品 Y（可以理解为收入）和闲暇 L 都是消费者所需，消费的总收入由初始禀赋收入和非工资收入组成，记为 $wT + Y^0$。由式 3.5 得到闲暇的需求曲线 $L^*(w, Y^0)$ 以及复合商品的需求曲线 $Y^*(w, Y^0)$。劳动的供给曲线是初始时间禀赋减去闲暇，记为 $T - L^*(w, Y^0)$。

二、要素供给曲线的形状

与最终品的情况相对应，要素供给曲线的形状类似于最终品的需求曲线。要素供给曲线由收入效应与替代效用共同决定，当收入效应小于替代效应时，要素的供给曲线向上倾斜，这是一般情形。当收入效应大于替代效应时，要素的供给曲线向下倾斜。

还是以劳动的供给为例，当工资率上升，表示闲暇的相对价格变贵，替代效应导致闲暇的需求下降。因为闲暇是正常品，工资提高的同时收入也提高，收入效应又增加对闲暇的需求。替代效应与收入效应反向变化，只有当替代效应占优时，工资的提高才减少闲暇。换言之，劳动供给与工资成正向变化。

三、要素的需求

要素的需求衍生于最终品的生产。回到企业利润最大化问题可推导出要素的需求，参考图3-5以及图3-6，以及对应的成本最小化和利润最大化问题，我们可以求出任何产量所需的要素。

如果仅考虑一种要素的需求，假定其他要素的数量不变，要素的需求曲线与企业的边际产量值曲线重合。边际产量值曲线是企业边际产量曲线与产品价格的乘积。企业雇佣要素的边际成本是工资率，而要素的边际收益等于边际产量值，利润最大化要求企业必须使得工资率与边际产量值相等。

四、要素需求曲线的形状

要素需求曲线只可能向下倾斜。含义是当要素价格上升时，企业对这种要素的需求一定下降。

对于简单的一种要素可变情形，要素的需求曲线与边际产量值曲线重合，因为边际产量值曲线的形状完全由企业边际产量曲线决定，那么要素的需求曲线形状其实是由企业的边际产量曲线形状决定的。回忆企业利润最大化的结论，企业一定在边际成本递增阶段生产。由边际成本与边际产量形状反向变化的事实，要素的需求曲线一定向下倾斜。

对于所有要素都可变的情形，要素的需求曲线也只会向下倾斜。这是一个比较著名的结论，从直观上不容易看出来。当所有要素都可变，企业的要素需求很灵活，一个要素价格的变化带来一系列的其他变化，所有变化的综合效应的净值是比较难以把握的。不妨考虑资本和劳动两种要素投入情形，当工资率提高，企业会用资本替代劳动，替代效应导致劳动需求减小。可是还存在一种产量效应，工资提高使得企业降低产量，当劳动要素的投入随着产量降低反而增加时（所谓的"回归型要素"），说明产量效应增加了劳动要素的需求，因此工资提高对劳动力需求的净影响难以判断。

需要严格的数学推导才能了解要素需求曲线的形状。假设劳动与资本的价格分别为 w，r，企业利润最大化的要素需求是 L，K。现在劳动力涨价到 w'，资本价格不变，企业利润最大化的要素需求变为 L'，K'。企业利润最大化（产品价格标准化为1）必然有以下两个式子成立：

$$f(L,K) - wL - rK \geq f(L',K') - wL' - rK' \tag{3.6}$$

$$f(L',K') - w'L' - rK' \geq f(L,K) - w'L - rK \tag{3.7}$$

式3.6的意思是企业面对要素价格 w，r 时，采用要素组合 L，K 进行生产的利润大于采用要素组合 L'，K'；式3.7意思是企业面对要素价格 w'，r 时，采用要素组合 L'，K' 进行生产的利润大于采用要素组合 L，K。两个式子都是利润最大化的定义。两式相减得到：

$$(w' - w)(L' - L) \leq 0 \tag{3.8}$$

式3.8说明工资上升必然导致劳动力需求下降。

五、要素市场均衡

要素市场的均衡由要素需求曲线与要素供给曲线构成，其中要素需求和要素供给都是市场个体的加总。从图形上，要素市场的供需与最终产品供需没有区别，不过两个市场均衡阐述的问题却很不一样。在产品市场上，供需均衡阐述的是价格机制的运行，要素市场均衡阐述的是要素价格，它反映的是收入分配问题。

根据要素市场均衡，每个要素的收入由它的边际产量值曲线与要素供给曲线决定。任何一条曲线的变动都影响要素的均衡价格，由于要素均衡价格代表要素的收入，因此要素市场供需模型是了解收入分配以及收入差异的理论基础。

任何一个社会，各种行业的收入分配存在巨大差距，甚至不同国家或地区，同样的工作收入也有巨大区别。为什么存在这么大的收入差距？怎么缩小收入差距？这些收入差距是否说明了分配不公？这些问题不仅重要而且很容易引发争议。区分实证问题与规范（价值判断）问题对解决争议有较大的帮助。要素市场均衡是实证模型，利用它可以将收入分配问题中的客观因素分离出来，给出解释，为主观的规范判断提供坚实的客观事实基础。

（一）大多数收入差距问题的共性

依照要素供需均衡模型，不同工作的收入差距都可以由供给和需求的差异来解释。比如大多数国家的收入结构都表现出学历高的人在收入上优于学历低的。如果先从规范角度出发，有可能得出收入分配"不公"或"歧视"的结论，可是得出这些结论对于如何解决问题没有实质帮助。如果先从实证角度出发，我们不仅可以客观地知道收入差距的原因，而且还能提出一些有益的减少收入差距的建议。以要素供需模型为分析框架，当供给给定时，高学历的边际产出值更高，需求曲线位置更高，因此均衡的要素定价也更高。不同学历收入的差距来源于边际生产力的区别，减轻收入差距的可行政策有在职培训或者劳动者自己提升人力资本等。

有些工作人们的学历没有大的差异，收入也存在区别，又该如何解释？比如超市的收银员收入可能明显低于超市仓库的搬运工。根据要素供需模型，当要素的边际产量值曲线一样时，供给曲线的位置决定收入，收银员的工作相对较为轻松，搬运工的工作相对辛苦，前者的供给大于后者，那么前者的市场均衡工资将低于后者。

类似的例子不胜枚举，大多数的收入差距都可以归结为要素的边际产量值曲线或者要素供给曲线的差异。

（二）收入差距的特性

要素供需模型是理解收入差别很有用的理论框架，但是不能解释所有的收入差距。现实世界中有很多收入差距不是由完全竞争市场的供需决定，它们与特定的市场结构、信息结构或者其他因素有关。

要素市场的垄断是造成收入差距的一个重要原因。当要素供给方是垄断者时，较典型的例子如工会，要素的价格比竞争市场的价格更高，尽管要素的供给和要素的边际产量值都一样。反之，当要素需求方是垄断者时,要素的价格一般低于竞争市场。

市场的信息结构对收入的影响也较常见。一般而言,当一种要素在交易中具有信息优势,这种要素的收入往往高于信息完全对称的市场。著名的"效率工资理论"就说明了信息不对称可能对收入的影响,假设所有工人的边际产量值相同,有一种工作外部管理者很容易监督与评估员工,有一种工作从外部较难监督员工,为了保证后者员工努力工作,企业一般都会把工资提高到竞争水平以上。

此外,歧视也造成一定的收入差距。被歧视一方得到的报酬低于没有被歧视的工人工资。即使两个工人的边际产量值无区别,歧视也将使得工人得到的报酬不同。当然,歧视的因素不可过分强调,因为市场能在很大程度上克服歧视对劳动报酬的影响。只要有雇主进行歧视,其他没有歧视的雇主就通过雇佣工资较低的劳动力降低生产成本,从而获得竞争优势,久而久之歧视的厂商要么放弃歧视行为,要么被市场淘汰。

第六节 经典框架的延伸:垄断

经典的供需均衡框架在微观经济学中位于核心位置,它在一套理想的完全竞争假设条件下成立。完整的微观经济学经典理论框架不能只包括供需均衡,它必须包括一些对理想化的完全竞争条件做出放松的拓展。本章不可能把所有重要的拓展都加以介绍,关于信息对称、产权制度明晰等拓展将在后面的章节展开,因为这些内容在分析框架以及分析工具上与经典的完全竞争分析有非常重要的区别,有必要区分开来介绍。

本节的拓展只涉及对完全竞争市场结构的放松,而且只介绍垄断这种情形。其他市场结构涉及的分析手段与本章有明显区别,也放在后面的内容中介绍。

一、产品市场垄断

(一)垄断定价

产品市场的垄断是指某个市场只有一个卖家,它生产的产品没有明显相近的替代品。这是与经典的完全竞争市场正好相反的市场结构,其分析并不难。

完全竞争与垄断的一个重要区别是,前者的行为对市场的影响可以忽略,而垄断者的行为对市场的影响是重大的。在经济学上,完全竞争称为价格接收者,垄断称为价格制定者。垄断者通过制定产品价格来获得利润最大化。

如图3-8,垄断者的需求曲线 D 就是市场的需求曲线,这条曲线代表垄断者的平均收益。垄断者考虑产出边际收益与边际成本,当图中的 MR 曲线与 MC 曲线相交时,垄断者达到利润最大化,利润最大化的产量是 Q_1,价格是 P_1。

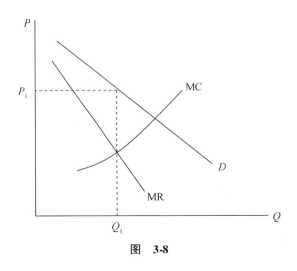

图 3-8

(二) 垄断定价的特点

垄断者的定价与完全竞争有明显区别。在完全竞争市场,价格等于边际成本,而垄断者的价格高于边际成本。因为利润最大化要求垄断者将产量维持在边际收益等于边际成本的规模上,而垄断者的价格代表其平均收益,它高于边际收益。

垄断者还有一个特殊的定价方式是对不同的消费者或者不同的购买量制定不同的价格。在微观经济学中,区别定价都称为价格歧视。价格歧视分为三种。一级价格歧视是对每个消费者的购买都按照支付意愿定价,在这种价格歧视中，消费者剩余全部转化为厂商利润。二级价格歧视有时也称"非线性定价"，是对消费者不同的购买量制定不同的价格，常见的现实例子是数量折扣。三级价格歧视是对不同的消费群体收不同的价格，常见的现实例子如车票的学生优惠或老人优惠等。

二、要素市场的垄断

（一）垄断定价

要素市场的卖方垄断（如工会）的定价分析与图 3-8 完全一样，此处从略。我们考虑要素市场买方垄断的定价行为。

如图 3-9，以劳动力市场为例，劳动的供给曲线是 S，需求曲线 D 同时也是劳动的边际产量值曲线。作为垄断的买方，说明劳动力市场上只有一个买方，那么它雇佣的数量将影响劳动市场的工资。由于市场供给曲线等于垄断者所面临的供给曲线，这条线是垄断者的平均支出曲线，代表垄断者对每个单位劳动的平均支出。根据代表平均支出的供给曲线容易得到垄断者的边际支出曲线 ME，垄断者雇佣劳动的边际收益由需求曲线代表，边际成本由边际支出 ME 代表，两线相交表明劳动雇佣的等边际条件成立，垄断的需方得到最优劳动雇佣量，如图中的 L_1，再根据劳动供给曲线确定垄断工资定价为图 3-9 中的 w_1。

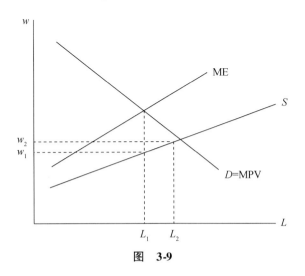

图 3-9

(二) 实际应用：最低工资与就业之谜

垄断买方模型似乎只是要素市场的理论探讨，没有明显的实际应用价值。后来，在劳动经济学家考察最低工资与失业的关系时，出现了一个谜团，在美国有些州出现最低工资提高后，就业量攀升，失业率没有增加的现象。[①] 根据要素市场的供需模型，当最低工资高于市场均衡值，劳动力市场的供给大于需求，劳动力市场的就业量下降，失业率上升。一直以来，经济学界都是这么看待最低工资对就业造成的影响。一旦最低工资提高、就业量反而增加了，传统智慧受到挑战。

如何理解最低工资提高、就业量增加的事实？理论上，如果劳动力市场是垄断买方，那么当最低工资提高到市场工资之上时，就业量可能增加。回到图3-9，假设最低工资设定为 w_2，高于市场原来的均衡值 w_1，企业雇佣劳动力时遵循要素的边际成本等于边际收益的原则，它一定在最低工资与劳动力供给曲线 S 的交点处雇佣劳动力，图中的结果表明最低工资提高后，就业量从 L_1 增加到 L_2。

第七节 一般均衡理论

一、一般均衡简介

一般均衡理论的创立者是瓦尔拉斯，在20世纪50年代由阿罗与德布鲁两位巨匠将一般均衡理论构建成熟。

所谓一般均衡，含义就是所有市场的整体均衡。在本节之前我们介绍了微观经济学经典内容的核心模型——供需理论，并且分为最终消费品市场与要素市场做了完整的阐述。前面介绍的供需模型是非常重要的研究框架，但是也存在一些固有的问题。我们介绍的供需模型本质上是局部均衡模型，仅仅关注一个单独市场，其他任何有关联的市场都假设不变。这种

---

① D. Neumark and W. L. Wascher, "Minimum Wages and Employment", *Foundations and Trends in Microeconomics*, vol. 3, no. 1-2, 2007, pp. 1-182.

研究供需均衡的方式在理论上容易陷入"循环论证"的误区。考虑某产品市场，供需模型只能决定该产品的价格与数量，消费者在需求曲线中的重要变量收入是外生给定的。一旦追问，消费者收入怎么来的？根据局部均衡的视角，只能认为是通过在企业劳动得来的收入。继续追问，企业为什么能提供收入给劳动者，回答是这种产品有市场需求。逻辑链条的循环说明在理论上我们不能将这些市场分开探讨，消除逻辑缺陷的办法是将所有市场同时考虑。

当我们考虑建立一个包罗所有市场的总体模型时，也就是在建立经济学中的一般均衡模型。一般均衡模型不仅在理论上弥补了局部均衡的缺陷，在应用层面，有很多重要的议题用一般均衡模型更加合适。比如，国际贸易中要素流动问题或者所得税问题都需要用一般均衡模型研究，在税收问题上，一般均衡模型得到的结论甚至有时候和局部均衡模型的结论完全相反。

一般均衡模型在理论上更加完善，在一些问题的应用上也更加合适。这么做的成本是，一般均衡模型比局部均衡模型复杂很多。在经济学上，一般均衡模型是公认高度技术化的内容，接下来的介绍将尽量避免过于复杂的数学细节，主要以直观的图形来介绍一般均衡模型中具有标志性意义的分析框架和重要结论。

二、一般均衡的重要分析框架

（一）纯交换经济

局部均衡只考虑一种产品的供需，一般均衡考虑所有产品的供需，局部均衡与一般均衡的本质差异不在于市场的数量，而在于是否将市场之间的相互反馈也考虑在内。在微观经济学中，最简单的一般均衡模型是仅含两种产品的经济，有时候称为纯交换经济。不考虑生产，假设只有两个消费者，市场上有两种商品，每个消费者的初始禀赋是由一定数量的两种商品构成的组合。

研究纯交换经济，我们一般应用著名的"埃奇沃斯盒状图"。如图3-10，OA 表示消费者 A 的坐标原点，OB 表示消费者 B 的坐标原点，e 点是初始禀赋点，表示消费者 A 的初始禀赋是 (X_A, Y_A)，消费者 B 的初始禀赋是（XB，YB）。IA 是消费者 A 的无差异曲线，穿过初始禀赋点，IB 是消费者 B 的无差异曲线，也穿过初始禀赋点。IA 和 IB 表示没有交换的初始状态。

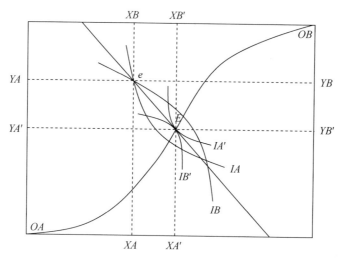

图 3-10

完全竞争市场上，消费者是价格接受者，两种产品的市场价格为 P_X 和 P_Y，那么过 e 点的一条斜率为 P_X/P_Y 的直线（如图 3-10）实际上就是两个消费者的预算约束线。当市场处于一般均衡时，以下条件必须成立：第一，所有消费者达到效用最大化；第二，市场上两种产品的供需都达到平衡。图中的 E 点就是满足两个条件的一般均衡，因为消费者 A 和消费者 B 都在 E 到达了效用最大化，又因为两条无差异曲线在同一点相切，说明市场上的供需全部达到平衡。在产品 A 的市场上，消费者 A 是需求者，需求量为 $XA'—XA$，消费者 B 是供给者，供给量是 $XB'—XB$，由图示显然产品 A 的供需是相等的。类似的，在产品 B 的市场上，供需正好相反，消费者 A 是供给者，消费者 B 是需求者，产品 B 的供需也相等。

图 3-10 的 E 点是一般均衡，它的一个重要的特点是两个无差异曲线在此相切。实际上，在图 3-10 中存在无穷个类似的无差异曲线切点，这些切点组成的轨迹是著名的"契约曲线"，它表示交换经济所有帕累托最优状

态的集合，图中连接 OA 与 OB 两个原点的曲线就是契约曲线。契约曲线与一般均衡有非常密切的关系，"看不见的手"的含义就是自由市场竞争的均衡是契约曲线的子集。

(二) 纯生产经济

生产经济的一般均衡也可以用"埃奇沃斯盒状图"演示。如图 3-11，市场上用两种要素 L 和 K 生产 A 和 B 两种产品。OA 表示厂商 A 的坐标原点，OB 表示厂商 B 的坐标原点，e 点是初始禀赋点，表示两种生产要素在厂商中的初始分配。厂商 A 的初始要素禀赋是 (LA, KA)，厂商 B 的初始要素禀赋是 (LB, KB)。IA 是 A 的等产量曲线，穿过初始禀赋点，IB 是厂商 B 的等产量曲线，也穿过初始禀赋点。IA 和 IB 表示没有要素市场的初始状态。

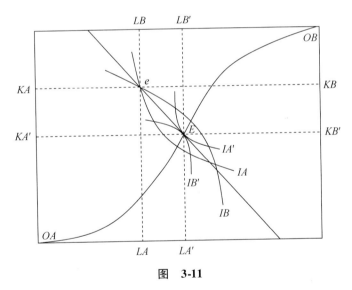

图 3-11

要素市场完全竞争，厂商是价格接受者，两种要素的市场价格为 w 和 r，那么过 e 点的一条斜率为 w/r 的直线（如图 3-11）实际上就是厂商的等成本线。当市场处于一般均衡时，以下条件必须成立：第一，每个厂商的成本最小化；第二，市场上两种要素的供需都达到平衡。图 3-11 中的 E 点就是满足两个条件的一般均衡，因为厂商 A 和 B 都在 E 点实现了成本最小化。又因为两条等产量曲线在同一点相切，说明要素市场的供需全部达到平衡。在要素 L 的市场上，厂商 A 是需求者，需求量为 $LA'—LA$，厂商 B 是供给者，供给量是 $LB'—LB$，供需是相等的。类似的，在要素 K 的市场上，供需正好相反，厂商 A 是供给者，厂商 B 是需求者，要素 K 的供需也相等。

图 3-11 连接 OA 与 OB 的曲线是生产情形下的契约曲线，表示所有帕累托最优的要素配置集合。尽管图示与交换的契约曲线很像，但是生产的契约曲线包含一个交换情形契约曲线没有的"客观"信息。生产的契约曲线既然是等产量曲线的切点轨迹，那么每个点都表示两种产品的产量，把所有产量信息转换为图形就得到著名的生产可能性曲线。图 3-12 得到的生产可能性曲线就是由图 3-11 的契约曲线得到的，表示给定要素以及企业的技术条件，经济达到生产效率的所有产量组合。

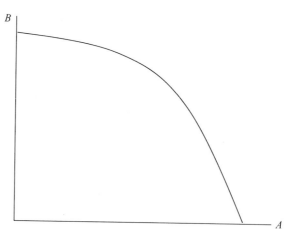

图　3-12

生产可能性曲线包含了所有生产中契约曲线的信息，结合生产可能性曲线与交换的埃奇沃斯盒状图，我们可以得到真正意义的一般均衡，也就是同时涵盖生产与交换的整体均衡。

（三）交换与生产的整体均衡

经济学用所谓的 2X2X2 的模型构建全面的一般均衡模型，表示考虑两种要素、两种产品以及生产与消费各有两个交易者。有了前面的讨论，我们可以用图形表达这种最一般的情形。

如图 3-13，生产可能性曲线概括了经济中所有效率的生产，直线 TS 与生产可能性曲线的切点是 C，生产可能性曲线在 C 点的斜率等于直线 TS 的斜率，表示给定现有的技术条件下经济增加 A 的生产与随之不得不降低的 B 之间的比率，此比率在经济学中称为边际转换率。

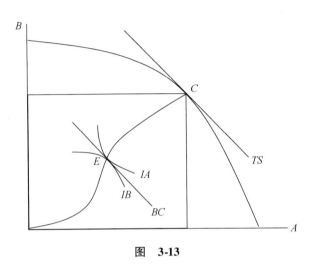

图 3-13

点 C 的生产组合可以作为交换经济的禀赋，因此以 C 点作为一个坐标原点，我们可以作出一个交换经济的埃奇沃斯盒状图，图中的 E 点是无差异曲线与预算约束线 BC 的切点，该点在契约曲线上，表示 E 点也是两个消费者无差异曲线的公切点。

C 点实现了生产效率，E 点实现了交换效率，而且 E 点的交换效率是以 C 点的产量为分配基础，那么图中的 C 点和 E 点是否就是一般均衡了呢？还不一定，C 点与 E 点之间还需要满足供需均衡的条件，在图中，当 BC 线的斜率与 TS 线的斜率相等时（如图 3-13），市场的供需才是均衡的。具体的论证留到下一节。

三、一般均衡的重要结论

在微观经济学中有两个非常重要的结论，分别是福利经济学第一定理和福利经济学第二定理，这两个定理最一般化的叙述与论证涉及一般均衡理论。此外，以上所有内容都没有提及重要的前提条件，那就是一般均衡是否存在，存在的条件是什么。以下介绍这些重要的结论。

（一）福利经济学第一定理

在一定条件下，完全竞争市场均衡能达到帕累托最优。所谓"一定条件"主要是包括消费者偏好以及企业技术的凸性假设。福利经济学第一定理实际上就是"看不见的手"的原理，即自由市场竞争能达到最高经济效率。本书不严格证明此定理，我们利用埃奇沃斯盒状图对定理给出直观的论证。

在纯交换经济中，以图3-10为例，所有的市场达到均衡时，必然满足消费者A与消费者B的无差异曲线与预算约束线相切，表示消费者达到效用最大化；而且切点一定要在契约曲线上，表示供需达到均衡。这两个条件缺一不可，缺少任何一个条件都得不出市场均衡是帕累托最优的结论。

假设市场均衡只满足第一个条件，两个消费者都达到了效用最大化，但是无差异曲线没有相切，市场均衡似乎是帕累托最优。因为当消费者都达到效用最大化时，两个无差异曲线的边际替代率是相等的（$MRS_A = MRS_B$），说明满足帕累托最优的必要条件。具体情形如图3-13，消费者A与消费者B的最优选择对应图中的C和D，但是C和D不重合。容易看出图中的情形没有达到市场均衡。在产品A的市场上，需求小于供给，存在超额供给；在产品B的市场上，供给小于需求，存在超额需求，市场上A的价格将下降，B的价格将上升。市场在趋向均衡过程中，两个消费者的福利状况都在改进，说明图中所示情形不是帕累托最优。实际上，简单而言，图中的两条无差异曲线没有相切，而且分别位于预算约束线的两边，那就必然存在固定任何一条无差异曲线，提高另外一条无差异曲线位置的机会。既然存在帕累托改进的机会，原有的市场均衡就不可能是帕累托最优。

纯生产经济的一般均衡也满足福利经济学第一定理，论证的过程与纯交换经济完全一样，不再赘述。

真正的一般均衡既包含生产也包含交换，回到图形3-13，点E和点C代表了交换与生产的整体均衡，它包含三个重要的条件：其一是生产必须有效率，产量组合应该在生产可能性边界上；其二，交换必须要有效率，交换应该发生在契约曲线上；其三，市场的供需必须平衡，这要求生产可

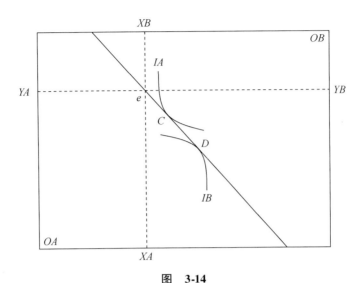

图 3-14

能性曲线上的边际转换率（MRT）要等于消费者的边际替代率（MRS_A = MRS_B），图形上相当于直线 TS 的斜率等于直线 BC 的斜率。第三个条件不仅是均衡条件，而且是保证一般均衡达到帕累托最优的必要条件。如果 E 点和 C 点只满足前面两个条件，市场均衡是否达到帕累托最优呢？毕竟生产和交换都达到了有效状态，难道还不是帕累托最优？不妨假设 TS 比 BC 更陡峭，意味着边际转化率大于边际替代率，这说明市场上产品 A 的产量过大，减少产品 A 的生产能增加 B 的生产，生产组合的变化可以保证维持一个消费者福利不变的情况下增加另外一个消费者的福利（如图 3-14 所示）。以上分析表明，只有当第三个均衡条件也成立时，市场才达到真正的一般均衡，也才能保证一般均衡的结果是帕累托最优。

由于福利经济学第一定理指出市场均衡是帕累托有效的，因此支持市场经济体制的学者常用它来进行佐证。

（二）福利经济学第二定理

福利经济学第一定理论证了市场均衡帕累托有效。反过来，是否任何有效的资源配置可以由市场均衡达到呢？福利经济学第二定理的结论是，如果可以用定额税收的形式重新配置初始禀赋，那么任何有效的资源配置都可以由市场竞争均衡达到。因为要应用较复杂的数学,我们省略严格的证明。

福利经济学第二定理常用来支持旨在促进公平的再次分配政策。由于契约曲线上既有较均等的资源配置,也有一些不太均等的配置,按照福利经济学第二定理的结论,社会统筹者可以通过再分配让市场达到契约曲线上的任何一点。如果社会统筹者认为初始的市场均衡较不平等,那么统筹者就可以通过再次分配使得市场均衡达到契约曲线上它认为更平等的任何一种配置。福利经济学第二定理显示,平等与效率没有内在冲突。

在给定前提下,福利经济学第二定理说明了平等与效率可以兼得。但是需要注意"给定的前提"是统筹者可以无成本地进行再分配,在很多人看来,现实经济中的主要再分配手段——税收——不仅有成本,而且成本有时候还相当大。

(三) 一般均衡的存在性

一般均衡是否存在?如果存在,前提条件如何?前述讨论都假设一般均衡是存在的,以图3-13代表的一般均衡为例,E点、C点、TS线与BC线需要满足三个条件:生产有效率、消费有效率以及所有产品或要素的供需都相等,市场才是一般均衡。

严格论证一般均衡的存在性高度技术化,非常经典而且严格的证明参见德布鲁1959年的《价值理论》。大致上,只要消费者的偏好和生产技术都是凸的,那么一般均衡就存在。在微观经济学中,凸偏好与凸生产技术是标准假设,我们前面所用到的边际替代率递减的无差异曲线是典型的凸偏好,还有从反方向凸向原点的生产可能性曲线是典型的凸技术。因此在大多数情况下遇到的消费与生产都满足凸性假设,一般均衡是存在的。

四、一般均衡的应用价值

一般均衡和局部均衡都是供需均衡,前者不仅在理论上克服了局部均衡"循环论证"的缺陷,而且在一些应用上也具有明显的优势。

局部均衡的优点与缺点都与它仅考虑"局部市场"有关,只要其他有关市场的变化无关紧要时,局部均衡分析的优点就非常突出,简单而不失精确。一旦其他相关市场的变化有重大关系时，局部均衡分析的结论就很可能出现较大误差，甚至得到错误的结论。

最低工资是很常用的劳动力市场的管制措施，这个政策的局部均衡分析与一般均衡分析就存在很明显的差异。用局部均衡分析最低工资是本科微观经济学教材的标准内容，得出的主要结论也成为微观经济学的基本共识。大体上，主要结论包括低收入劳动力市场受到最低工资的影响，最低工资会导致失业，但是当劳动力市场的供需弹性较小时，失业不明显，最低工资可实质提高低收入人群的收入，改善低收入人群的福利。

一般均衡的分析表明，最低工资对低收入人群的福利提高并不明显，甚至可能降低低收入人群的福利。更反直觉的是，最低工资政策很可能改善高收入人群的福利。因为最低工资将导致失业，失业人口的出现使得留在工作岗位的工人的谈判力下降，他们要接受企业很多额外的条件。企业既然给了这些工人更高的报酬，它肯定需要工人提高产出、工作质量，或者降低工作环境质量或福利（比如车间不安装空调）等，极端情况下，如果工人完全没有谈判能力，企业可以通过额外加班或降低福利标准等方式转嫁最低工资的影响。此外，当最低工资在地下经济流行的国家推行时，反而可能降低贫困人口的福利。因为很多生活困苦的人都是以地下经济方式谋生，最低工资造成的失业人口加剧了地下经济的竞争，原来从事地下经济的低收入者生存条件进一步恶化。为什么最低工资的受益者可能是高收入者呢？设想生产更为高档的替代品的一些企业，无论是企业主还是工人都将受益于最低工资政策。因为，产品相似可以相互替代，受到最低工资影响的企业产量肯定下降，消费者有一部分会转而购买更高档的替代品。对企业主而言，企业的收入上升；对工人而言，原有均衡工资水平较高，没有受到最低工资的影响，最低工资政策将进一步提高其收入。如果最低工资政策影响的是一些消费价格弹性较小的行业，那么最低工资提高这些高收入者的效应就更加明显。[1]

---

[1] Milton Friedman, *Bright Promises, Dismal Performance: An Economist's Protest*, New York: Harcourt Brace Jovanovich, 1983, p. 352.

第四章

微观经济学研究方法：
方法论、研究范式与常用形式

　　微观经济学是所有经济学科的基础，自宏观经济学的研究转向构建微观基础后，微观经济学的方法论基础和研究范式实际上代表了整个经济学的方法论基础和研究范式。

　　微观经济学发展至今，在方法论方面虽仍存争议，但是实证路线的方法论牢牢占据主流地位。在研究范式方面，现代微观经济学已经非常系统化，它包括假设体系的公理化、理论假说可实证检验等。在具体的研究形式方面，微观经济学高度模型化，数学工具在微观经济学模型中得到广泛应用，数学的各大分支应用在微观经济学中随处可见。

　　当然，对于现代微观经济学的方法论基础和研究范式，批评的声音不断。其中很常见的一类批评是针对微观经济学的方法论，比如认为微观经济学"理性人""完全竞争市场"等假设脱离现实。与这类批评相关的看法认为经济学的理论工作是"空中楼阁"，罔顾事实，较为代表性的质疑是："了解消费者行为目标，为何不咨询消费者本人？了解企业经营目标，为何不直接问企业主？"这些批评与质疑很有代表性，本章将在阐述方法论之后予以回应。我们希望通过回应达到两个目的，第一是减轻人们的困惑，展现经济学巨大的价值；第二是强调，理论的研究需要遵循一定的方法论，这样的学科基础才可能是牢靠的。

除了针对方法论之外，关于经济学的具体研究工具与形式也常招致批评。微观经济学最常用的研究形式是模型，构建模型最常用的工具是数学，长期以来，不少人认为经济学的研究过于数学化、模型化，甚至在一些著名的大学，比如哈佛大学，还出现过抵制经济学过于数学化的现象。本章第三节将讨论现代经济学的研究是否存在过度模型化的问题。

第一节　实证经济学方法论——科学的解释

一、理论 VS 事实

科学的解释离不开抽象的理论工作，仅依靠罗列事实解释不了任何事物。关于理论与事实在科学解释中的关系，马歇尔说过一段名言："这些争议的经验告诉我们，除非经过理智的考究与阐释，我们不可能从事实中学到什么。这也教训了我们，使我们知道最鲁莽而又最虚伪的，是那些公开声言让事实自做解释的理论家；或者无意识地，自己在幕后操纵事实的选择与组合，然后提出如下推论：在这之后，所以这就是原因。"[①]

事实不能自做解释的含义是对某事实的解释不能简单援引其他事实。为什么不能用事实来解释事实？其中的问题是什么？用事实解释事实看起来很自然，而且很多时候人们似乎都是用这种办法做解释。比如，要想解释现在整体物价上涨，人们一般就援引央行前不久加大了货币发行的事件，难道央行发行货币不是一个挺好的解释吗？

辨析以事实为依据的解释方式中存在的问题并不是轻而易举的，我们需要仔细考察这种解释方式中存在的缺陷。依据事实做解释的方式一般是当 A 事实发生后，为了解释其为何发生，于是追溯 A 事实发生前，到底发

---

① 张五常：《经济解释（卷一）》，北京：中信出版社 2014 年版，第 17 页。

生了哪些其他事实，然后再根据以前发生的事实解释 A 的发生。但是事实的回溯并不能天然保证过程是客观的，其中存在两个明显的困难，而以为依据事实解释可以完全脱离抽象理论的支持，则是另一个缺陷。

（一）评判或界定标准的困难

第一个困难是如何评判或界定哪些事件是与解释"相关"的。假设需要解释近期整体物价上涨的现象，之前发生的事情有"央行多发行了货币""能源价格上涨""面包价格上涨""数学界发现了新定理"等，到底哪些事实对解释物价上涨有明显价值？哪些事实有少许价值？哪些事实几乎没有价值？也就是说，之前发生的事实哪些是"有关"的？哪些是"无关"的？

任何一个需要解释的事实，它之前发生的事件几乎无穷无尽，应该以怎样的标准界定"有关"与"无关"？如果人们采用的标准不一样，怎么评判优劣？如果人们采用的标准一样，此公认的统一标准是经过某些事实得来的还是依据某些抽象原则得来的？

对于物价上涨，没人否认"央行多发行了货币"是比"数学界发现了新定理"更好的原因。但难以回答的问题是，为什么前者是更好的解释？如果回答，大量的事实证明了"央行多发行了货币"在解释物价上涨这个问题上比"数学界发现了新定理"更正确，这个回答实际上正好说明了依据事实解释的缺陷在于没有明确的评判标准。因为事前人们并不能肯定"央行多发行了货币"优于"数学界发现了新定理"，只是事后多次的经验事实表明前者是更好的原因。

（二）无穷回溯的困难

假设界定标准的困难解决了，那么依照事实解释的方法是否就可行了呢？答案是否定的，即便找到了一个公认的可以作为原因的事实，依然可以继续问道，这个用于解释的事实又是如何发生的呢？这种持续的发问并非"挑剔"。因为如果不继续追问下去，就很难认为被解释的事件得到了根本解决。比如说，A 事件需要被解释，然后 B 事实作为"公认"的原因被挖掘出来，但进一步思考后，又发现更早发生的 C 事件可以解释 B 事实的发生，或言如果没有 C 事实，那么 A 和 B 都不会发生，从这个意义上看，相对于 A 事件，C 是更为根本的原因。由此看出，以事实解释事实，不可避免地陷入无休止的寻觅更加"根本"的事实中，这是一条前途渺茫的探求之路。

如果再考虑到界定标准很可能没有达成共识，那每一轮向前追溯都会涉及"筛选"标准的争议，这种争议与分歧在回溯过程中一轮一轮地累积，直到整个解释的路径显得毫无意义。

（三）暗含的理论

以事实解释另外一件事实时，其实离不开理论的支持，只是有时候运用过程不易察觉。比如以"闪电"解释"山火"的发生，一旦问及闪电为何引发了山火，提出的解释大概会应用到某个更加普遍的规律，比如"木质结构达到一定温度时起火"，闪电使得树木达到一定的温度，因此发生了山火。

为什么用事实解释另外的事实时一定涉及理论的应用？因为用先前发生的事实解释之后发生的事实，说明两件事实之间存在必然的关联，可是两个不同的事实为什么会发生关联呢？对于这个问题的回答已经不可能再引用其他事实，或者即使引用其他事实，不同事实之间如何发生关联的问题也没有得到回答（在引用的事实与被解释的事实之间又将产生如何关联的问题）。所以，为了回答两个不同事实之间的关系，只能通过抽象关系建立事实之间的关联，而抽象的关系就是某种理论。

（四）理论的作用

以上讨论表明，依据事实解释事实不仅存在两个困难，而且不可避免地应用到更为一般化的规律。一般化的规律就是理论。

理论的构建不仅必不可少，而且还避免了"无穷回溯"的困难，因为理论是抽象的逻辑框架。逻辑的要素有逻辑起点和逻辑结论，逻辑起点是非事实的抽象概念，与具体的时空没有任何关系，因此不存在时间上的回溯。逻辑结论是通过逻辑起点按照逻辑规律得到的必然结果，也不涉及具体的时空，无须回溯。

理论如何解决"评判"标准问题呢?实际上,理论本身不能直接评判,它只能间接验证。这是实证经济学方法论的核心理念,称为"可证伪性",含义是理论假说的验证是通过其结论来间接检验,结论不能是一个逻辑上恒真的命题,需要具备错误的可能。

(五)完整的科学解释

依照事实解释其实都暗含着一般规律的应用,而理论过程本身又仅仅只是一个逻辑框架,它的价值需要通过实证检验体现。这说明,无论理论或事实都不能单独完成科学解释。完整的科学解释包含两大步骤,首先是理论的构建,然后是理论的检验,第一步对应理论,第二步对应事实。接下来我们讨论理论的建立与检验,这两个过程构成实证经济学方法论的基础。然后,我们将回应一些很流行的质疑,诸如"假设不符合现实""理论空洞无物"等。

二、经济理论的构建

事实不需要构建,它是客观存在。理论需要构建,它是抽象的框架,不是客观存在。理论主要由理论假设与逻辑推理构成。由于逻辑推理遵循的是逻辑规律,所以假设才是理论中最具特色的部分。不同的假设区别不同的理论,不同的假设决定不同的理论质量。

构建经济理论是为了解释一些现象或事实。一个事实的发生可能有无穷种诱因,不过在概念化的世界里,我们可以完备地将这些因素进行划分。将所有可能的影响因素分为:可观察的因素(可见因素)和不可观察的因素(不可见因素)。比如某人某段时间多买了一些耐克鞋,可以观察的因素是鞋的价格、消费者的收入、篮球巨星给耐克作了大量广告等,不可观察的因素也许包括购买者可能是追星族或者受到了同龄人中流行行为影响等心理层面的元素。

经济理论最重要的部分是对可见因素和不可见因素做出假设。

(一)不可观察的因素

不可观察的因素由于本质上不能被观察,所以是"神秘"的东西。对于神秘的东西,只能做出断言。比如人们特定的选择行为(如买耐克鞋),我们假设人们的选择受到效用最大化的影响,意思是人们的任何选择行为都受到一种看不见的"效用"的影响。为了使得理论能用于可操作的分析、解释、预测,还需要对"效用"做进一步的假设,假设所有不可见因素都综合进入"效用函数",并且这个效用函数的一些性质也需要假定,譬如凸凹性、单调性等。整个处理过程无处不有断言成分。

有人认为这种假设显得脱离实际,"不太符合现实",此类批评实际上有失公允。不可见因素在现实中没有对应物,或者至少没有公认的对应物,比如影响人们需求的各种"不可见因素",它在现实中的对应物是什么?是不是所有人都认可某种特定的对应物?既然不可见因素在现实中没有客观的对应物,那么对不可见因素的假设就不能以"符合现实"的标准判定,判定的标准只能是间接的,以这个理论的实际解释能力、预测能力进行评判。

(二)可观察的因素

可以观察的影响因素本质上无穷多,这里衍生出的问题是依据怎样的标准做出取舍,才能保证遴选出来的是主要因素。

仍以购买耐克鞋为例。价格、收入、购买者已经拥有的耐克鞋或者其他鞋、他拥有的各种服饰、他的亲戚、购买时的天气等,这些数不完的可见因素,到底哪些更加重要呢?答案多少有点出乎意料:挑选主要影响因素其实也相当主观,你可以挑选任意的组合作为重要的、不可忽视的影响因素集合。比如有些人认为,价格和收入是重要的影响因素,有些人认为价格和他购买时的天气是重要的影响因素,到底哪种挑选更为合理呢?无法通过挑选出来的不同组合的直接对比来进行判定,最终的判定还是要看依此建立的理论的实际解释能力、预测能力。

这显然又会引来质疑。比如当挑选的组合是"他拥有的各种服饰、他的亲戚",人们认为理论这么随意地处理可见因素不太符合现实,至少可以选取更加符合现实的组合如"价格、收入"。可是评价筛选标准的优劣似乎不能通过直接对比被挑选出来的组合而得出,因为理论的目的是解释事实,无论直接对比的结论如何,它都不能直接证明哪个组合在解释力上更为强大，毕竟解释力需要通过实践的检验才能下定论。当很多人达成共识，并挑选出一套"符合现实的"组合，如果据此建立的理论通不过实践的检验，我们有理由怀疑，还会有多少人对这个所谓"符合现实的"组合抱有信心。

（三）经济理论的假设

经济理论主要是研究人们对激励的反应。对于人们的行为，经济理论既需要对不可见因素做假定，也需要对可见因素做假定。

对于不可见因素，经济理论主要用个体的目标函数做概括。比如消费者理论中，目标函数是效用，它涵盖了所有影响消费者选择的不可见因素；在生产者理论中，目标函数是利润，它涵盖了所有影响个体生产者的不可见因素（特别是生产技术和生产者的生产目的）。

对可见因素，经济理论也会有一般化的假设，通过一般化的假设，经济理论可以忽略绝大多数可见因素，仅保留少数几个因素。在消费者理论中，收入与价格这两类可见因素是最重要的影响因子；在生产者理论中，产品与原料的价格被认为是必须考虑的影响因素。除此之外的可见因素都被忽略。

（四）根据经济理论导出结论

当经济理论完成了对可见因素以及不可见因素的假设后，理论构建中最具创造性、独特性的工作也就完成了。接下来理论的推演虽然很重要，但是它只是通用逻辑规律的应用，不同的理论都遵循相同的逻辑法则。

在耐克鞋的例子里，不可见因素融入"效用函数"，可见因素经过挑选后是一个有限的集合，名曰"约束条件"。原则上，从这些理论假设出发能推演出很多结论。根据前提以及结论的关系，推演出来的结论可以分为两大类别。

第一类是不可见因素的变化，或者说"效用函数"的不同形式，可以推演出大量的结论，甚至是无穷的结论。比如可以推出当人们更加偏好耐克鞋时，即使鞋子与其他商品的价格或消费者的收入没有变化，人们也会购买更多的耐克鞋。

第二类是可见因素的变化，讨论可见因素的变化也能得出不少结论。比如在偏好不变的前提下（控制住不可见因素的影响），耐克鞋价格下降，人们将加大购买量。

以上两类结论都是消费者理论框架下逻辑无误的推导，从逻辑意义上没有优劣之分。实证经济学不仅要求逻辑推理无误，而且需要理论结论具有实证检验的可能。根据这个标准，实证经济学完全忽略第一类的结论，因为这类结论不具备现实检验的可能；实证经济学关注的结论必须是第二种类型。

三、经济理论的验证

（一）对应规则

理论应该在现实中检验其价值。为了检验理论结论，需要在理论的概念世界与现实世界中搭建桥梁。这个桥梁称为理论的"验证条件"或者"对应规则"。

一般而言，任何为解释事实构建的理论都尽量清晰地用没有歧义的理论概念指代可见因素，比如消费者理论推导出的一个著名的理论结论是"需求定理"，指出价格与需求量反向变化。需求定理中的价格和需求量都是理论概念，很明显这些理论概念可以自然地对应现实中的任何市场价格以及交易量。当在跑鞋市场检验时，对应规则就是理论中的"价格"对应现实中的"跑鞋价格"，理论中的需求量对应现实世界中"跑鞋的销售量"；当在面包市场检验时，对应规则是理论中的"价格"对应现实中的"面包价格"，理论中的需求量对应现实世界中"面包的销售量"。

（二）对应规则的界定

对应规则的功能是把理论概念与现实事物联系起来，是理论应用到实际过程中非常重要的环节，那么是否存在清晰的界定标准可以判断怎样的对应规则是合适的？

答案是不存在清晰的标准界定哪个对应规则是合适的，哪个是不合适的。因为对应规则不是一个抽象概念，它需要与具体的现实联系，现实的丰富多样以及无限可能决定了对应规则不可能具有完备性，只可能用举例的方式来说明。关于对应规则，弗里德曼在《实证经济学方法论》一文中有很精彩的阐释。弗里德曼认为理论的应用法则（对应规则）是很具体的，也是不完备的，无论如何扩大一个理论的对应规则集合，总可能出现新的对应规则。

仍然以需求定理为例，我们可以不断地把市场上交易的有形或无形的商品加入需求定理的对应规则，不管把多少种商品交易加入需求定理的对应规则，仍可能有一些对应规则没有包含在内。即使我们不用烦琐的举例法，而用尽可能简洁的语言概括，也不可能包含需求定理所有的对应规则。比如，可以不用对每个具体商品界定一个对应规则，而是把所有市场交易的商品概括在一起，定义凡属概括范围之内的商品，其价格与交易数量对应需求定理中的理论概念"价格"与"需求量"。尽管概括了我们能想象到的所有商品，但这依然是不全面的，不可能涵盖所有需求定理的对应规则。

为什么包含了所有能想到的市场，也不可能穷尽需求定理的对应规则呢？因为它没有包含各种各样不属于市场交易的情形。具体的例子有很多，比如免费公路上汽车的通勤量与拥堵时间是否可以对应需求定理的"需求量"与"价格"，企业的逃税与税务部门稽查力度是否可以对应需求定理的"需求量"与"价格"等。

对应规则的应用必须根据具体情况进行界定或说明，这是唯一的"标准"。对应规则是理论应用中的主观过程，不同的研究者对对应规则可能有不同的理解，它属于理论中的"艺术"。弗里德曼曾说：它只能通过研究者的经验来应用，在这个过程中，体现了专家与外行的区别。

（三）对应规则的拓展

有时新对应规则的产生是很自然的，有时新对应规则的产生却需要研究者对理论与现实有深刻的洞察。实际上，对应规则的重大拓展是理论创新的一种重要方式。

前面已经提到，对应规则是主观过程，是理论中不可言传只可意会的"艺术"。下面通过具体的例子，我们可以了解哪些是显而易见的新对应规则，哪些不那么显而易见，哪些是理论应用的创新。

比如，关于需求定理的现有对应规则几乎涵盖了所有市场，此后人类发明了一种全新的产品 X，很显然关于产品 X 的对应规则自然产生，比如需求定理中的价格对应现实产品 X 的价格，定理中的需求量对应现实产品 X 的销量等。关于新产品 X 的对应规则可以很自然地产生，不会有人认为这个新的对应规则是理论应用的创新。

当新的对应规则是应用到理论创建没有关注的一些事实时，则可能产生公认的理论应用创新。仍以需求定理为例，现有的对应规则将理论中的价格对应所有市场价格，需求量对应市场实际交易量；后来，对应规则将理论中的价格对应到没有市场交易的情形，价格对应"代价"，需求量对应与"代价"有关的行为。巴泽尔在著名的论文《排队等待的配给理论》中分析了没有市场价格的免费品配给问题，文中主要的分析就是需求定理对应规则的拓展。① 模型中免费品货币价格虽为零，但并非没有价格，它的"价格"是人们获得商品的等待时间，免费品的实际发放量对应理论中的"需求量"。

需求定理对应规则更加有名的拓展是"艾尔钦-艾伦定理"，它以需求定理的逻辑解释了为何现实中很多优质地方特产更多地销往遥远的外地。"艾尔钦-艾伦定理"可以解释很多貌似不相关的现实之谜，比如为何在意大利的游客购买当地精品的比例高于在母国购买来自意大利出口的精品？为何加州的橙子与葡萄在纽约的销售中，精品比例高于加州本地？因为根据需求定理而言，价格高则需求量下降。假设本地的优质橙子是 2 元一斤，普通橙子是 1 元一斤，再假设运费是 1 元，那么在本地，优质橙子的相对价格是 2∶1，而运往外地后，优质橙子的相对价格是 1.5∶1，在外地，优质品价格更低，销售量更大。例子中，是以包含了运费的优质品对普通品相对比价对应理论概念"价格"，这个拓展不容易想到，可以认为是新颖的对应规则。

---

① Yoram Barzel, "A Theory of Rationing by Waiting", *Journal of Law and Economics*, Vol. 17, No. 1, 1974, pp. 73-95.

（四）理论的验证

对应规则把抽象的理论与现实联系起来，不仅是为了解释现实，也是为了用现实验证理论。

在上节区分了两类理论结论，第一类理论结论涉及不可见因素，第二类结论涉及可见因素。对于第一类理论，不存在对应规则将它与现实因素联系起来，因为理论概念对应现实中（即使存在也）不可观察的事物，比如根据消费者选择理论可以推导出人们对跑鞋的偏好提高，跑鞋的需求量上升，可是在现实中找不到偏好的对应物，此结论无法验证。

第二类结论涉及的是可见因素之间的关系，存在对应规则使得理论概念与现实相联系。比如著名的"需求定理"，指出价格与需求量反向变化。理论概念"价格"与"需求量"明显对应现实中任何一个市场的价格与交易量。

经济学理论的验证限于第二类结论，先确定合适的对应规则，确认理论结论中的变量对应的具体现实变量，然后观察现实变量之间的关系是否与对应的理论结论符合。如果实证研究与理论结论符合，则理论没有被证伪；如果不符合，则说明理论是错误的。

四、对经济学方法论常见质疑的回应

（一）假设与现实

理论的假设决定了理论的走向与推理，它在理论中占据决定性地位。理论假设优劣如何判断？一个最常见也似乎很有道理的评判标准是"理论的假设要符合现实"。

微观经济学中最重要的理论假设是"理性人假设"，认为人们追求效用最大化，其行为特点是努力达到任何商品的消费所带来的边际效用相等。批评者认为，人们现实的选择中很少有意识地应用这种复杂的数学计算或者精确地比较不同商品的边际效用。现实中人们的实际行为与理论假设差别很大，建立在不合实际假设上的理论到底有何价值？

在经济学界，假设是否符合现实曾经引起过很大的争议，后来争议慢慢平息，但并没有完全消除。我们的回应采用著名的"证伪"标准，这也是当年弗里德曼在《实证经济学方法论》中采用的观点。①

假设是否与现实相符只是程度问题，任何假设都不可能完全符合现实，也不太可能与现实毫无相符之处。理论的假设分为两大类别，分别针对不可见因素以及可见因素。对于前者，假设是否符合现实无从判断，当然不可能用"是否与现实相符"的标准判断。对于后者，与现实相符意味着我们要事无巨细地根据现实描述消费者消费行为涉及的所有因素，比如产品价格、收入、卖者的产品质量、当地的天气、买卖双方的语言、肤色以及支持哪个球队等。如果穷尽所有现实因素，理论就不是与现实相符，而是重新将现实表述了一遍。

几乎不会有学者持理论应该是现实重复的观点，理论一定是某种程度的抽象或者仅能达到某种程度的现实。因此，假设符合现实的实质含义是假设在抽象的过程中要尽量符合现实。怎样的假设才算得上"尽量"符合现实呢？有一种很流行的观点是至少理论假设要做到对可见因素的取舍与实际情况相符。以消费者选择为例，如果一种理论在假设中认为最为重要的因素是肤色或者交易者是不是球迷，而另一种理论假设消费者的收入与产品价格最重要，几乎所有人都会认为第二种理论的假设更加符合实际。人们为何认为第二种理论假设更符合实际呢？采用的标准是什么呢？答案有两种可能。第一是在不实证检验理论结论的基础上直接断言某个理论的假设更符合实际。第二是通过应用之后，根据应用的实际效果来支持某个理论。第一种答案缺乏说服力，是主观判断，不是客观标准。第二种答案是间接标准，它通过理论的应用来佐证，而这种标准正是"证伪的实证标准"。

细究下，很多认为可以直接对比理论假设优劣的观点其实是"证伪标准"的应用。因为在回答"为何 A 理论的假设比 B 理论的假设更符合现实"的问题时，往往都借助"A 理论的应用更精确、更广泛"的说法。不

---

① Milton Friedman,"The Methodology of Positive Economics", in: *Essays in Positive Economics*, Chicago: University of Chicago Press, 1966, pp. 3-43.

妨做一个设想，来自一个完全不同的世界的人们，现在需要对 A 理论与 B 理论做评判，这群人根本无法判断什么假设更符合现实，那他们该怎么对理论进行取舍？他们唯一能做的就是根据理论在现实中的应用进行评判。这个思想实验很可能是理论产生的典型过程，新事物出现，没有人知道怎样的假设前提解释新事物最"符合现实"，于是产生了很多不同的理论尝试，没有人知道哪种理论是将来的优胜者，于是只能通过反复应用来挑选，最后某理论脱颖而出。因为优胜理论已经产生，所以其他理论被放弃了，人们慢慢习惯只用此理论来解释现实，好像这个理论天然地、先验地优于其他理论一般。而真实情况是，这个理论并不是因为先验地优于其他理论而被广泛应用，而是因为它经过了后验的实证比较后才慢慢凸显。

以上论证说明，当用直接对比的方式判断理论假设时，这种标准要么完全是主观的断言，要么隐含着理论实证效果的对比。一旦用理论的实证检验支持理论假设符不符合实际的结论时，判定理论的标准就是客观的"证伪检验"。证伪标准是间接的，表明不经实证检验的理论，我们无法判定理论假设是否符合实际。因此，理论假设与实际是否相符合的问题不应该成为判定理论优劣的前提，它实质上很可能是不同理论经过实际应用后的结论。简而言之，"假设符不符合实际"问题是经不住推敲的，它除了容易引起歧义与误解外，对于经济学探究并无明显价值。也正是因为这些原因，弗里德曼认为"假设是否符合实际"的问题根本不重要。

（二）经济理论是不是"空中楼阁"？

弗里德曼在《实证经济学方法论》中提到了一种很常见的批评，其观点是：既然研究企业行为，为何不去问问生意人是怎么想的？这种批评认为经济学研究企业，不去调研企业家的想法，却坐在象牙塔里构建企业理论，无异于将理论建立在没有根据的基础上，搭建出来的只能是"空中楼阁"。弗里德曼认为这种批评还是建立在"假设应该符合现实"的基础上，不是以间接的、客观的"证伪"标准进行评判。

对于这种质疑可以做如下回应。

第一，调研事实不代表能获得事实。认为"了解消费者行为目标，应咨询消费者本人；了解企业经营目标，应直接问企业主"的人暗含的假设是调研是一种可靠的获得事实的手段。实际上，有很多例子表明调研不一定能获得消费者真实的偏好，因为消费者可能撒谎。有些情形下，消费者撒谎的激励很明显，获得真实偏好的信息比较困难。比如，微观经济学目前的热门研究领域——拍卖理论，其研究价值在很大程度上就体现为如何通过巧妙的"调研"（专业术语是机制设计）获得行为个体的真实偏好。

第二，调研结论可靠既不是产生好理论的充分条件也不是必要条件。如果被调研的个体比如消费者或者企业主都披露真实动机，是否意味着用调研方式替代不经调研的"空中楼阁"理论假设更好呢？回答是否定的。

调研结论有两种可能：结论一致或者不一致。以企业理论为例，当调研结论不一致时，即使不同的企业家给出的都是诚实的回答，可答案毕竟不是统一的。此时，如何判断哪个回答更好地代表企业家的目标函数？问题变得与前面的讨论一样，那就是怎样的判定标准是客观的？显然，没有可靠的标准直接判定哪个企业家的回答更好，只能通过间接的可"证伪"的实证检验之。当调研结论一致时，企业家不仅真实地回答了调研问题，并且回答都是一致的，达到这种调研成果是否就可以用它来替代理论假设了呢？调研与理论假设有一点不同，前者是实际的抽样，不能穷尽所有的样本，理论假设在逻辑上可以简单保证完备性。调研最多只能完成对现有的所有企业家的咨询，但是不能获得潜在（未来或者其他身份转变而来的）企业家的信息，因此收集到的一致的回答并不能代表所有（包括潜在）企业家的回答，调研获得的所谓的"一致"答案隐藏着一个理论假设，认为所有潜在企业家的回答与现有企业家相同。问题再一次绕回来，既然所谓的实际调研也包含"武断"的假设，那么以调研为基础的理论和没有调研的"空中楼阁"理论该如何评判呢？答案是在实证中检验。

无论理论构建是否有调研的过程，假设的步骤必不可少。很多质疑，与其说是怀疑，不如说是忽视了某些隐藏的假设。事实的集合是无穷的，任何试图将推理建立在事实基础上的路径，都避不开"无法穷尽"以及"不可见因素"两道障碍，因此武断的假设是所有推理都必然包含的工作。这也是为何在讨论调研这种建立理论前提的方式时，问题最后都回到了如何判断一个理论的优劣——是直接判断每个理论必不可少的假设还是实证检验。

第三，调研中一致的否认能说明某理论假设不好吗？① 这个问题实际上包含在"调研结论可靠不表示能产生好理论"的讨论中，但是这种质疑很普遍，有必要单独回应。在调研消费者行为时，很可能发现没有一个消费者认为自己的行为是精心计算的"等边际决策"，这是否说明微观经济学最重要的基石发生了动摇？我们知道，经济学最重要的一个结论是消费者为边际决策者，消费者所有的行为都是由边际收益等于边际成本支配。

这个质疑看起来是个严重的问题，坐在书斋的学者凭空想象了一种解释消费者行为的理论，而所有被研究的对象消费者在实际调研中反对理论中的假设。不过，回应并不难，对于理论的否定，不能因为"几乎所有人"都觉得其脱离现实而否定之，超越理论的实际应用来做评判缺乏客观依据。如果，所有人的否认能作为客观标准，逻辑上所有人达成的"共识"就属于"可见因素"类别，进一步如果这个"共识"能产生好的推理，那么它必然成为理论的一部分，不会有任何理论刻意在具有"共识"的"可见因素"的取舍上标新立异。如果，所有人的"共识"不属于客观范畴，那它与"凭空想象"的理论假设没有区别，都属于主观范畴，既然都是主观范畴，评判的标准还应该是间接的实证检验。

第四，调研结果与理论假设的差距也许被夸大。比如在调研中得到的答案是，没有一个消费者懂边际概念，更不懂微积分，而理论上假设消费者可以精确计算并根据"等边际法则"进行消费决策。从精确意义上说，理论假设确实与实际调研结果不同，但是两者的差距也许并不大。现实中消费者在做消费决策时大多都经过了较为谨慎的考虑与权衡，理论意义的边际决策也是权衡，只不过是更精确的权衡，实际中的决策其实与理论假设没有本质区别。弗里德曼在《实证经济学方法论》中以自由落体为例，指出理论假设需要气压为零，而现实的检验都有大气压，关键是有一定的大气压与零大气压的差距是否影响理论的重要推论？如果在一定的大气压下，理论结论很精确，那么理论假设就至少可以认为接近现实，两者的差

---

① 严格而言，假设了所有潜在（未来）消费者也否认边际决策的假设。

距可以忽略。回到经济学的例子，尽管理论意义上的边际决策是严格的数学计算，现实中消费者只是某种程度上的谨慎权衡，但是其间的差距并不影响理论的实际价值。理论假设与现实的差距多大算本质区别，多大不算本质区别呢？回答还是"不能直接判断，要经过理论的实际应用后才能下结论"。因为从逻辑上，理论假设与现实的差距是否过大的问题也属于理论假设的一部分，任何理论都可以加一段声明："本理论假设可能与现实情况存在一定差异，但是这种差异并不影响理论结论的实用价值。"

（三）小结

对经济学方法论的质疑总体上混淆了事实与理论的差异和联系。事实是客观存在，理论是概念与逻辑体系；事实是具体的，理论是抽象的。因此事实与理论是有差异的，要求理论完全符合实际在逻辑上是错误的。

当理论的目的是为了解释事实时，理论就必然以一定的形式与事实发生关联。只有在理论与现实关联时，才会产生理论与实际相符的要求。不过理论符合实际的要求并非只有唯一的理解，一种理解是认为可以通过理论与现实的直接对照来判断，另一种理解是理论与现实的联系只能通过理论的应用才能实现。在经济学方法论中采用的是第二种理解，因为如果不在现实中应用理论，那么理论和现实实际上还是没有发生关联，在没有发生关联的基础上无法判断理论是否符合实际。

尽管表面上，关于理论符合实际的两种理解区别巨大，很多情况下，持有第一种理解的人其实遵循的是第二种理解。比如，前述的回应中，只要继续追问，为何某理论的假设比其他理论更符合现实？得到的回答往往是，某理论在应用中得到的结论更符合现实。

第二节　研究范式：理性、均衡与比较静态分析

微观经济学统一的研究范式是以理性作为个体决策的假设，以均衡作为互动或加总行为的约束。所谓统一的范式是指，无论微观领域的具体研究是消费者、生产者、国际贸易、法律、政治选举、制度或环境，所有的

研究都遵循几乎一样的研究方式。任何研究都以理性作为决策个体的行为目标，都以某种稳态的互动情景（也称均衡）作为个体行为加总后的约束条件。比如经典的市场分析就涉及供需均衡，其中市场主要的决策个体是消费者与生产者，对应的理性是消费者效用最大化和生产者利润最大化，所有消费者加总为市场总需求，所有生产者加总为市场总供给，加总后的互动以需求等于供给的方式施加限制。

一、理性

微观经济学的分析基础是个体，典型的个体代表是消费者与生产者。理性是微观经济学最重要的假设，它用来概括决策个体的目标。

第一节的讨论很详细地解释了微观经济学的假设是理论的逻辑起点，它是抽象的概念，不能用事实来衡量理论概念。理性是微观经济学对个体决策目标的假设，根据前面对经济学方法论的讨论，理性假设的主要目的是总结个体选择中"不可观察"的因素，这类假设本质上都属于公理，经济学中理性假设中最重要的公理是选择的一致性。

微观经济学中的理性与自私没有必然联系。前者是公理化的假设，它本身没有任何道德含义，而自私是道德哲学范畴。至于经常把经济学的理性与自私混为一谈的主要原因是，大多数经济学研究在假设个体理性时，都把个体的效用函数设置为只包含自身因素，完全不考虑他人的某种形式。实际上，在经济学中对投票特别是慈善行为的研究，个体的效用函数就明确包含了对他人福利的考虑。在微观经济学中，定义理性假设的是对"可行选择集合"的一致性的排序，而不是"可行选择集合"的大小（比如是否包含对其他人福利的考虑）。

二、均衡

均衡是经济学中非常重要的概念，也是非常重要的分析框架。在经济学中，均衡表示一种稳态，意味着每个个体都达到最优化，没有任何一个个体有单独改变现状的激励。不同的环境，均衡不一定相同，为了明确区分不同环境下的均衡，经济学用各种具体的解概念予以区分。

(一) 为什么需要均衡

经济学为什么需要均衡的概念？因为，仅仅从理性前提出发，微观经济学虽然可以得到一些重要的结论，但是所得到的结论往往太过宽泛，缺少精确度。为了提高精确度，经济学一般用各种均衡概念精炼理论结论，将过于宽泛的结论缩小范围。打个比方，经济学理论是为了从无穷的可能性中筛选出具有一定规律化的结论，而理性与均衡就是最重要的两个过滤器，在很多情形下如果仅仅只用一个过滤器——理性，筛选出来的结论很可能太宽泛，为了精炼结论，一般需要再加一个过滤器——均衡。接下来，以微观经济学的供需模型为例来看均衡的作用。

供需均衡的代表模型是供求定理，它描述了理论化的市场交易情景，指出市场的供给与需求常常位于均衡状态（供给等于需求）。当供给大于需求时，价格有向下变动的压力；当需求大于供给时，价格有向上变动的压力，因此市场总是处于供需均衡。仔细了解价格在不均衡时的变动，将发现均衡的达成不是靠理性假设，而是靠市场交易个体对于变动情况的"理性预期"。严格而言，运用理性的约束条件只能得到包含消费者效用最大化信息的需求曲线以及生产者利润最大化的供给曲线，理性约束不能告诉我们哪些供给和需求才是最终的结论。逻辑上，可以从供给曲线上任取一点，再从需求曲线上任取一点，以这种方式能得到无穷种供给与需求的组合，而这些组合与理性前提毫不抵触。这说明仅仅只有理性的前提，能得到的结论是市场可能出现无限可能的组合，理论结论缺乏必要的精确度。

如何在无穷的供需组合中再做出选择？选择的标准是什么？供需均衡概念的提出就是为了解决这个问题。在微观经济学中，供求定理给出的答案就是假设市场个体都能预期到其他个体的选择，而且所有个体选择能相互匹配，换言之，供给量等于需求量。供给量应该等于需求量是供需均衡概念对理性解集（供给曲线与需求曲线）另加的限制条件，目的在于将众多满足理性条件的解进一步精炼。

对于均衡容易存在一个误解，认为供给需求相等是均衡的关键特点。正确的理解是均衡是为了精炼理性解集对行为所加的限制条件，均衡的重点是"对理性假设之外另加的限制",而不是具体的限制条件如供给等于需求。比如,完全可以用另外一种限制条件对理性解集做出精炼。假设通常的观察显示,超市、小卖部等典型卖场一般都有充足的货源,显示供给总是超过需求 10% 左右,受到现实观察的启发,可以将精炼条件设置为"供给大于需求 10%",不妨把这种新的限制条件称为"10% 超额供给条件"。显然,"10% 超额供给条件"与通常意义的供需均衡没有本质区别,都是对理性解集的精炼,在通常情形下都能得到唯一的解。此处构造不太常见的精炼条件——"10% 超额供给条件"——很清楚地表明,均衡的关键作用是精炼理性解集,而不是具体的精炼条件。当然,在微观经济学中,供需均衡是约定俗成的精炼条件,而且被证明了应用价值不错,所以不需要再构造其他精炼条件。

(二)解概念

解概念是博弈论中常见的名词,但是它实际的用途非常广泛,几乎所有经济学都或明或暗地采用了某种解概念。从根本意义上,经济学需要对所有满足理性的结论做进一步的精炼,解概念就是所有用于精炼作用的工具的总称,供需均衡实际是一种特定的解概念。

经济学研究的环境不同,很可能对理性之外需要加入的约束也有所不同,为了区分不同环境下的精炼标准,提出了各种不同的解概念。

以博弈环境为例,表 4.1 代表有两个参与方的博弈,其中 R1—R4 是博弈者 1 的策略,C1—C4 是博弈者 2 的策略,每格中有两个数字,第一个数字表示博弈者 1 的支付(或效用),第二个数字表示博弈者 2 的支付。

如果没有任何约束条件,对于这个博弈的预测就有 16 种可能,表示博弈者 1 可能从 R1—R4 中任选一种策略,博弈者 2 可能从 C1—C4 中任选一种策略。

如果加入博弈者是理性的假设,那么得到的预测就能精确一些,博弈者 1 只可能从 R1—R3 中任选一种策略,博弈者 2 只可能从 C1—C3 中任选一种策略。预测范围从 16 种精简为 9 种。具体而言,根据博弈者 2 是理性的,我们可以剔除策略 C4,理由是无论对手的选择是 R1—R4 中的哪一个,从 C1—C3 中都有一个策略的支付高于 C4。又因为博弈者 2 知道对手不选 C4，那么自己选择 R4 也不是理性的，理由是总是存在 R1—R3 中的某个策略优于 R4。

表 4.1

	C1	C2	C3	C4
R1	0, 7	2, 5	7, 0	0, 1
R2	5, 2	3, 3	5, 2	0, 1
R3	7, 0	2, 5	0, 7	0, 1
R4	0, 0	0, -2	0, 0	10, -1

在博弈论中，R1—R3 以及 C1—C3 称为可理性化策略，可理性化策略对应博弈中只有理性作为约束条件。可理性化策略中的任何一个策略都与理性不冲突，比如博弈者 1 将选择 R1，因为她认为博弈者 2 会选择 C3。博弈者 2 为何选择 C3 呢？我们该如何为 C3 辩护？因为博弈者 1 认为博弈者 2 认为博弈者 1 将选择 R3，这又是因为，博弈者 1 相信博弈者 2 认为博弈者 1 相信博弈者 2 会选择 C1，依次类推。

上面简单的例子表明，只用理性假设，得到的解集是可理性化策略，但是可理性化策略往往是个很大的集合，理论的推断显得不够精确。博弈论中最重要的解概念——纳什均衡采用了"信念是准确的"的附加假设，现在"信念准确"已经是博弈论所有解概念必不可少的假设。顾名思义，"信念准确"的要求是，在均衡时博弈者对其他参与方的策略可以准确预期。加入"信念准确"的假设后，上面的例子求解后得到唯一的纳什均衡（R2，C2）。

从供需均衡与纳什均衡这两个经典的均衡到更加一般化的解概念，都体现了均衡是独立于理性之外的一个基本假设，它的目的是继续精炼理性对行为的约束。在后面关于博弈论与信息经济学的介绍中，我们还将讨论更多的解概念，这些解概念都是在具体应用情境下在理性假设的基础上一层又一层地附加其他约束条件。

三、比较静态分析

以理性与某种特定均衡为基础建立微观经济理论模型，然后再进行推导，主要目的不是为了完成一项数学练习，而是为了作出理论推断。在微观经济学中，比较静态分析是最重要的理论推理手段之一，它最主要的目的是考察当模型的外生参数改变时，内生变量如何变化。

（一）什么是比较静态分析

经济理论包含可见因素以及不可见因素，由于不可见因素没有合适的对应规则，因此理论模型一般都把不可见因素作为模型的前提或背景，相当于模型的前提假设。可见因素又可分为两大类：第一类是理论模型以外的因素所决定的，称为外生变量；第二类是由理论模型所决定的变量，称为内生变量。

比较静态分析是讨论模型外生变量变化时，内生变量如何变化的一种手段。在经济学中，理论模型的结论都是以均衡表示外生变量与内生变量之间的关系，比较静态分析相应地就是研究外生变量如何影响均衡值。在初级教材中，多以图形完成比较静态分析，在中高级教材中主要以严谨的数学推导做比较静态分析。

需注意，尽管严格的比较静态分析都是通过数学工具完成的，但是比较静态分析在本质上是定性的而不是定量的。原因很简单，所有比较静态分析的结论都是建立在变量变化的方向上（数学上对应导数的符号），而不是建立在变量变化的数值上（数学上对应导数的数值）。

（二）为什么需要比较静态分析

至少有两点理由能说明比较静态分析的重要性。第一个理由是，很多理论模型的结论不太适合从定量的意义上解读，最多只能从定性的角度解读。因为大量的理论在讨论变量之间的影响时，为了控制其他影响因素的效应，需要用"其他条件不变"的假设进行微妙的处理。所谓"其他条件不变"是指，我们既认可这些因素对所关注变量的影响，又希望将其影响隔离，以便于讨论某些特定诱因的作用。采用"其他条件不变"的假设，并不是消除了"其他条件"的影响，而是将这些影响看成固定的常数。由此，模型得到的结论必然包含了这些固定常数，可是这些固定常数本质上是未知数，所以模型的具体结论从严格意义上不能做定量的解读。

第二个理由是，即使模型的结论可以从定量意义上解读，经济学也很少用这种方式应用理论。前面对于方法论的讨论说明，微观经济学是实证科学，理论用来推导可实证检验的结论。模型的均衡不可能提供任何可实证检验的结论，只有通过比较静态分析，考察外生因素的变动对内生变量（包括各种均衡）的影响，才能产生可实证检验的结论。

以具体的供需均衡为例。如图 4-1，供需曲线的交点是均衡价格 P 以及均衡数量 Q，但是 P 与 Q 并不表示任何特定的价格以及产量，原因是很多影响均衡价格以及均衡数量的因素都作为"其他条件"固定了，比如其他相关商品的价格。严格意义上，当这些"其他条件"没有明确给定时，图 4-1 中的均衡价格和数量就不能确定。

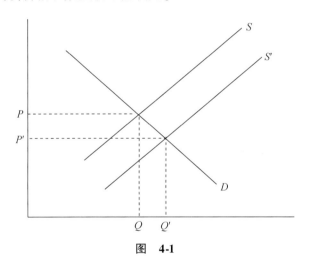

图 4-1

尽管均衡的价格和数量不适合从定量意义上解读，但是从定性意义上解读还是合适的。比较静态分析就是一种典型的定性分析，它不注重变量的具体数值，只关注变量的变化规律。仍然以图 4-1 为例，假设外部因素变化比如投入原料价格下降，那么可以得到两个比较静态结论。一个是关于厂商以及市场的，原料价格下降提高厂商的供给以及市场供给，供给曲线向下移动，移动距离不重要，移动方向重要。另外一个是关于市场均衡，由于需求曲线没有变动，供给曲线向下移动最后导致市场均衡价格下降与均衡数量上升。如图 4.1 所示，比较静态引起的变化是，供给曲线从

S 移动到 S'，均衡价格和均衡数量由（P，Q）变为（P'，Q'）。

（三）常用的比较静态分析技术

微观经济学常用的比较静态分析技术是一种研究模型外生参数对内生变量如何产生影响的方法，其主要的数学工具是微积分。根据具体的经济学问题，比较静态分析分为无约束优化问题以及有约束优化问题两个类别。

无约束比较静态问题是指在无约束优化问题的前提下做比较静态分析。假设，优化问题是：

$$\max_x f(x,a) \tag{4.1}$$

其中 $x = (x_1, \cdots, x_n)$ 是 n 维内生变量，$a = (a_1, \cdots, a_m)$ 是 m 维外生变量。求得问题式 4.1 的一阶条件如下：

$$f_1(x,a) = 0$$
$$\cdots$$
$$f_n(x,a) = 0 \tag{4.2}$$

f 的角标表示对相应内生变量的偏导，应用式 4.2 可以考察任何一个外生变量变动对内生变量的影响，比如计算外生变量 a_i 的影响，先把 a_i 代入式 4.2 得到以下恒等方程组：

$$f_1(x(a),a) = 0$$
$$\cdots$$
$$f_n(x(a),a) = 0 \tag{4.3}$$

由于是恒等关系，那么方程组两边同时对 a_i 求导，等号保持不变，计算可得：

$$f_{11}\frac{\partial x_1}{\partial a_i} + \cdots + f_{1n}\frac{\partial x_n}{\partial a_i} = -\frac{\partial^2 f}{\partial x_1 \partial a_i} = -f_{1a_i}$$
$$\cdots$$
$$f_{n1}\frac{\partial x_1}{\partial a_i} + \cdots + f_{nn}\frac{\partial x_n}{\partial a_i} = -\frac{\partial^2 f}{\partial x_n \partial a_i} = -f_{na_i} \tag{4.4}$$

再把式 4.4 写成矩阵形式：

$$\begin{bmatrix} f_{11} & \cdots & f_{1n} \\ \cdots & \cdots & \cdots \\ f_{n1} & \cdots & f_{nn} \end{bmatrix} \begin{bmatrix} \dfrac{\partial x_1}{\partial a_i} \\ \vdots \\ \dfrac{\partial x_n}{\partial a_i} \end{bmatrix} = \begin{bmatrix} -f_{1a_i} \\ \vdots \\ -f_{na_i} \end{bmatrix} \quad (4.5)$$

一般把式 4.5 左边的第一个矩阵记为 $[H]$，称为海塞阵（Hessian Matrix）。根据克莱姆法则可以求出每个内生变量的变化，比如 $\dfrac{\partial x_i}{\partial a_i} = \dfrac{|H_i|}{|H|}$，$|H|$ 是海塞阵的行列式，$|H_i|$ 是将海塞阵的第 i 列换成式 4.5 右边的向量。

以厂商利润最大化为例应用比较静态分析技术。厂商的目标是最大化利润函数 $f(L,K) - wL - rK$，表示企业投入两种要素 L，K 最大化利润，要素价格为 w，r。为了简单起见，我们假设产品价格标准化为 1，求得一阶必要条件：

$$f_1(L(w,r),K(w,r)) = w \quad (4.6)$$
$$f_2(L(w,r),K(w,r)) = r \quad (4.7)$$

外生变量是要素价格，如果考虑要素价格对要素投入的影响，那么对上两式求导：

$$f_{11}\dfrac{\partial L}{\partial w} + f_{12}\dfrac{\partial K}{\partial w} = 1$$

$$f_{21}\dfrac{\partial L}{\partial w} + f_{22}\dfrac{\partial K}{\partial w} = 0$$

上面写成矩阵表达为：

$$\begin{bmatrix} f_{11} & f_{12} \\ f_{21} & f_{22} \end{bmatrix} \begin{bmatrix} \dfrac{\partial L}{\partial w} \\ \dfrac{\partial K}{\partial w} \end{bmatrix} = \begin{bmatrix} 1 \\ 0 \end{bmatrix}$$

得到要素需求曲线斜率 $\dfrac{\partial L}{\partial w} = \dfrac{f_{22} - f_{12}}{|H|}$，根据利润最大化问题的充分条件，有 $\dfrac{\partial L}{\partial w} = \dfrac{f_{22} - f_{12}}{|H|} < 0$，这是著名的要素需求定理：要素的需求与要素价格反方向变化。

有约束比较静态分析更为复杂,为了简化表达式,我们仅考虑只有一个约束条件的优化问题:

$$\max_x f(x),$$

s.t.
$$g(x,a) = 0 \tag{4.8}$$

其中内生变量 x 是 n 维度向量,参数 a 是 m 维度向量,参数只出现在约束条件 $g(x, a) = 0$ 之中,目标函数不含参数。对于式4.8一般先构造拉格朗日函数 $L = f(x) + \lambda(0 - g(x, a))$,$\lambda$ 是拉格朗日乘子。相应的一阶条件是:

$$L_1 = f_1(x) - \lambda g_1 = 0$$
$$\cdots$$
$$L_n = f_n(x) - \lambda g_n = 0$$
$$L_\lambda = -g = 0 \tag{4.9}$$

上式代入参数 a 得到恒等式,

$$L_1 = f_1(x(a)) - \lambda g_1(x(a),a) = 0$$
$$\cdots$$
$$L_n = f_n(x(a)) - \lambda g_n(x(a),a) = 0$$
$$L_\lambda = -g(x(a),a) = 0 \tag{4.10}$$

对方程组求导可得所有比较静态结论,比如对 a_i 求导得到:

$$L_{11}\frac{\partial x_1}{\partial a_i} + \cdots + L_{1n}\frac{\partial x_n}{\partial a_i} - g_1\frac{\partial \lambda}{\partial a_i} = \lambda g_{1a_i}$$
$$\cdots$$
$$L_{n1}\frac{\partial x_1}{\partial a_i} + \cdots + L_{nn}\frac{\partial x_n}{\partial a_i} - g_n\frac{\partial \lambda}{\partial a_i} = \lambda g_{na_i}$$
$$-g_1\frac{\partial x_1}{\partial a_i} - \cdots - g_n\frac{\partial x_n}{\partial a_i} = g_{a_i} \tag{4.11}$$

其中 $L_{ij} = f_{ij} - \lambda g_{ij}$,上式写成矩阵形式为:

$$\begin{bmatrix} L_{11} & \cdots & L_{1n} & -g_1 \\ \cdots & \cdots & \cdots & \vdots \\ L_{n1} & \cdots & L_{nn} & -g_n \\ -g_1 & \cdots & -g_n & 0 \end{bmatrix} \begin{bmatrix} \dfrac{\partial x_1}{\partial a_i} \\ \vdots \\ \dfrac{\partial x_n}{\partial a_i} \\ \dfrac{\partial \lambda}{\partial a_i} \end{bmatrix} = \begin{bmatrix} \lambda g_{1a_i} \\ \vdots \\ \lambda g_{na_i} \\ g_{a_i} \end{bmatrix} \qquad (4.12)$$

上式左边第一项是海塞加边阵记为 $[\bar{H}]$，根据克莱姆法则可以求出每个内生变量的变化，比如 $\dfrac{\partial x_i}{\partial a_i} = \dfrac{|\bar{H}_i|}{|\bar{H}|}$，$|\bar{H}|$ 是海塞加边阵的行列式，$|\bar{H}_i|$ 是将海塞加边阵的第 i 列换成式 4.12 右边的向量。

以消费者选择为例，假设消费者的目标是 $\max\limits_{x,y} u(x,y)$，约束条件是 $px + qy = M$。x，y 是两种商品，价格分别为 p，q，消费者的收入是 m。优化问题的一阶条件如下：

$$\begin{aligned} L_x &= u_x - \lambda p = 0 \\ L_y &= u_y - \lambda q = 0 \\ L_\lambda &= m - px - qy = 0 \end{aligned} \qquad (4.13)$$

对一阶条件求导，比如 p 求导得到

$$\begin{bmatrix} u_{xx} & u_{xy} & -p \\ u_{yx} & u_{yy} & -q \\ -p & -q & 0 \end{bmatrix} \begin{bmatrix} \dfrac{\partial x}{\partial p} \\ \dfrac{\partial y}{\partial p} \\ \dfrac{\partial \lambda}{\partial p} \end{bmatrix} = \begin{bmatrix} \lambda \\ 0 \\ x \end{bmatrix} \qquad (4.14)$$

计算得到 $\dfrac{\partial x}{\partial p} = \dfrac{-q^2 \lambda + x(pu_{yy} - qu_{xy})}{|\bar{H}|}$。

第三节 微观经济学研究的常用形式——模型

本节关于经济学模型的讨论与前面的方法论、研究范式既有区别又有紧密联系。本章对于微观经济学研究方法的讨论是层层递进，逐步具体化。最抽象的层次是第一节关于方法论的讨论，属于微观经济学研究最基础的部分，为微观经济学研究定下了实证科学的方向。第二节是微观经济学的研究范式，这部分内容是以第一节的方法论为基础，介绍了微观经济学的研究所遵从的一套统一的研究范式，它的核心框架是理性、均衡以及实证结论的导出技术（比较静态分析）。

本节将对微观经济学常用工具——模型展开讨论，这部分的讨论进一步具体化，不仅包括经济模型的定义、模型与理论的联系，还包括对现代经济学是否过度模型化的讨论。最后，将简单介绍微观经济模型建立的基本步骤。

一、经济学模型

我们先引用几个著名学者对经济学模型的定义。萨缪尔森与诺德豪斯认为"模型是一种正式的框架，它以少数核心关系来代表复杂系统的基本情况。模型一般有图形、数学方程以及计算机程序等形式"。[1] 罗德里克认为"最便捷的解释是，模型是对事物的简单化，通过剔除干扰因素，来表现某种具体机制如何运行"。[2] 阿西莫格鲁（Daron Acemoglu）等人认为"模型是对现实简化的描述或表达，经济学家有时候将模型称为理论，这两个术语常相互换用"。[3] 由此可见，尽管这些定义略有差异，但是大体上都认为经

---

[1] P. A. Samuelson and W. D. Nordhaus, *Economics*, New York: Irwin/McGraw-Hill, 1998, p. 25.

[2] 〔土耳其〕丹尼·罗德里克：《经济学规则》，刘波译，北京：中信出版集团2016年版，第14页。

[3] D. Acemoglu, D. Laibson and J. List, *Microeconomics*, New Jersey: Pearson, 2017, p. 21.

济学模型是为了某种特定目的，通过对实际现象的抽象所搭建的一个形式化分析框架。

模型看起来似乎很深奥、很神秘，甚至高不可攀，其实事实并非如此，模型不仅仅是研究者的"专利"，它也是每个人的常用工具。平常很多非正式化的讨论都是某个"模型"的应用，比如人们会说："水灾过后，粮食价格将上涨。"相信得到这个论断，大多数人都假设了粮价由供给与需求决定，水灾的主要影响是降低了粮食供给，因此粮价将上涨。人们在做逻辑推断时，都或明或暗地以假设（可能基于经验）界定了行为的目标，区分了次要因素与主要因素，这个过程就是对现实问题的模型化。

虽然使用模型不是学者的"专利"，人们在日常生活的推理中也常常使用模型，但是也不能就此认为学术意义上的模型与平常使用的模型没有区别。经济学模型的建立往往有一些更严格的约束，比如逻辑前提尽量明确表达。在非严谨的场合，很多逻辑推断都不明确讲清前提，或者假设前提不言自明。严谨的经济学模型尽量避免采用隐含的前提进行推理。将前提明确指出不仅只是形式上的严谨，它常常是得到更好、更全面结论的方法。以缓解马路拥挤的问题为例。最常见的解决思路是拓宽马路，因为路宽了，道路当然就没那么拥挤了。尽管听起来有道理，但是用严谨的经济学模型做分析时，我们不太接受这样没有明确前提的推理。由于人们的出行需求与拥堵是两个可能互相影响的因素，严谨的分析必须要对人们的出行做出假设。一种假设是人们的出行需求与拥堵无关，那么无论马路的拥堵情形如何，人们的出行量不受影响，在这种前提假设下，拓宽马路可以大幅度缓解拥堵。另外一种假设是人们的出行需求受到拥堵的影响，如果马路较畅通，人们的出行需求就增加，如果马路变得拥堵，人们的出行需求就下降。倘若人们的行为符合这种前提，拓宽马路就不一定能明显解决拥堵问题，因为短期马路拓宽后，人们的出行计划暂时没有调整，道路变得较为畅通，而畅通的道路最终将刺激人们更多出行，慢慢地道路又将变得越来越拥堵。

经济学模型还有两个更加重要的约束，一个属于经济学惯例，一个是经济学方法论给出的限制。经济学模型不仅仅是前提明确，逻辑无误就足够了，它需要假设条件遵循本学科的惯例，模型结论符合"在实证上可能错"的方法论要求。

微观经济学发展至今，已经形成了一套很成熟的假设体系，所有微观经济学模型都应该在这套假设体系下构建已成为公认的惯例。对于经典类别的模型，要求消费者的偏好满足连续、一致等性质，对应的效用函数满足连续、拟凹等性质。对博弈模型，一般要求博弈者的策略集合非空、紧致以及凸，支付函数连续、拟凹等。需要注意，微观经济学惯例对假设体系的限制与方法论的讨论没有冲突。简要回顾方法论的核心原则可知，理论的优劣不可能通过比较假设得出，而只能通过实证检验才能得出。如果将此原则理解为理论的假设体系在任何情况下都可以自由裁定，只要结论通过实证检验就可以了，这种理解实际上是误读。方法论的原则有两个不同层面的应用，一个是未知领域，一个是已知或有一定认知的领域。对于未知领域，重点是恪守方法论原则，尤其是不要不经实证检验就预先判断假设体系的优劣，因此假设体系的设定相对比较自由是合适的。对于已知或有一定认知的领域，我们对哪些假设体系更经得起实证检验方面有了相当程度的了解，假设体系的鉴别过程从某种意义上业已完成，如果继续强调假设体系不能有惯例约束，则是忽略了实证检验的意义。实证检验的意义是帮助我们对假设体系做出取舍，如果一套假设体系被证明具有很强的现实解释力，那么没有必要每次模型的建立都再回到起点，大海捞针般寻觅合适的假设体系。微观经济学作为一个独立的学科，其理论体系已经完成了假设体系的取舍，沉淀下来的假设体系是整个学科模型都需要遵从的惯例，不仅没有违背方法论的原则，而且是对方法论具体的应用。

微观经济学模型的结论也有严格限制，即使假设符合惯例，逻辑推导无误，也不能保证得到的结论符合微观经济学的要求。微观经济学是实证科学，其结论必须具备可实证检验的性质。模型可能产生不少结论，无法实证检验的结论必须放弃。以一个具体的消费者选择模型为例，比如考察 A 和 B 两个地区的储蓄行为，发现 A 地区人们的储蓄率普遍高于 B 地区，为了理解储蓄行为的差异，我们建立相应的模型，按照微观经济学惯例，对消费者的偏好做出假设，比如连续、凸等。在统一的模型下，有两种方式可以解释两地区储蓄行为的差异。第一种方式是，假设 A 地区人们更加偏好储蓄（可能是文化或传统习俗等原因），A 地区人们的无差异曲线上未来消费对现期消费的边际替代率大于 B 地区人们的无差异曲线。那么给定相同的预算约束线，A 地区人们的储蓄率一定高于 B 地区。很显然，这种解释在逻辑上没有缺陷，假设体系也符合微观经济学惯例，甚至理论的直观含义也很可能符合两个地区在文化、习俗以及历史等方面的事实。不过，微观经济学不接受这个解释。因为，解释的变量涉及不可见因素，以两个地区的无差异曲线不同来解释储蓄行为，是把解释建立在看不见的效用函数之上，违背了微观经济学模型的结论必须具备可实证检验的要求。第二种方式是，以一些可观察的现象为基础，了解到两个地区储蓄的激励有差异，比如 A 地区的社保可能不如 B 地区或者 A 地区利率更高等，无论哪种条件成立，都可以得出 A 地区储蓄率更高的结论。微观经济学模型接受这种可实证检验的结论。

二、微观经济学是否过度数学模型化

我们通过前面的讨论，已经了解所有逻辑推断都可认为是模型，在这个意义上就不存在过度模型化。认为经济学过于依赖模型的观点当然没有否定逻辑推断的重要作用，它质疑的是经济学以一种标准化的步骤、主要依靠数学工具推演定理的建模方式。

确实，当今主流经济学的理论研究，甚至包括一些计量经济学研究，大量的内容都是围绕数学模型展开，微观经济学模型的固定套路大致包括对所研究经济环境的刻画，其中可能有消费者偏好、生产者技术以及要素禀赋，还包括对所研究问题所采用的均衡概念。一般情形下，对经济环境的刻画、均衡的求解以及均衡的演变等都使用大量的数学。

当经济学模型越来越少地应用文字进行分析，越来越多地采用图形以及抽象复杂的数学公式时，来自学界内外的质疑声也越来越多。经济学越来越数学化的一个明显后果是使得本学科的门槛变得很高，学科知识的交流范围逐渐缩小在专业的圈子里。现在，打开一本知名期刊，比如《美国经济评论》《经济学季刊》或《政治经济学刊》等，大多数文章都充满了数学公式和数学符号，一个受过严格经济学训练的博士大概也不能读懂所有的期刊论文。但是，这些现象就说明经济学模型过度数学化了吗？

我们认为微观经济学并没有过度数学模型化。主要理由有两个。第一，数学模型比文字分析更为清晰，能减少很多不必要的因为模糊的表述所引起的争论；第二，数学工具的推导可以得到直觉推理不易得到的结论，而且很多情况下还可能纠正直觉。更重要的是，随着微观经济学理论探究的深入，需要分析的情形越来越复杂，文字分析与直觉往往无法胜任。可以预见，将来微观经济学很可能主要依靠数学工具（不排除与直觉并重）的研究手段取得突破，数学逐步成为微观经济学学科知识积累最重要的形式之一。

（一）数学模型有助于问题的辨析

哈佛大学经济学家丹尼·罗德里克对经济学数学化的观点比较有代表性，他认为，经济学模型包含着清晰阐述的假设与行为机制，清晰性具有很大的价值，但往往被人忽视。

我们在上节曾经以拥挤的马路为例，简单地讨论了经济学正式模型的要求是前提假设清晰。实际上，数学模型化不仅使得前提假设更清晰，还使得所有分析的步骤也很清晰。如果用文字表达，则总是留下不少模糊之处。

对于问题的辨析，清晰的表达前提以及推理过程非常有价值，它可以避免文字分析中不少"陷阱"，比如隐藏的不合适的"假设"、直观推理不严谨等，这些问题会造成很多无谓的争论。文字表达含混不清有时候会对一些问题造成长期的偏见，不仅无助于严谨的辩论，而且可能长期埋没一些较合理的观点。举一个简单而又引人深思的例子。关于市场交易的观点，非经济学界的看法与经济学界的看法有鲜明的对比，前者认为市场交易是零和博弈，后者认为市场交易是正和博弈。前者常引用的例子是，卖者卖出产品肯定是要赚钱的，又因为买者是出钱一方，那么很显然，卖者赚的钱就是来自买者。这种认识长久以来大行其道的原因是，上述推理看似很自然，没有瑕疵。可是经济学对市场交易有完全不同的看法，经济学最基本的一个原理是市场交易一定使得双方都得利。虽然，分析没有涉及深奥的数学，但是将问题数学化还是有非常大的优势。为了分析交易给双方福利带来的影响，我们要对模型的所有细节都严格定义。不妨假设有两个人 A 和 B，A 生产产品的成本是 2 元，A 对产品的支付意愿为 3 元；B 生产产品的成本是 8 元，B 对产品的支付意愿为 10 元。假设市场上产品的交易价格是 5 元。在严格的模型假设下，与交易有关的重要因素都得到了定义，没有任何模糊可能。因此，我们可以先讨论：如果是自给自足经济，情况怎样？如果放开贸易，是否发生交易？交易中哪方是生产者，哪方是消费者？在自给自足经济下，A 和 B 都肯定生产，因为支付意愿大于成本。放开贸易后，生产与消费发生变化，A 仍然生产，但是 B 不会生产了，A 和 B 会进行市场交易。A 的确在交易中"赚钱了"，因为市场交易的价格高于 A 的支付意愿，A 赚钱并没有导致 B 受损，相反 B 在交易中也得利了，因为 B 为了同样的产品支付的代价小于自己生产的成本。如果将模型进一步一般化，把 A 的生产成本、支付意愿记为任意值，B 的生产成本、支付意愿也记为任意值，模型的结论不会变：交易的身份内生决定，交易使得买卖双方都得利。

与简单的数学模型对比，文字分析存在不易察觉的"前提"。因为没有对交易双方重要的细节做精确的刻画，就认为市场交易双方的卖家和买家身份是天然固定的。其实买家和卖家的身份是"内生的"，它取决于每个人的生产成本、支付意愿以及交易条件。而从错误的前提出发，即使有正确的推理，结论也不一定可靠。认为买卖双方的身份是给定的，其关注点就是局部的，只看到卖家高于自己的机会成本出售得利，忽视了买卖关系的产生是内生的。买卖身份的内生是更加全面的视角，因为我们会问，B 为何自己能生产产品而放弃了自产？特别是购买别人的产品会被"赚钱"的情形下还要去向 A 购买？符合逻辑的答案只能是，B 发现在自产与购买两种选择中，向别人购买对自己更加有利。

数学模型不会存在逻辑模糊，而文字推理不可避免地存在模糊之处。对于问题的讨论，如果各方都有"隐藏"的前提，这些前提很可能不相同，讨论容易演化为无用的争论。以数学模型为基础的讨论，大家或不同意对方的假设，或找出对方的论证错误，或修改原模型得出不同结论，讨论要么能澄清理论的谬误，要么能得到新颖的结论。①

(二) 便于知识的积累与深入探索

知识积累必须要有文字，对于以推理为主的知识体系，数学能在很大程度上简化积累的成本。比如，对消费者偏好的一些性质进行描述，一般的叙述是"随着某商品越来越多，消费者的偏好就越来越小；对于不同的商品组合，消费者总是偏好更平衡的组合"。用数学表达则是消费者是"凸偏好"，简洁很多。

数学对知识积累的另一个好处是，后人可以很方便地"站在巨人的肩膀上"开展研究。经济学模型有纯理论与应用理论之分，前一类研究的直接目的不是为了应用，它是为了解决学科最基础的一些问题，比如一般均衡理论中有关均衡的存在、唯一以及稳定等研究。应用理论顾名思义就是用于具体现实的模型。纯理论化工作完成后，相当于给一个学科奠定了坚实的基础，后面的工作就是添砖加瓦，学科的知识可以积累为一个大厦。比如在第三章讨论过的微观经济学的经典体系就是一个很好的例子，以消费者选择模型为根基，搭建了一个庞大的知识体系，有竞争市场、垄断市场、信息经济学、制度经济学等。

除了知识积累方面的优势外，数学模型更重要的作用是有助于学科知识的深入研究。下面将从两个方面详细讨论。

1. 有助于发现不同问题之间的联系

在解释数学模型的优势时，经济学家钱颖一在《现代经济学与中国经济改革》一书中写道："将经济问题转化为具体的数学模型…可以把貌似不同但实质相近的问题连接在一起，从而把研究…推向深入的探索。"这的确是数学工具比较独特的优势。

考虑两个不同的经济学问题，一个是外部性，一个是成本收益分析。我们先分析这两个问题，然后讨论数学模型起到的作用。以负外部性为例，在河流的上游是一家钢铁厂，它将生产的污水排入河流。下游是一个

---

① 钱颖一：《现代经济学与中国经济改革》，北京：中国人民大学出版社 2003 年版，第 5 页。

渔场，污水影响渔场的收益。假设受过污染的水产品售价降低，钢铁厂每吨污水使得渔场水产损失 T 元。在经济学中，钢铁厂的行为对渔场产生了负的外部性。对此的标准经济学分析是，当钢铁厂不受管制时，外部性现象使得整体经济效率低于帕累托最优状态；如果对钢铁厂采取适当的管制，那么经济效率可以达到帕累托最优状态。一种简单的最优管制是对钢铁厂每吨产量征收 T 元的环境税，征税后经济效率达到最优。在微观经济学中，T 元的税收起到的作用是钢铁厂对渔场带来的负面影响"内化"为工厂的成本，从而钢铁厂在生产决策时需要将污水排放对渔场造成的损失考虑在内。当钢铁厂自身负担外部性成本时，它的生产决策就正确地反映了钢铁的社会收益与社会成本，钢铁的产量必然反映了帕累托最优效率。

成本收益分析属于微观经济学的一个重要分支——公共经济学的研究内容。在现实中，有很多产品不存在市场，比如国防、风景或公路桥梁等公共品。由于缺乏市场，产品没有价格信息，对于这种类型的产品，政府在供给时需要借助成本收益的分析。假设政府希望修建一座桥梁，桥梁的建筑成本很容易计算，为 T 元。桥梁的收益是当地居民从桥梁中获得的收益（也可能是损失），比如桥梁方便了很多人的出行，出行频繁的人收益大，不那么频繁的人收益小，也可能有人会受损，比如桥梁附近的居民受到过往车辆噪声的影响，也有可能本地一些商户受到更多外来竞争的影响。显然，桥梁对每个居民的影响是私人信息，只有居民本人知道。

为循序渐进，先假设政府知道每个居民的收益情况（受损就是负收益），为讨论方便，将居民的收益称为支付意愿。政府的成本收益分析很简单，只要所有居民总效用大于建桥成本 T，则投入建设，反之，则不建设，此为最优决策。

更为现实的情况是政府不可能知道每个居民的效用，那该如何进行成本收益的分析？这个问题在 20 世纪 60 年代得到了解决，后来称为"关键人机制"。这个重要的贡献是该理论创建者威廉·维克里（William Vickrey）获得诺贝尔经济学奖的重要原因之一。

具体而言，假设有 n 个居民，每个居民对桥梁的评价（或效用）是 u_i，假设桥梁的建设成本是 T 元，每个居民平摊费用，那么每个居民对桥

梁的净支付意愿是 $v_i = u_i - \dfrac{T}{n}$。成本收益分析的目的是资源配置效率最优，表示为 $\sum_{i=1}^{n} v_i \geq 0$，也就是居民总的支付意愿不低于桥梁建设成本。

政府制定一套规则，根据规则每位居民自由报告自己的净支付意愿，记为 $\hat{v}_i$，居民完全有可能谎报。然后政府根据所有净支付意愿的汇报决定一个额外费用计划，额外费用的计算公式是：

$$t_i = \begin{cases} 0 & \text{if} \quad \Sigma_{-i}\hat{v}_{-i} \geq 0,\ \Sigma_i\hat{v}_i \geq 0 \\ 0 & \text{if} \quad \Sigma_{-i}\hat{v}_{-i} < 0,\ \Sigma_i\hat{v}_i < 0 \\ \Sigma_{-i}\hat{v}_{-i} & \text{if} \quad \Sigma_{-i}\hat{v}_{-i} \geq 0,\ \Sigma_i\hat{v}_i < 0 \\ -\Sigma_{-i}\hat{v}_{-i} & \text{if} \quad \Sigma_{-i}\hat{v}_{-i} < 0,\ \Sigma_i\hat{v}_i \geq 0 \end{cases} \quad (4.15)$$

其中 $\Sigma_{-i}\hat{v}_{-i}$ 表示除 i 之外所有其他人的净支付意愿总和。式 4.15 第一行的含义是，如果包含 i 的所有人汇报的净支付意愿大于等于零，并且不包含 i 的所有人汇报的净支付意愿也大于等于零，则不再征收额外费用。第二行的意思是，如果包含 i 的所有人汇报的净支付意愿小于零，并且不包含 i 的所有人汇报的净支付意愿也小于零，不征收额外费用。第三行的含义是，如果包含 i 的所有人汇报的净支付意愿小于零，但是不包含 i 的所有人汇报的净支付意愿大于等于零，那么对 i 征收一笔数额等于 $\Sigma_{-i}\hat{v}_{-i}$ 的额外费用。第四行的含义是，如果包含 i 的所有人汇报的净支付意愿大于等于零，但是不包含 i 的所有人汇报的净支付意愿小于零，那么对 i 征收一笔数额等于 $-\Sigma_{-i}\hat{v}_{-i}$ 的额外费用。可以证明，每个人都真实报出自己的净支付意愿，政府据此所做的成本收益分析可以达到最优经济效率。

即使不管数学在分析成本收益问题上的明显优势，仅就式 4.15 的经济含义也足够体现数学模型化在联系不同问题统一分析上的优势。式 4.15 略显复杂的公式只不过表达了一个经济学的含义——内化外部性影响。因为，前两行说明一个人的报价如果没有改变其他人的决策，那么就无须额外支付；后两行说明，当一个人改变其他人的整体决策时，必须要有额外支付，并且额外支付的数额正好等于对其他人的负面影响。

值得一提的是，微观经济学中还有一个非常好的例子。拍卖理论与价格理论（或供需理论）无论在关注的问题还是所用的分析方法上都有巨大差异，可是后来随着研究的深入，两个领域共通之处越来越多地凸显出来。具体的介绍涉及很多拍卖的分析概念与复杂的数学推导，本节从略，感兴趣的读者可以参考《拍卖：理论与实践》的第二章。①

2. 有助于超越直觉推理获得深刻结论

经济学家萨缪尔森曾说过，"经济学原理根本就不是显而易见的"。一位波兰数学家可能出于傲慢，认为经济学是显而易见的，于是向萨缪尔森挑战，请他说出一个正确又重要的经济学命题不是"显而易见"的，萨缪尔森的回答是比较优势理论。比较优势理论是一个"反直觉"的理论，不过用简单的数学就可以严格论证。

类似的仅靠直觉很难得到的重要经济学结论有很多：税收负担中性、拍卖收入等价、有限重复博弈不一定确保合作等。对于这些已有的熟知的结论不再赘述，我们用一个最新的且在微观经济理论领域迅速获得巨大影响的模型为例。在本节选择最新的学术成果展现数学模型不可或缺的作用有两个原因。其一，重复已有模型反而容易形成一种误解，认为微观经济学说来说去只有为数不多的几个老生常谈的结论可以凸显数学模型的必要。其二，用最新的理论为例，不仅说明了经济学有源源不断的例子支持数学模型的使用，更重要的一点是它能体现数学模型在未来的研究中的重要性。因为，微观经济学经过多年的发展，仅凭直觉即可得到重大发现的机会已经所剩无几，在未知领域，数学模型相对直觉推断的优势一定更加显著。

最近，微观经济学的理论研究不断取得新成果。其中"贝叶斯劝服"（Bayesian Persuasion）是最受关注的理论之一。在接下来的介绍中，尤其是问题的提出以及如何严谨表达问题这两部分内容非常清楚地表明，如果不借助数学模型做分析，利用直觉思考，不仅得不到正确的答案，而且无法精确刻画有关结论成立的前提条件。

---

① P. Klemperer, *Auctions: Theory and Practice*, New Jersey: Princeton University Press, 2004, pp. 75-103.

2011年，艾米尔·卡梅尼卡（Emir Kamenica）和马修·甘茨寇（Mattew Gentzkow）在顶级经济学刊《美国经济评论》（*American Economic Review*）上发表了一篇名为"贝叶斯劝说"的学术论文。[①] 论文从一些重要的社会现象出发，提炼了一个"反直觉"的问题，进而给出了相应的分析。论文作者发现在实际生活的很多场合都存在"劝说"行为，比如法庭的原告与被告劝说陪审团、政治团体的"院外游说"以及广告"劝说"顾客等。在已有的研究中，如果劝说者有信息方面的优势，那么劝说者总可以利用信息上的优势影响被劝说者的行为，从而使自己获得超额回报。卡梅尼卡和甘茨寇提出了一个更有意思的问题：如果劝说者与被劝说者的信息是一致的，没有哪方具有优势信息，那么劝说者是否还可能通过劝说使自己获得超额回报？作者继续提问：如果被劝说者清楚地知道劝说者利用劝说行为谋利，那么劝说者的"劝说"还可能达到目的吗？

很显然，不借助数学工具，通过直觉很难回答上述两个问题。因为，不用严谨的数学语言，怎么定义"信息对称"？怎么定义"劝说"？怎么分析"被劝者洞悉劝说者的意图后，劝说者是否还可能达到目的"？对于进一步的问题，诸如"什么条件下，劝说能成功""如果劝说成功，成功劝说的主要特征是什么"，直观的分析就根本不可能提供答案了。

我们对原著的例子稍加改动，并且在数学描述上也更一般化，对提出的所有问题给予清晰的回答。接下来的分析过程可以凸显数学分析独特的价值。

第一步，将问题形式化。假设具体问题背景是金融机构与中央银行的关系，其中金融机构是劝说者，中央银行是被劝说者。为避免过于绕口，将劝说者改称为"信息发送者"，被劝说者改称为"信息接收者"。未来的经济可能有两种状态：萧条或繁荣。考虑到经济政策存在时滞，央行现在就需要推出政策，政策有宽松货币和紧缩货币两种。央行的效用取决于政策与未来经济的匹配度：如果未来经济萧条，则使用宽松货币政策，如果

[①] E. Kamenica and M. Gentzkow, "Bayesian Persuasion", *American Economic Review*, Vol. 101, No. 6, 2011, pp. 2590-2615.

未来经济繁荣,则使用紧缩货币政策。选错政策,央行的效用是 0;选对政策,央行的效用是 1。金融机构对经济展开调研,然后将调研的所有情况向央行公开,并向央行建议采用何种政策。假设,无论未来经济如何,金融机构都期望央行采用宽松的货币政策,金融机构的目标等价于最大可能地劝说央行施行宽松货币政策。

未来经济状况是随机的,假设未来出现萧条的概率是 $\Pr(D) = p$,出现繁荣的概率是 $\Pr(B) = 1 - p$,其中 D,B 分别表示萧条与繁荣。为了把问题限制在信息对称的基础上,金融机构与央行都不了解未来的确切状态,仅知道繁荣与萧条的先验概率分布。金融机构的调研活动也不会增加其信息优势,模型假设调研活动是完全公开的,央行可掌握所有调研信息。假设金融机构的调研是以下条件分布:

$$\Pr(d \mid D) = \alpha, \Pr(b \mid D) = 1 - \alpha$$
$$\Pr(d \mid B) = \beta, \Pr(b \mid B) = 1 - \beta \tag{4.16}$$

d,b 表示萧条与繁荣,不过不是未来真实的状态,它是金融机构调研的结论。金融机构可以自由地选择如何调研,在数学上意味着式 4.16 中的两个变量 α,β 是金融机构的选择变量。式 4.16 第一行的含义是,当未来的真实经济状况是萧条时,金融机构调研出来的"萧条"的概率是 α。第二行的含义是,当未来的真实经济状况是繁荣时,金融机构调研出来的"萧条"的概率是 β。

金融机构的政策建议(劝说)很简单,建议调研结果是"萧条",央行就制定宽松货币政策;调研结果是"繁荣",央行就制定紧缩货币政策。

第二步,确定解概念,展开分析。金融机构的劝说数学形式化后等价于完美信息的动态博弈。博弈的先行者是金融机构,它的策略是 $(\alpha, \beta) \in [0, 1]^2$,央行看到金融机构的策略后,选择宽松货币政策或紧缩货币政策,以 L 表示宽松,T 表示紧缩。博弈的解概念是子博弈精炼纳什均衡。

求解的标准方法是逆向归纳法。先求解央行的最优策略。因为 α,β 给定,央行看到调研结果 d,也就是"萧条"后,选择宽松政策的效用是:

$$\Pr(D \mid d) = \frac{\Pr(D)\Pr(d \mid D)}{\Pr(D)\Pr(d \mid D) + \Pr(B)\Pr(d \mid B)} = \frac{p\alpha}{p\alpha + (1 - p)\beta}$$
(4.17)

央行看到调研结果 b，也就是"繁荣"后，选择紧缩政策的效用是：

$$\Pr(B \mid b) = \frac{\Pr(D)\Pr(b \mid D)}{\Pr(D)\Pr(b \mid D) + \Pr(B)\Pr(b \mid B)}$$

$$= \frac{(1-p)(1-\beta)}{p(1-\alpha) + (1-p)(1-\beta)} \qquad (4.18)$$

容易验证，金融机构的调研方式如果由式 4.16 表示，那么无论 α，β 的取值如何，调研后的后验概率的均值与先验概率完全一致。这个性质在原著中称为"贝叶斯可行约束"。同样，也容易验证的一个结论是，当调研方式满足"贝叶斯可行约束"时，信息接收者根据后验概率做出的最优行动得到的支付，一定大于等于仅根据先验概率的信息能达到的最优支付。在数学上，"贝叶斯可行约束"是央行的"参与约束"，经济含义则是"贝叶斯可行约束"是符合央行自身利益的参与条件。只有满足"贝叶斯可行约束"的劝说才可能是央行会接纳的"建议"。

由式 4.17 与式 4.18 可得央行最优行动：当 $p\alpha \geq (1-p)\beta$ 时，央行看到调研结果"萧条"时选择宽松货币政策；当 $p(1-\alpha) < (1-p)(1-\beta)$ 时，央行看到调研结果"繁荣"时选择紧缩货币政策。上述两个条件在数学上有明显区别，前者是大于等于符号，后者是严格小于符号，这是经济学数学模型的惯例，就是当条件出现相等情形时，模型选择一个简化分析的"打破平衡法则"，在原文中的称谓是"信号发送方有利原则"。

对于 $p \geq 0.5$ 的情形，金融机构没有任何激励"劝说"央行。因为央行根据先验概率 p 做出的最优决策是宽松的货币政策，金融机构不用劝说也得到最想要的结果。接下来考虑更加有意思的 $p < 0.5$ 的情形，不妨假设 $p = 0.3$。

当 $p = 0.3$，可以证明央行的最优行动与调研结果完全一致。给定央行的最优行动，金融机构选择最优的调研方式 α，β 最大化支付。金融机构的最大化期望支付问题如下：

$$\max_{\alpha,\beta} \Pr(D)\Pr(d \mid D) + \Pr(B)\Pr(d \mid B) = \max_{\alpha,\beta} p\alpha + (1-p)\beta$$

$$(4.19)$$

约束条件是"贝叶斯可行约束"，等价于式 4.16。

已知 $p=0.3$，式 4.19 的最优值在规律上不难得到。第一，α，β 两个值越大越好，因为 α，β 的最大值都是 1，因此可以考虑两个值最大都取 1。第二，因为博弈的解概念需要满足序贯理性，那么金融机构在尽量取最大的 α，β 值时，还要考虑到央行的行动，也就是式 4.17 与式 4.18 所确定的最优行为。最主要的一个约束条件式必须满足 $p\alpha \geqslant (1-p)\beta$。

根据约束条件 $p\alpha \geqslant (1-p)\beta$ 简单计算可知，α 可取最大值 1，β 最大取值是 $\dfrac{3}{7}$，并且条件 $p(1-\alpha)<(1-p)(1-\beta)$ 自然满足。因此，金融机构唯一的最优调研方式：

$$\Pr(d\mid D) = 1, \quad \Pr(b\mid D) = 0$$
$$\Pr(d\mid B) = \frac{3}{7}, \quad \Pr(b\mid B) = \frac{4}{7} \quad (4.20)$$

第三步，对比数学模型与直觉。不用数学模型，虽然可以大致叙述信息对称是指发送方与接收方在关键信息上是一致的，但描述较模糊，容易引起歧义，比如什么是关键信息？用了数学模型后，信息对称的定义非常清楚，它等价于未来经济状况的先验概率与以式 4.16 表示的金融机构的调研行为是公共知识。至于"劝说"的定义用文字描述就几乎不可能了，更不用说分析最优的劝说策略。采用数学模型，劝说行为最主要的形式就是式 4.16，它的主要内容是调研。没有对"信息对称"以及"劝说"的严格定义，通过直觉就不可能分析最优劝说策略，甚至什么是最优的劝说策略都充满歧义。而数学模型分析的优势非常明显，得到的结论也非常清晰，劝说的最优策略（或者最优调研方式）由式 4.20 刻画。

如果将贝叶斯劝说理论的所有分析都进行对比，可以进一步展示数学模型在此问题上的分析优势，感兴趣的读者可参见原著，本节不再赘述。

需要强调的是，数学模型与直觉推断不是两个互相对立的分析方式，直觉常常能为数学建模指明更好的方向，而数学往往能纠正直觉的错误，起到深化直觉的作用。仍以贝叶斯劝说为例，在直觉上可能认为金融机构无论未来经济状况如何，都会使得调研方式结果呈现"萧条"的信号，但是严谨的数学推导指出，真正的最优调研是式 4.20，其中的道理是前一种调研方式过于扭曲信息,以至于央行相应的最优行动很可能不符合金融机构的利益。比较合理的微观经济学研究方式应该是数学模型与直觉并重,而不是用单一的某种方式。我们强调数学模型的优势,不是为了简单地支持数学工具的使用,而是为了回应普遍存在的对经济学数学模型化的质疑。

三、如何建立微观经济学模型

微观经济学的模型成千上万,而且每年还有大量的新模型正式发表。这些模型在具体的方面——比如讨论的主题、模型中的行为个体、模型的均衡、模型的结论等——千差万别,因此具体的建模过程是一个比较个人化的工作,没有固定的模式。但是抛开这些具体差别,所有微观经济学模型又遵循一些共同的步骤。

经济学家哈尔·瓦里安(Hal Varian)在一篇非常有名的论文《在闲暇时间建模型》中对如何构建微观经济学模型做了详细的介绍,比如选题、简化问题、例子的重要性、文献搜索与建模的先后顺序等。① 本节据此介绍建模的具体步骤。

(一)主要步骤

选题确定后,建模过程一般都遵循大致相同的流程。

第一步,确定最合适的分析框架。根据选题以及研究的目的,研究者需要先确定大的研究框架。在微观经济学中,大的框架无非是经典内容和博弈论两个领域。本书第三章详细介绍了微观经济学的经典框架,博弈论的介绍参见本书微观经济学前沿部分。一般的判断标准是,所研究的问题如果无须细致考察互动过程,那么就选用经典框架,反之,则选用博弈分析。比如对于税收的研究,当研究的重点是税率的改变对市场交易量与价格的影响时,选用经典的供需分析是合适的;当研究的重点是企业逃税问题,还是博弈论的框架更合适。

---

① H. R. Varian, "How to Build an Economic Model in Your Spare Time", *The American Economist*, Vol. 61, No. 1, 2016, pp. 81-90.

第二步，大框架选定后，还需要进一步细化。比如，研究税率的影响，经典的供需分析框架是合适的。不过，还需要根据问题进一步考虑哪种供需框架更合适。当问题非常简单时，比如只考察一个行业的问题，那么用局部均衡分析，甚至用更简单的代表性消费者或生产者优化分析都可能是合适的；当问题较为复杂，比如考察税率对所有市场的影响时，那么局部均衡分析就不合适了，应该采用同时考虑产品市场以及要素市场的一般均衡分析。

如果研究逃税问题，合适的框架是博弈论。根据具体的问题，需要做进一步的细分。比如有没有信息不对称，当有信息不对称时，问题属于道德风险还是逆向选择；当信息对称时，博弈是静态还是动态等。

第三步，导出结论。具体框架确定后，利用模型导出结论。一般而言，经典框架下的模型，尤其是局部均衡模型，大多都采用前面介绍的比较静态分析推导结论，其主要特征是针对模型的均衡，将外生参数扰动，然后考察参数变动对均衡的影响。理论上，一般均衡模型也可用比较静态分析导出结论，但由于内生变量增加，比较静态分析的难度明显增加，而且在很多情况下，比较静态分析没有确定结论。此时，较为常见的处理方法是简化假设直到可以获得确定的比较静态结论为止。

如果是博弈论的分析框架，导出结论的方式略微有所不同。博弈均衡在数学结构上与经典的一般均衡类似，但是更加复杂，因为如果用比较静态分析，博弈均衡还需要考察经典一般均衡很少涉及的内生变量之间的交叉效应问题。在研究中，大多数博弈模型的目标函数不一定具备规则的交叉效应，比较静态分析得不出确定的结论。鉴于以上困难，博弈模型很多情况下是以均衡而不是均衡的变化来解释问题。比如，为了解释人们在学历上存在的差异，经典的教育信号模型通过引入信息不对称，指出天赋能力是劳动者的私人信息，教育的作用是发送天赋能力的信号，实质上信号模型以著名的分离均衡解释了学历差异。

当然，经济学的建模不可避免地带有个人化痕迹，以上的步骤作为研究的起点是合适的，但并非每个模型的构建都必须与之一一对应，有的步骤可能更加复杂，比如模型需要做拓展，或者检验稳定性，那么相应地就可能涉及放宽假设或考察关键假设作用等附加工作。有的模型可能更加简单，比如我们可能连局部均衡都不需要，仅仅考察一个代表性的个体即可把问题讨论清楚。

（二）建模实例

在前两节的阐述中，多次以交通拥堵为例，本节以严格的数学模型对此进行讨论，并以此展现数学建模过程。

现实中，很多城市经常出现交通拥堵。一个常见的建议是多建公路缓解拥堵。尽管无须严格分析，也能知道多修路肯定能在一定程度上缓解拥堵，但是应用模型则能更加深入地分析问题。

第一步，框架的选择。我们将注意力集中在公路数量（及宽度）与拥堵之间的关系上。可以从考察人们的出行作为分析问题的出发点，很明显，探讨平均意义上人们的出行行为就足够了。因此，分析框架可以是最简单的代表性个体。

具体而言，假设人口总数为 M，其代表性的个体优化问题是 $B(t) - wt$，t 表示每次出行花费在路上的时间（用以表示拥堵程度），$B(t)$ 表示出行的收益，比如工作、旅游、购物、聚会等，B 为增凹函数。w 是时间的成本，可以理解为时间的机会成本，比如工资率。由于出行时间必然与公路的数量有关，给定出行人数以及出行次数，公路多且宽，那么拥堵程度小，出行时间短，据此假设出行时间 $t = h\left(\dfrac{R}{MD(t)}\right)$，$h$ 是减函数，R 表示公路的通勤能力，可以理解为公路的数量与宽度。$D(t)$ 表示人们的出行需求量，可以理解为一段时间的出行频次，D 是减函数。

第二步，比较静态分析导出结论。将 $t = h\left(\dfrac{R}{MD(t)}\right)$ 代入个体优化问题得到：

$$B\left[h\left(\dfrac{R}{MD(t)}\right)\right] - wh\left(\dfrac{R}{MD(t)}\right) \tag{4.21}$$

问题的均衡由式 4.21 的一阶条件刻画：

$$B'h' - wh' = 0 \tag{4.22}$$

然后，利用比较静态分析得出结论。对式 4.22 求 R 的导数得到 $\dfrac{\mathrm{d}t}{\mathrm{d}R} = \dfrac{D}{D'R}$，该式是小于零的，经济含义是公路 R 越多，每次通勤的时间 t 越少。模型的结论证实了多修公路可以缓解拥堵。

模型还可以进一步深入讨论。将导数变形得到 $\dfrac{\mathrm{d}t}{\mathrm{d}R} = \dfrac{t}{R}\dfrac{1}{\varepsilon}$，其中 $\varepsilon = \dfrac{\mathrm{d}D}{D}\dfrac{t}{\mathrm{d}t}$ 是经典的需求弹性，表示出行对通勤时间的敏感度，弹性大说明通勤时间的微小变动（拥堵程度微小下降）将带来大量的新增出行需求。$\dfrac{\mathrm{d}t}{\mathrm{d}R} = \dfrac{t}{R}\dfrac{1}{\varepsilon}$ 说明公路增加虽可降低拥堵，但是其功效受到需求弹性的影响。微观经济学有个著名的"第三需求定理"，含义是时间越长，需求弹性越大，结合上述公式，我们得到的理论结论是：考虑长期的需求弹性很大，修公路不是一个很好的解决拥堵的办法，且公路修建与维护的成本不菲，占用的土地也不少，多修路甚至是一种得不偿失的解决方案。模型的结论与现实情况比较符合，不少城市扩建公路后，在短期拥堵确实有所缓解，但是过一段时间后，拥堵情况与公路扩建前相比没有明显改观。

第五章

微观经济学前沿（一）：
博弈论与信息经济学

　　第三章概括了微观经济学经典内容，并指出学科后续发展主要沿着拓宽经典内容的假设展开。迄今为止，微观经济学的发展已经取得了大量成果，其中打开信息对称假设以及无摩擦制度假设这两条路径分别形成了信息经济学和新制度经济学，这两门学科目前已经是公认的最有影响力的微观经济学前沿分支。本章介绍信息经济学，下一章介绍新制度经济学。

　　经典的供需模型假设买卖双方对产品的信息对称，但在现实中，很多交易都存在信息不对称。比如旧货市场，卖家对商品质量的信息优于买家；汽车或其他产品的修理市场，负责修理的工程师在产品存在什么故障方面占据明显的信息优势；在公司治理上，公司所有者无法知道管理层是否努力工作；在拍卖市场上，拍卖方不了解竞拍者对拍品的评价等。

　　在古典经济学时代，就有学者意识到了信息不对称带来的问题，比如亚当·斯密在《国富论》中提到过租户可能过度耕种业主的土地或过度使用租来的力畜，这些问题在现代信息经济学中称为"道德风险"。可能由于缺乏合适的分析工具，信息不对称问题很长时期都不是经济学研究的重点。直到20世纪70年代，随着博弈论的广泛使用，信息经济学获得了最有力的研究工具，开始迅速发展，很快就占据了微观经济学的主流位置。

根据信息不对称影响交易的时间节点，我们常常把交易前已经外生存在的信息不对称问题称为"逆向选择"，把交易后内生的信息不对称问题称为"道德风险"。在信息经济学中，逆向选择问题与道德风险问题有时统称为"激励理论"或"合约理论"，强调了在信息不对称约束下交易双方面临的激励问题以及双方通过"合约"以最低的成本激励信息优势方披露有价值信息。信息经济学还关心组织、企业或个人通过制度设计克服信息不对称影响达成目标的问题，比如管制机构在不了解污染企业成本情形下的污染管制问题，拍卖方在不了解竞拍者评价条件下的收入最大化问题等。目前很热门的研究就是机制设计理论。

第一节 博 弈 论

一、什么是博弈论

在经济学中，互动的含义是某个体在做行动或决策时，不仅要考虑本方行动对其他个体的影响，还要考虑其他个人的反馈对本方决策的影响。这种层层反馈就是互动。

经济学发展至今，人们习惯将策略互动场景称为博弈场景，博弈论是一套系统的研究互动场景的理论。在现实中，很多情况都可以使用博弈分析，比如棋类游戏、寡头竞争、信息披露、制度设计等。将博弈论理解为专门研究互动场景的理论是不错的，但是也容易引起一些误解。几乎任何问题都包含互动因素，难道这些问题都需要用博弈论来研究？如此看来，博弈论可以包含所有微观经济学内容？

尽管博弈论很重要，但也没有重要到唯一的程度。产生误解的重要原因是，互动虽无处不在，但并不是所有包含互动的场景都必须用博弈论研究。微观经济学的经典内容早在博弈论之前就产生了，它明显涉及消费者之间、生产者之间以及消费者与生产者之间的互动，但供需分析不同于博弈分析。

虽然不少著作都认为博弈论与经典经济学的主要区别是前者为互动场景，后者为非互动场景，但实际上博弈论与微观经济学的区别不在于一个是互动场景研究，一个是非互动场景研究。两者真正的区别在于对互动的技术处理明显不同。

以供需模型为代表的经典微观经济学理论与博弈论在处理互动因素时有以下重要区别。

（一）独立分析与联合分析的差异

经典的供需模型中，个体的最优决策是独立的，貌似没有考虑互动因素。或许这也是长久以来将经典模型认为是非互动环境的原因所在。

事实上，经典模型不仅有互动因素，而且也明确讨论了互动因素。价格就是供需模型中体现所有消费者与生产者在市场上互动的变量。由于每个消费者对于整体需求的影响可以忽略不计，每个生产者对于总供给的影响微乎其微，因此消费者与生产者在做最优决策时，无须考虑所有决策之间的层层反馈，只需要把价格当成"外生参数"，每个个体的优化问题是独立的。

经典模型把众多消费者与生产者之间的层层反馈（或互动）简化在一个价格变量中，价格相当于是互动信息的"充分统计量"。最后通过加总所有消费者独立的优化决策形成需求，加总所有生产者独立的优化决策形成供给，以供需均衡确定价格。

在博弈论中，互动是用博弈者的策略来体现的。然而博弈论中不存在哪一个博弈者，其策略可以像经典模型中的价格一样包含所有博弈者的策略互动。主要的原因是，每个博弈者的策略变化对其他人的影响不可忽略不计，其优化决策不可能独立分析，必须同时考虑其他博弈者的反馈。

因此，博弈论与经典经济学在个体优化问题上的区别很明显。博弈论的个体优化问题不可独立分析，必须将其他个体的反馈包含其中。经典供需分析的个体优化则可以独立分析。

（二）所需信息含量不同

在供需模型中，因为消费者与生产者的优化决策都可以单独分析，所以它需要的信息量很少。具体而言，消费者在做决策时无须考虑其他人的影响，特别是不需要知道其他消费者的效用函数以及厂商的利润函数，每个消费者对于既定的价格做效用最大化选择。厂商的行为类似，它无须知道消费者的效用函数和其他厂商的利润函数，每个厂商根据价格信号做利润最大化选择。

在博弈论中，因为个体的优化决策不能单独分析，解决优化问题所需的信息量就比较多。具体而言，博弈者需要知道所有其他博弈者的效用函数或利润函数才可以推断其他人的反馈行动。进一步，为了了解自己的行动与反馈对其他人的影响，还需要博弈者知道其他人乃至所有人的效用函数。模型的分析对于信息的要求明显比供需均衡严格。

从博弈论与经典微观经济学的区别可知，这两个重要的分支不是替代关系而是互补关系，两个研究范式各有独特的优势与劣势。尽管大多数问题都包含互动因素，但是不一定都需要博弈论处理。原因在于博弈论的分析框架虽然适用于任何互动场景，但博弈论要顺利展开分析却需要很强的假设前提，尤其是关于博弈者所掌握信息的假设。经典供需模型对于信息的要求则低得多。对比之下，博弈论在处理互动方面有优势，但假设条件严格；经典分析框架在处理互动上存在劣势，但其假设比较弱。所以在微观经济学研究中对于一个问题的研究取决于互动关系是否重要到必须采用博弈论。比如，在分析税收对市场价格的影响时，消费者与生产者之间当然互相影响，可是用供需框架分析足够了。但分析征税过程中纳税人的避税行为，供需框架就不能胜任。因为这个问题中最关键的因素是征税部门与企业之间的互动，那么博弈论就是更加合适的研究工具。

二、博弈论的理论基础概念：知识（或信念）

当互动是关键因素时，个体对信息的了解或者个体在行动时知道什么显得非常重要。在经典供需模型中，很多知识是无关紧要的，比如消费者或生产者决策时，不需要知道其他消费者的效用函数或者生产者的利润函数。在博弈论中，这些知识非常重要，某种程度上正是这些知识具体体现出互动的重要性。以棋类游戏为例，棋手 A 在思考自己的最优出招时，必须考虑棋手 B 的回应,如果不了解棋手 B 的效用函数(棋类游戏的效用函数很简单,就是对输、赢、平的排序),A 无法推测 B 的招法。

在博弈论中,最基本的要求是每个博弈者的效用函数是公开知识,表示每个博弈者知道所有博弈者的效用,每个博弈者知道其他博弈者知道所有博弈者的效用,每个博弈者知道每个博弈者知道其他博弈者知道所有博弈者的效用,由此以至无穷。

互动场景越复杂,博弈者知道什么、不知道什么,或者用博弈论术语来说,博弈者的知识是什么,就非常重要,知识不同,博弈得出的结果可能大相径庭。

(一)世界状态

在博弈论中,刻画知识的第一步是描述有关的世界。所谓有关世界是特指一些"状态",这些状态由具体研究决定。比如,假设研究的问题是了解 3 本专著的质量排序,那么就有 6 种不同"状态",{高、中、低}表示其中一种状态,含义是第一本书的质量最高,其次是第二本书,最差的是第三本书。假设研究的问题是已知一位名医,一位普通医生,两位医生都可能以一定的概率误诊,同时已知一名患者被误诊,但是患者忘记了诊疗的医生,我们需要判断患者是被哪位医生误诊的条件概率,那么"状态"就有四种,即{名医正确诊断、名医错误诊断、普通医生正确诊断、普通医生误诊}。

严格的描述是以集合表示世界状态,比如令 Ω 表示世界所有可能状态,$w \in \Omega$ 是一种特定状态,表示对有关信息的完整描述。

(二)信息集:个体的知识禀赋

在互动关系中,每个博弈者知道什么很重要,因为每位博弈者根据自己所知道的信息做最优决策。严格刻画人们的知识较抽象,不妨先看看具体例子。假设有 A、B、C、D、E、F 六位政治学作家,他们中的某位撰写了一本书,对应的状态应该记为 {A、B、C、D、E、F}。A 和 B 属于保守派作家,C 和 D 属于自由派作家,E 和 F 属于折中派作家。有三位政治学专业学生 1、2 和 3,每位学生都不了解上述六位作家,不过学生 1 很了解保守派的观点，至于其他派别的观点则不太了解；学生 2 很了解自由派的观点，至于其他派别的观点则不太了解；学生 3 很了解折中派的观点，至于其他派别的观点则不太了解。可以把学生们各自具备的知识看成先天的知识禀赋，表示对著作做出区分的能力。学生 1 可以把保守派的著作与其他派的区分开，但对于其他派的著作不能进一步区分，因此可以将学生 1 的知识禀赋记为 $\{\{A、B\}、\{C、D、E、F\}\}$，表示学生 1 可以将状态区分为两种情形，$\{A、B\}$ 表示保守派作家所著，$\{C、D、E、F\}$ 表示自由派或折中派所著。类似的，学生 2 的知识禀赋可以记为 $\{\{C、D\}、\{A、B、E、F\}\}$，学生 3 的知识禀赋记为 $\{\{A、B、C、D\}、\{E、F\}\}$。

博弈者对世界状况能做出的区分严格定义为信息集合，属于同一信息集的所有状态不可区分，属于不同信息集的状态可区分。以 H_i 表示博弈者 i 的信息集的集合，其中有 $h_i(w) \in H_i$，$w \in \Omega$，而且 $h_i(w)$ 必须是全集 Ω 的一个划分。划分是集合语言，表示两两交集为空，合集为全集的子集所组成的集合。

(三) 个体的知识

根据博弈者的信息集可以推断其是否知道某个事件，或者所了解的知识。一般把状态全集的任何一个子集称为事件。比如上例中，取子集 $\{A、B、C\}$，表示的事件是"著作是 $A、B、C$ 三位作家中的某位撰写"。如何分析学生 1 对事件 $\{A、B、C\}$ 是否知晓？很显然，知晓情况与真实状况相关。当真实状态是 A 的时候，学生 1 能够辨别出是保守派观点的书籍，尽管并不具体知道是 A 还是 B 所著，但是无论是 A 还是 B 所著，都可以推断 $\{A、B、C\}$ 发生了，因此学生 1 确定地知道事件 $\{A、B、C\}$。同理，当真实状态是 B 时，学生 1 也知道事件。如果真实状态是 C，学生 1 仅能知道书可能是 $C、D、E、F$ 中的某位所写，倘若 C 所著，那么可推断事件 $\{A、B、C\}$ 成立，倘若是 $D、E、F$ 中的某位所写，则不能推断事件 $\{A、B、C\}$ 成立，综合而言，学生 1 不知晓事件 $\{A、B、C\}$。分析了所有可能的真实状态后，得到当真实状态是 A 或者 B 时，学生 1 知晓事件 $\{A、B、C\}$。应用类似的推理，无论真实状态如何，学生 2 和学生 3 都不知晓事件 $\{A、B、C\}$。

通过上例可以得到一个普遍的规律,当博弈者的信息集是某事件的子集时,那么博弈者知晓某事件。知道某事件可以严格定义为知识函数 K,其定义域和值域都是幂集 2^Ω,记为 $K: 2^\Omega \to 2^\Omega$,且满足 $K(E) = \{w|h(w) \subseteq E\}, E, K(E) \in 2^\Omega$。具体含义是,只要 $h(w) \subseteq E$,那么当 $w' \in h(w)$ 是真实状态时,就一定知道事件 E 中的某个状态是真实状态,也称为事件 E 实际发生了。$K(E)$ 是所有保证博弈者知道事件 E 的真实状态的集合,当然也代表了博弈者知晓事件 E。

(四)互动关系中的知识

博弈者决策时,不仅需要了解某些事件,而且需要了解其他人对某事件的了解。取事件 $\{A、B、C、D\}$ 为例(事件含义为书籍是 A、B、C、D 四位作家中的某位所撰写),根据知识函数的定义,学生 1 对事件的了解表示为 $K_1\{A, B, C, D\} = \{A, B\}$,学生 2 对事件的了解表示为 $K_2\{A, B, C, D\} = \{C, D\}$,学生 3 对事件的了解为 $K_3\{A, B, C, D\} = \{A, B, C, D\}$。

每位学生对事件 $\{A、B、C、D\}$ 的了解都是全集的一个特定子集,也就是一个特定的事件。比如学生 1 对事件的了解是子集 $\{A, B\}$,把此子集当成事件,其含义是"学生 1 知道事件 $\{A、B、C、D\}$"。如果想分析其他学生是否知晓学生 1 知道事件 $\{A、B、C、D\}$,则需再次利用知识函数。比如学生 2,有 $K_2(K_1\{A, B, C, D\}) = \Phi$,$\Phi$ 是空集符号,意味着不知道"学生 1 知道事件 $\{A、B、C、D\}$"。对学生 3,有 $K_3(K_1\{A, B, C, D\}) = \Phi$,表示不知道"学生 1 知道事件 $\{A、B、C、D\}$"。

现在给出一般化的定义,设事件为 E,博弈者 i 知道事件是 $K_i(E)$,其他人 j 知道博弈者 i 知道事件表示为 $K_j(K_i(E))$。

综上,给定博弈者的先验信息集,利用知识函数不仅可以分析所有博弈者对任何特定事件的知晓状况,而且可以分析所有博弈者对其他博弈者对事件的知晓状况。

(五)共同知识

博弈论中非常重要的一个假设是博弈的关键信息是共同知识,关键信息包括参与博弈的个体、博弈者的效用函数（后面用更常见的博弈论术语"支付函数"）、博弈规则等。没有共同知识的假设，纳什均衡以及一系列均衡概念作为现有博弈论解概念的基石就缺乏坚实的理论基础。

直观上，共同知识是指所有人都知道某事实（事件），所有人都知道所有人知道某事实，一直到无穷。我们将前面的例子稍微改变一点，仍然是 A、B、C、D、E、F 六位政治学家中的某位撰写了一本书，不过只有两位学生，其中学生 1 的信息集划分是 {{A、B}、{C、D、E、F}}，学生 2 的信息集划分是 {{A、B}、{C、D、E}、{F}}，事件 E 是 {A、B、C、D}。学生 1 知道事件 E，表示为 $K_1(E) = \{A, B\}$，学生 2 也知道事件 E，表示为 $K_2(E) = \{A, B\}$。学生 1 知道学生 2 知道事件 E，表示为 $K_1(K_2(E)) = \{A, B\}$，学生 2 知道学生 1 知道事件 E，表示为 $K_2(K_1(E)) = \{A, B\}$。一直计算下去，得到的是学生 1 知道学生 2 知道学生 1……知道事件 E，表示为 $K_1\cdots(K_2(E)) = \{A, B\}$，学生 2 知道学生 1 知道学生 2……知道事件 E，表示为 $K_2\cdots(K_1(E)) = \{A, B\}$。那么说明事件 {A、B、C、D} 是两位学生的共同知识。如果博弈者人数不止两位，共同知识的定义随之简单拓展。

三、博弈结构的两种表示法

（一）策略式

博弈结构的策略式表达有时也称为正规式，它由三个要素组成：博弈者（或玩家、参与者）、策略以及支付函数。博弈者是特定互动场景中所有的参与者，比如棋类对弈者、监管环境下的厂商与监管机构、寡头竞争中的各大企业、拍卖中的投标者、企业治理中的股东与管理层等。策略是指博弈者在特定互动场景下所有可能的行动（包括相机行动）。策略是博弈论中最重要的概念之一，它刻画了博弈者完整的行动计划，其严格的定义需要先界定信息集，我们将在博弈结构的另外一种表示法的介绍中完成定义。支付函数是所有博弈者的策略组合下每个参与者得到的效用（或利润）。

数学上，博弈者集合表示为 $N = \{1, 2, \cdots, n\}$，说明有 n 个博弈者。每个博弈者的策略是 $s_i \in S_i$，$i \in N$，其中 S_i 表示博弈者所有可能的策略，s_i 是某个具体策略。支付函数 $u_i: \underset{i}{\times} S_i \to R$，$i \in N$，表示每个博弈者的支付水平由所有参与者的策略共同决定。

以著名的囚徒困境为例，博弈者是两名嫌犯，那么 $N = \{1, 2\}$。每位嫌犯的策略包含 C，D 两种行为，表示坦白或抵赖，记为 $S_i = \{C, D\}$，$i \in N$。每位嫌犯的支付函数是 $u_i(s_i, s_j)$，$i, j \in N$，比如当 $s_i = C$，$s_j = D$，则有 $u_i(C, D)$。

策略式表达非常简单，当时间因素无关紧要时，策略式涵盖了博弈最重要的信息。但是当博弈复杂一些，尤其是需要考虑时间因素时，策略式表达就忽略了很多重要信息。比如，甲乙两人玩猜硬币游戏，一种游戏规定是甲将硬币盖住，让乙猜硬币的正反面，乙猜对得一元，猜错输一元。另外一种游戏规定是，甲抛出硬币后，让乙看到硬币，然后乙再猜（其实不用猜，因为已经知道正反），乙猜对得一元，猜错输一元。不用博弈论知识也知道两种博弈非常不同，乙肯定偏好第二种博弈，因为博弈的结果更有利。问题也很明显，第一种规定和第二种规定下，时间的重要性不同，第二种规定下后行动者有信息优势，策略式表达忽略了此关键信息。

（二）拓展式

复杂的博弈一般都采用拓展式。拓展式与策略式最大的区别在于它要明确表达"博弈者的行动顺序"和"博弈者在行动时知道什么"。为清晰刻画这些内容，博弈论大多采用树形结构描述博弈，也称为拓展式博弈。

第一，树型结构。树型结构由节点以及节点之间的关系组成。图 5-1 是一个典型的博弈树，图中的小黑点就是节点，记节点为 $x \in X$，X 表示节点集合，x 表示某个特定节点。节点之间的一个重要关系是先后，定义直接前置节点是从某个节点在树型结构中向前一步到位的节点，图 5-1 中 1 号节点就是 2 和 3 的直接前置节，2 是 4 的直接前置节。从一个节点出发，反复利用直接前置关系，可以找到该节点所有的前置节点。博弈中的先后顺序完全由节点之间是否存在前置关系决定，某个点是另外一个节点的前置节点，那么它在行动顺序上也领先。注意，有些节点在图形上看，似乎存在先后顺序，但如果不存在前置关系，则不能判断行动的先后。比如节点 3 和 4 之间无法判断先后。

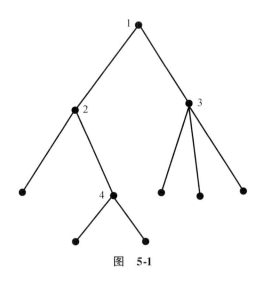

图 5-1

没有直接前置节点的节点是初始节，如 1 号节点，没有后置节点（或者不是任何节点的前置节点）的节点是终点节。博弈树中表达参与者的方式很简单，比如图中一些节点都标上了号码，这些号码就表示博弈者。严格地说，博弈树的节点集合除了终点节之外都称为决策节，所有决策节一定对应博弈的某个参与者。终点节用来表示博弈的支付函数组合。

连接两个节点的线条称为树枝，树枝对应博弈者的行动。比如 2 号节点，其后有两条树枝，说明 2 在此节点有两个行动可供选择。

第二，信息集。博弈树可以清晰地反映博弈者在行动时所知道的信息。如 4 号节点，它表示当博弈者 4 开始行动时，清楚地知道之前发生的所有事情，具体而言是 1 号选择了左边树枝代表的行动，然后 2 号选择了右边树枝代表的行动。博弈论以信息集表示博弈者知道的信息。

信息集是所有节点集合的划分，每个信息集都属于某个参与者。我们把所有属于参与者 i 的信息集记为 H_i，其中一个特定的信息集记为 $h_i \in H_i$。信息集代表博弈者掌握的信息，因此信息集下的行动集合一定相同。

第三，策略定义。策略是博弈论中非常重要的概念，它表示博弈者完整的行动规划。设博弈者的信息集为 H_i，$i \in N$，N 表示博弈者集合。策略

$s_i: H_i \to A_i$, $i \in N$, $s_i(h_i) \in A_i(h_i)$, $h_i \in H_i$。其中 $s_i(h_i)$ 表示博弈者 i 在信息集 h_i 下选取的具体行动，$A_i(h_i)$ 表示博弈者 i 在信息集 h_i 下所有可能的行动。策略的定义表明，博弈者采取的是一套相机行动规则，根据不同的环境（信息集）做行动规划。

以上是纯策略的定义。博弈者有时候可能做随机的策略，在博弈论中称为混合策略。定义上，混合策略是纯策略的概率分布。混合策略在博弈论中占据重要地位，同时又存在一些争议。如果不接受混合策略的概念，那么以纳什均衡为基础的博弈分析经常出现无解。如果接受混合策略，人们又很难把它与现实联系起来，因为现实中什么现象算是人们在随机选择行动还没有定论，希望将来学科的发展能解决混合策略带来的问题。

四、解概念

解概念是博弈分析最核心的内容，它是从各种具体博弈中提炼出来的一般化的求解或预测原则。原则的主要思路是在合适的限制条件下，尽量精确地做预测。对于一个博弈，只要给出参与者、策略集合和支付函数就可以做预测，如果没有其他附加限制，博弈的预测就是所有策略组合情形都可能发生，表示任何情况都可能发生。加入经济学最基本的理性假设后，博弈的预测将更为精确。当然，博弈越复杂，需要加入的限制条件就越多。因此，解概念是指一整套求解博弈的假设与限制条件，这些假设与限制条件随着博弈环境的变化而定。博弈论发展至今，已经建构了很系统的解概念体系，对于不同解概念体系所适用的博弈环境也形成了约定俗成的惯例。

博弈的环境一般用信息与时间来进行划分，信息分为完全与不完全信息，时间分为静态与动态。据此，博弈环境分为完全信息静态、完全信息动态、不完全信息静态、不完全信息静态四种。每一种环境都有代表性的解概念。

（一）完全信息静态

完全信息指博弈结构的三要素，包括参与者、策略集合和支付函数都是共同知识。如果博弈中没有动态行动，则是完全信息静态博弈，这是一种很简单的博弈环境。以很常见的囚徒博弈为例：

表 5.1

	C	D
C	-2, -2	0, -5
D	-5, 0	-1, -1

两个嫌犯的策略都是 C 或 D，矩形中的数字组合是对应策略组合下的支付，比如第二行第二列的数字组合表示当两个人都选择策略 C 时，每个人的支付是 -2。在没有任何限制条件时，囚徒困境博弈的解是所有情形都可能发生。如果加入理性假设，上述博弈存在唯一的解 (C, C)。

上例表明，加入理性假设后，博弈的预测精准了很多。不过对于很多博弈，仅仅加入理性假设，预测不会改进。如下例：

表 5.2

	L	M	R
u	9, 3	7, 6	10, 5
m	11, 6	8, 5	6, 4
d	10, 8	11, 7	5, 3

博弈者 1 的行动集合是 $\{u, m, d\}$，博弈者 2 的行动集合是 $\{L, M, R\}$。博弈者都是理性的，此外无任何其他限制条件，博弈的解有哪些？首先，博弈者 2 不会选择 R，因为无论对手采取怎样的回应，M 严格优于 R。不过博弈者 2 无法排除 M 以及 L，因为当对手策略是 u 时，M 是博弈者 2 的最优策略；当对手的策略是 m 或 d 时，L 是博弈者 2 的最优策略。同理，博弈者 1 所有策略 $\{u, m, d\}$ 都符合理性假设。那么博弈者 1 的策略 $\{u, m, d\}$ 与博弈者 2 的策略 $\{L, M\}$ 总共有六种不同组合，这些组合都符合理性假设。

为了使得预测更加精确，我们加入理性是共同知识的假设。博弈者 2 是理性的，那么 R 可以从策略集合中剔除（称为剔除严格劣策略），因为理性是共同知识，博弈者 1 知道博弈者 2 的策略组合缩小为 $\{L, M\}$，博弈者 1 把 u 从自己的策略集合中剔除，再次引用理性是共同知识，博弈者

2 知道对手的策略集合缩小为 $\{m, d\}$，反复剔除严格劣策略，最后得到唯一的解是 (m, L)。

以理性为前提是博弈论与经典供需理论一致之处，但是理性为共同知识则是博弈论特有的假设。表 5.2 的例子表明，对于某些博弈以理性以及理性是共同知识所求解出的解比仅有理性假设要精确很多。但是，仅有这两条假设还是不够，如下例：

表 5.3

	L	M	R
u	11, 3	7, 6	5, 8
m	7, 5	10, 9	8, 7
d	6, 6	8, 4	9, 3

博弈的参与者和策略与表 5.2 一样，只有支付变化了。每个博弈者都不存在严格劣策略，加入理性是共同知识的假设后，得到的解集与仅有理性假设的解集一样，都是所有九种情形都可能发生。

继续加限制条件，要求每个博弈者对其他人的策略形成准确的信念。有了准确信念的限制后，表 5.3 就只有唯一的解 (m, M)。任何其他策略组合都不满足信念准确的要求，比如策略组合 (u, L)，博弈者 1 愿意选择 u，其信念一定是对手将选 L，可是博弈者 2 愿意选择 L，信念必须是博弈者 1 选 d，很明显与博弈者 1 的选择不符。

上述各例体现了解概念循序渐进发展的过程，解概念蕴含的假设或限制条件是逐步增强的。在囚徒困境中，只有理性假设，博弈得出唯一解，解概念称为严格优势策略均衡。在表 5.2 所示例子中，又加入了理性是共同知识的假设，再次得到唯一解，对应解概念是重复剔除严格劣策略均衡。在表 5.3 所示例子中，增加了信念准确的假设，博弈得到了唯一解，对应的解概念是著名的纳什均衡。

实际上，循序渐进的过程还可以继续，因为有些博弈非常复杂，以至于用纳什均衡求解不仅得不到唯一解，甚至出现无穷解集。我们可以通过继续加入假设条件，使得解集进一步精炼，但是我们需要了解其中微妙的权衡取舍。对于解概念，假设越少，从方法论角度看就越稳健，越容易被认可和达成共识。优势策略均衡在方法论意义上是最强的解概念，它除了理性假设之外无须其他限制。不过以上例子都表明，假设越少，解概念的解集就越大，推测就越不精确。有时候甚至出现"所有情况都可能发生"的结论，解概念无任何推测价值。博弈论的解概念需要既有一定的精确性，又不能在假设上过于随意。

在完全信息博弈环境中，优势策略均衡与重复剔除严格劣策略没有纳什均衡常用，主要因为这两个概念虽保持了假设的精简，但在预测的精确度方面有些差。纳什均衡大概是两者之间找到的最佳平衡点，既能在假设上维持精简，又能对大多数博弈给出较精确的推测。纳什均衡的概念推出后，迅速在博弈论中占据无与伦比的地位，以后几乎所有的解概念都是在纳什均衡的基础上发展的。其严格定义如下：

n 人博弈，博弈者 i 的策略是 $s_i \in S_i$，$i \in N$，支付函数为 $v_i(s_i, s_{-i})$，策略组合 $s^* = (s_i^*, s_{-i}^*)$ 是纳什均衡当且仅当 $v_i(s_i^*, s_{-i}^*) \geq v_i(s_i, s_{-i}^*)$，$\forall s_i, i$。

角标 $-i$ 是常用表示法，意思是除 i 之外的所有人。该定义说明了博弈中互为最优的策略组合就是纳什均衡。

(二) 完全信息动态

博弈论区分动态与静态的标准是博弈者的行动有先后顺序还是同时发生，如果博弈者的行动有明确先后顺序，称为动态博弈；如果博弈者同时行动，则是静态博弈。严谨而言，行动是否同时发生只是表面上的区分，很多博弈的行动有明确先后顺序，但是也归于静态博弈。比如博弈者 1 先行动，但是后行动的博弈者 2 观察不到博弈者 1 的具体行动，这个博弈环境本质上是静态的。动态与静态的实质区分在信息层面，对于一个行动有先后顺序的博弈，如果博弈者对之前的信息完全了解，这才是真正的动态博弈。

当一个博弈不包含虚拟参与者（自然），同时博弈者在行动时对历史信息完全掌握，博弈的环境就是完全信息动态博弈。所谓不存在虚拟参与者，含义是博弈不存在外生不确定性。完全信息动态博弈包含两大类：完美信息动态与不完美信息动态。前者是所有信息集是单点节情形，后者是存在多点节信息集。完美信息动态博弈是最简单的动态情形，不完美信息动态博弈复杂些，根据是否包含自然行动人（虚拟参与者），不完美信息动态博弈的解概念是不同的。当没有自然行动人时，不完美信息动态博弈（也称为可观察行动多阶段博弈）与完美信息动态博弈都采用子博弈精炼纳什均衡。当有自然人行动时，不完美信息动态博弈一般采用序贯均衡或完美贝叶斯均衡。

在完全信息静态环境下，纳什均衡是不错的解概念，那么加入动态因素后，纳什均衡是否还能适用呢？简单起见，以一个完美信息动态博弈检验纳什均衡的作用。图 5-2 是著名的"价格战"博弈。

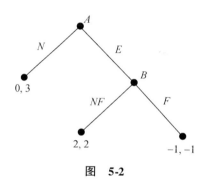

图 5-2

博弈者是 A 和 B，A 先行动，可以选择不进入市场（N）或进入市场（E）。B 看到 A 的行动后选择不打价格战（NF）或打价格战（F），终点节后的第一个数值是 A 的支付，第二个数是 B 的支付。根据策略定义，A 的策略是 $\{N, E\}$，B 的策略是 $\{NF, F\}$，可以求出有两个纳什均衡，分别是 (N, F) 和 (E, NF)。第一个纳什均衡是 A 不进入市场，B 选择"当对手进入市场时，打价格战"。第二个纳什均衡是 A 进入市场，B 选择"当对手进入市场时，不打价格战"。直观上第一个纳什均衡不可信，因为 B 的选择包含不可信的威胁，A 如果真的进入市场，B 选择不打价格战的支付高于打价格战。

上例表明，在动态博弈中，有些纳什均衡包含了不可信的威胁或承诺。在动态环境中，解概念最重要的作用是排除那些包含不可信策略的纳什均衡。博弈论以序贯理性精炼纳什均衡得到完全信息动态博弈最重要的解概念——子博弈精炼纳什均衡。

子博弈是原来博弈的一部分，它以原博弈的某个单点节为初始节，包含此初始节所有后置节点的博弈。根据定义，原博弈是自身的子博弈，除了原博弈之外，所有其他子博弈包含的节点集合是原博弈的真子集，这些子博弈也称为正规子博弈。

序贯理性是博弈从任何信息集开始，给定其他人在这个信息集以及此信息之后的行动，这个信息集的博弈者采用了支付最大化的行动。对于完美信息以及没有虚拟参与者的完全信息动态博弈，序贯理性与子博弈精炼纳什均衡等价，是指一个策略在所有子博弈上都形成纳什均衡。在实际求解中，一般采用逆向归纳法求子博弈精炼纳什均衡。逆向归纳法是从博弈的最小子博弈开始（在完美信息时，最小子博弈是单人决策），求出所有最小子博弈的纳什均衡，然后以所求的纳什均衡支付替代此子博弈。对于简约后的博弈，再次寻找最小子博弈求解后替换，如此直到所有节点的行动都确定。

（三）不完全信息静态

在现实中，很多博弈的关键信息不一定是公共知识。拍卖可能是最著名的例子之一，假设多人参与最高价拍卖，拍品对于每个竞拍者的效用是私人信息，其他人不知道。博弈论将博弈者支付函数是私人信息的情形称为不完全信息，说明博弈某些重要的信息不完整。

理论上当博弈者的效用是私人信息时，博弈无法求解，因为每个博弈者都不知道其他人的效用函数，自己的最优反应不能确定。要使得不完全信息的博弈可以求解，需要加入一些假设，最少要求每个博弈者对其他参与者的私人信息有一定的信念，以最高价拍卖为例，每个竞拍者对拍品的评价是私人信息，其他人虽不知道精确的私人信息，但是可以知道其概率分布。在博弈论中，博弈者私人信息称为博弈者"类型"，信念是指博弈者了解其他博弈者"类型"的概率分布。

经济学诺贝尔奖得主约翰·海萨尼（John Harsanyi）不仅提出在不完全信息环境中加入博弈者信念的办法，而且提供了一种公认十分优美的处理,使不完全信息博弈可以很方便地用纳什均衡求解。[①] 海萨尼加入一个虚拟博弈者或虚拟参与者——自然,它的行动是对所有博弈者的类型赋予概率分布,概率分布是博弈的公共知识,然后所有博弈者看到自己的类型并根据自然行动形成信念。通过巧妙地加入虚拟参与者,不完全信息转化为容易处理的不完美信息。最后,以不完美信息的纳什均衡作为对应的不完全信息博弈的解概念。

在严格形式上,假设不完全信息博弈是 $\langle N, \{A_i\}_{i=1}^n, \{\theta_i\}_{i=1}^n, \{v_i(\cdot, \theta_i), \theta_i \in \Theta_i\}_{i=1}^n, \{\phi_i\}_{i=1}^n \rangle$,$N$ 是博弈者集合,A_i 是行动空间,Θ_i 是类型空间,ϕ_i 是参与者 i 对其他对手类型的信念。根据海萨尼的转换思路,不完全信息博弈转为不完美信息博弈后,博弈者的策略是从类型到行动的函数,记为 $s_i: \Theta_i \to A_i$,博弈者的支付函数为 $Ev_i(s_i(\theta_i), s_{-i}(\theta_{-i}), \theta_i)$,是对博弈者自身类型的期望函数。海萨尼转换实际上构造了一个对应的博弈 $\langle N, \{S_i\}_{i=1}^n, \{u_i\}_{i=1}^n \rangle$,其中策略 S_i 是从类型到行动的函数,支付函数 $u_i = Ev_i(s_i(\theta_i), s_{-i}(\theta_{-i}), \theta_i)$,这个博弈的纳什均衡就是原来不完全信息博弈的解概念,称为贝叶斯纳什均衡。

贝叶斯纳什均衡有以下三方面值得注意。

第一,贝叶斯均衡是构造得出。我们的思路是把很难处理的不完全信息情形转化为容易处理的不完美信息情形,并且用转换后的不完美信息博弈的纳什均衡定义不完全信息的解概念。不完全信息与完全信息的最大区别是,前者的解概念需要"转化为"另外一种博弈后才可以定义,后者的解概念是直接给出的。

第二,贝叶斯均衡与混合策略均衡关系紧密。博弈论的核心解概念是纳什均衡,但是纯策略纳什均衡的存在性条件比较强,如果不认可混合策略均衡情形,在一般条件下,无法保证纳什均衡的存在。因此,从理论上,假设存在混合策略均衡是必需的。另一方面,混合策略与现实比较难以对应,很多学者认为混合策略的直观含义不好解释。

[①] John Harsanyi, "Games with Incomplete Information Played by 'Bayesian' Players", Parts I, *Management Science*, Vol. 14, No. 3, 1967, pp. 159-182.

有了贝叶斯均衡后，海萨尼为混合策略提供了一个公认的优美解释，其贡献在博弈论中称为"纯化定理"。解释的大致思路是，以一个贝叶斯博弈"逼近"原来的博弈，比如可以将原博弈的某些参与者的支付函数做微小"扰动"，把"扰动"作为博弈者的类型。如果"扰动"博弈的贝叶斯纳什均衡在极限上选取行动的概率与原混合策略一致，那么认为混合策略均衡可以由"扰动"博弈的纯策略代表。换言之，混合策略最具争议的随机选择可以理解为确定性的纯策略均衡。

第三，贝叶斯纳什均衡在当今非常流行的机制设计理论中具有无可替代的作用。前面提及的最高价拍卖实际上是最简单的一种机制设计，卖方的目的是在不了解买方出价意愿的情形下设计一套销售规则，使得卖方的收入最大化。将竞拍者的支付意愿看成类型，再假设类型的分布是公共知识，最高价拍卖是典型的贝叶斯博弈（不完全信息静态博弈）。

（四）不完全信息动态

最复杂的博弈环境是不完全信息动态博弈，既包含了不完全信息，也包含了动态因素。现有的解概念都不是讨论不完全信息动态的合适工具。贝叶斯纳什均衡主要适用于静态博弈，不能全面反映动态的序贯理性，其主要的问题与完全信息静态的纳什均衡一样，在博弈没有实际经过的"路径上"很可能存在不可信的威胁或承诺。完全信息的子博弈精炼纳什均衡也不一定适用，尽管子博弈精炼纳什均衡可以检验序贯理性，但它只能检验实际经过路径上的子博弈。在不完全信息动态博弈中，很多信息集不一定是单点节，它们也不一定属于某子博弈，那么子博弈精炼纳什均衡无法检验这些信息集上的序贯理性。

综上，不完全信息动态博弈的解概念的核心工作是处理不完全信息下的序贯理性。为此，有以下一些非常关键的定义。

第一，信念。与前面所有的概念不同，不完全信息动态博弈的解概念要明确定义信念体系。设 $h_i \in H_i, i \in N$ 是博弈者 i 的信息集，x 是信息集 h_i 的任意一个节点。定义 $\sum_{x \in h_i} \mu(x) = 1$，$\mu(x)$ 是博弈者 i 对节点 x 的信念，表示该博弈者认为 x 在信息集 h_i 上出现的概率。所有信息集上的信念称为博弈的信念体系。

第二，后继博弈。从博弈树的某个信息集开始，后继博弈是初始信息集所有后置节点的集合。很显然，后继博弈与子博弈不一样。子博弈可单独当成一个完整的博弈，它的起点信息集只能是单点节，而且子博弈一定没有分割原博弈的任何信息集。子博弈是真正意义上的博弈，可以应用纳什均衡求解。后继博弈不是真正意义上的博弈，它的初始信息集不一定是单点节，另外，后继博弈有可能仅包含原博弈某些信息集的一部分节点（信息集分割）。

第三，均衡路径与非均衡路径。在严格分析动态博弈时，区分均衡路径与非均衡路径是最重要的工作之一。严格而言，只有知道了均衡策略才能定义均衡与非均衡路径。我们现在还没有定义有关均衡概念，可以用博弈实际经过与不经过两种情形下定义。

给定博弈的策略组合 $s = (s_i, s_{-i})$，当所有博弈者按照策略组合 s 博弈时，在博弈树上会形成从初始节点到终点节的实际路线，这些实际经过的路线成为策略组合 s 下的实际路径，博弈树也可能存在一些没有经过的路线，则称为策略 s 下没有经过的路径。由于序贯理性是对具体信息集而言的，那么把实际经过路径上的所有信息集称为实际经过的信息集，没有经过路径上的信息集称为没有经过的信息集。

当博弈的均衡策略已经给出，比如是 s^*，那么策略 s^* 下的实际路径称为均衡路径，在策略 s^* 下没有经过的路径称为非均衡路径。

后继博弈的序贯理性是指，博弈者 i 在初始信息集 h_i 行动，给定信息 h_i 上的信念以及后继博弈中所有其他人的策略，博弈者在信息集 h_i 以及从 h_i 能到达的 i 的信息集上选择最优的行动。严格表示为

$$E_\mu(v_i(\sigma_i, \sigma_{-i}, \theta_i) \mid h_i) \geq E_\mu(v_i(s_i', \sigma_{-i}, \theta_i) \mid h_i), \quad \forall s_i' \in S_i,$$

(5.1)

其中 E_μ 表示按照信念体系 μ 在信息集 h_i 上的分布取期望支付。如果博弈的每个后继博弈都是序贯理性的，那么整个博弈就是序贯理性的。

对于不完全信息动态博弈，有很多解概念，其中最常用的概念之一是完美贝叶斯均衡。完美贝叶斯均衡由策略组合 $\sigma = (\sigma_i, \sigma_{-i})$ 以及信念

体系 μ 共同定义，并且满足给定信念体系 μ，策略组合 σ 是序贯理性的；在均衡路径上，信念体系 μ 是根据策略组合 σ 贝叶斯推断得到；在非均衡路径上，信念体系任意给定。

以上定义实际上是弱完美贝叶斯均衡，真正的完美贝叶斯均衡在非均衡路径上的信念体系也有一定要求。对于非均衡路径，由于它是零概率事件，不能用贝叶斯推断，所以完美贝叶斯均衡要求"尽可能"利用贝叶斯推断界定非均衡路径的信念。常用的办法是，找出非均衡路径上的第一个信息集，以此后继博弈为基础，当博弈策略应用在这个后继博弈上时，对所有正概率经过的信息集用贝叶斯推断其信念。

（五）解概念之间的联系

博弈论主要的解概念之间有紧密联系，位于联系网络中心位置的是纳什均衡。事实上，博弈论解概念的发展路径一般都是以纳什均衡为基础按照某些标准做出精选，博弈论术语是"精炼"，比如子博弈精炼纳什均衡以及完美贝叶斯均衡。稍微特别一点的是贝叶斯纳什均衡，它虽没有精炼纳什均衡，但也是以纳什均衡为基础发展的。

纳什均衡最常见的定义是策略互为最优，这种定义很容易理解，但是没有把信念明确表达出来。纳什均衡还有一种不常见的定义，明确通过策略与信念进行刻画。纳什均衡由策略组合 $\sigma = (\sigma_i, \sigma_{-i})$ 以及信念体系 μ 共同定义，并且满足给定信念体系 μ，在均衡路径上策略组合 σ 是序贯理性的；在均衡路径上，信念体系 μ 是根据策略组合 σ 贝叶斯推断得到；在非均衡路径上，信念体系任意给定，也没有序贯理性要求。

根据纳什均衡的后一种定义，它与子博弈精炼纳什均衡的区别是在非均衡路径上没有序贯理性的要求；与完美贝叶斯均衡相比，则是在非均衡路径上既没有序贯理性的要求也没有信念的限制。也就是说，子博弈精炼纳什均衡与完美贝叶斯纳什均衡必然是纳什均衡，并且是在非均衡路径上有额外限制条件的纳什均衡，从这个意义上，它们都是纳什均衡的精炼。

贝叶斯纳什均衡在本质上就是纳什均衡，因为其定义是把不完全信息静态博弈通过海萨尼转换变为静态的策略式博弈后，用后者的纳什均衡做出的刻画。

第二节 信息经济学

微观经济学经典内容在20世纪60年代发展成熟后,信息经济学迅速成为微观经济学理论领域中最耀眼的分支之一。与传统的供需理论不同,信息经济学关注当市场存在信息不对称时人们的交易行为以及资源配置所受的影响。

经典微观经济学理论又称价格理论,而信息经济学又称激励理论或契约理论。把信息经济学称为激励理论容易造成误解,认为激励在经典内容中不重要,它只在信息经济学中才重要。实际上,微观经济学也关注激励,经典微观经济学与信息经济学的区别不是激励的重要性,而是激励的复杂性。在经典经济学内容中,由于交易双方的信息是对称的,仅仅用价格即可维持资源有效配置。以契约语言讲,经典经济学内容的契约非常简单,其核心信息是价格。买卖双方在交易中的隐性合约是,只要对价格条款无异议就交换,交易各方无须担心产品的质量问题。但是如果存在信息不对称,合约就不可能仅仅包含价格条款了。比如卖方在产品质量信息方面有优势,那么买方担心花大价钱却买来劣质品,卖方也可能主动以某种形式保证产品质量,买卖双方都知道产品定价不可能解决信息不对称问题,合约中还需要加入其他条款。

信息不对称有两类情形,一类是外生信息不对称,一类是内生信息不对称。前者又称隐藏信息问题,后者又称道德风险问题。隐藏信息问题又根据侧重点不同分为逆向选择、信号发送以及信息筛选等问题。

机制设计理论是信息筛选问题的一般化,它现在是微观经济学理论研究中最活跃的领域之一。拍卖理论是目前博弈论在现实应用中最成功的领域,它属于机制设计理论的具体应用,现在也是非常热门的研究领域。

信息经济学的发展极大地加深了人们对资源配置的理解,其中不仅出现了很多微观经济学经典模型(供需框架)没有的新结论,而且出现了不少与供需模型不同的结论,深刻阐明了信息不对称是如何影响人们的行为和经济效率的。

一、逆向选择

(一) 基本模型

假设旧车市场上的卖者知道旧车的质量,而买者不知道旧车的质量。设旧车质量为 θ,它是卖者的私人信息。买者仅知道旧车质量服从分布 $F(\theta)$,$\theta \in [\underline{\theta}, \overline{\theta}]$。卖者对旧车的评价是 $r(\theta)$,有 $r'(\theta) \geq 0$,表示卖家对质量越高的旧车评价越高。买家对旧车的评价是 $b(\theta)$,有 $b'(\theta) \geq 0$,表示买家对质量越高的旧车评价越高。假设 $b(\theta) > r(\theta)$,$\forall \theta$,表示对任何质量的旧车,买家的评价都高于卖家。

如果市场的信息是对称的,那么所有的旧车都会发生交易。如果信息是不对称的,市场行为如何变化?阿克劳夫1970年的经典论文《柠檬市场》对这个问题给出了一种回答。[①] 该文认为,旧车市场的均衡是"理性预期"均衡,买家能准确预期市场旧车的平均质量。当价格为 P 时,市场的平均质量为 $E(\theta | r(\theta) \leq P)$。理性预期均衡是 $P = E(\theta | r(\theta) \leq P)$。当分布函数 $F(\theta)$ 和评价函数 $b(\theta)$、$r(\theta)$ 取不同的形式时,模型的均衡存在三种可能:无解、唯一解或者多重均衡。如果市场无解或唯一解是仅有最低质量的产品发生交易,则是经济学中著名的"市场消失"现象;如果市场有唯一解或多重均衡,那么市场是"部分消失"。

不妨令分布函数是区间 [0, 1] 上的均匀分布,评价函数 $r(\theta) = \theta$,$b(\theta) = \alpha\theta$,$\alpha > 1$。完全信息市场情形下,所有的旧车都发生交易。不完全信息情形下,价格为 P 时市场的平均质量是 $E(\theta | \theta \leq P) = \dfrac{P}{2}$,只有当支付意愿 $b\left(\dfrac{P}{2}\right) = \dfrac{\alpha P}{2}$ 大于等于实际售价 P 时,买家才可能购买,也就是当 $\alpha \geq 2$ 时,市场才有交易。如果 $1 < \alpha < 2$ 时,市场没有任何交易。例子表明,当存在信息不对称时,价格机制的运行很可能出现无效的状况。

[①] George Akerlof, "The Market for 'Lemons': Quality Uncertainty and the Market Mechanism", *The Quarterly Journal of Economics*, Vol. 84, No. 3, 1970, pp. 488-500.

（二）主要结论与启示

上述模型是阿克劳夫二手车市场的简化版，不过保留了该文分析中最重要的"理性预期"均衡概念。通过模型，我们能得到两个非常重要的结论。

第一，价格机制失灵。当存在信息不对称时，仅仅依靠价格机制很可能导致两种情形的市场失灵。其一是逆向选择问题，仍以旧车市场为例，因为只有价格信号，买家无从了解产品质量信息，只能按平均质量来出价，而卖家的反应则是高于平均质量的旧车退出市场，这导致市场的质量进一步下降，买家的出价意愿也进一步下降，直到市场均衡达成。市场均衡呈现了明显的"劣币驱逐良币"的逆向选择现象。其二，当逆向选择非常严重时，市场甚至出现"完全消失"情形。在完全信息市场上，不可能出现逆向选择以及市场消失的现象。

第二，政府价格管制的局限。存在信息不对称时，政府的价格管制工具也失灵。上例中当 $1<\alpha<2$ 时，市场没有任何交易，尽管最有效的资源配置是所有的旧车都交易。政府无论规定怎样的价格水平，都不能挽救消失的市场。

实际上，模型中使用的"理性预期"均衡概念是得到这些结论的主要原因。阿克劳夫的逆向选择模型有明显从供需均衡向信息经济学过渡的色彩。从研究主题上，文章所论与供需模型完全不同，它关注交易双方信息不对称的影响，但是从研究方法上，阿克劳夫采用的均衡概念是供需均衡，它只能讨论价格机制的作用。因此模型得出的重要结论是信息不对称对价格机制提出了重大挑战。结论提出了两个很明显的问题：市场是否能演进出其他办法克服逆向选择？政府能否在价格管制之外找到其他办法提升市场效率？现在这些问题都有了很多富有洞见的答案，接下来我们将逐一介绍重要的答案。

二、信号发送

（一）基本模型

信号模型研究的是市场的信息不对称可以通过某种可信的信号发送得

到解决，避免逆向选择中的市场消失现象。一般而言，信号模型的时间顺序是自然选择一方的私人信息，称为该方的类型，接到自然选择的一方是信息优势方。然后信息优势方发送某种信息给信息劣势方，期望通过信号的发送揭示自己的私人信息，从而解决信息不对称问题。

信号模型常用的场景是"教育信号"模型。假设市场上有工人与企业两类参与者。工人的生产能力（或天赋）是私人信息，高能力的产出是 θ_H，高能力的先验概率是 p；低能力的产出是 θ_L，低能力的先验概率是 $1-p$。能力高低不可观察，能力的先验分布由自然给出，是公共知识。工人选择一定的教育年限，接受教育是有成本的。市场上有两家一样的厂商，它们只能看到工人的教育年限，并靠教育推断工人的能力，最后根据推断给出工资条件吸引工人。

工人的支付函数可以表示为 $w - c(e, \theta_i)$，$i = H, L$，w 是工资，$c(e, \theta_i)$ 是教育成本，$c(0, \theta_i) = 0$。假设 $c_e, c_{ee} > 0$，表示教育高，则成本高，而且成本的增速也随教育提高而提高。此外，还假设 $c_e(e, \theta_H) < c_e(e, \theta_L)$，表示高能力工人接受教育的边际成本低于低能力工人，这个假设是信号模型的关键，通常称为"单次交叉条件"。企业由于是价格竞争，它的利润总是等于零。

博弈的时序是自然先选择工人的类型，然后工人看到自己的类型后开始接受一定年限的教育，接着企业看到工人的教育年限后发出工资条件，工人根据企业的工资条件决定是否工作以及到哪家企业工作。

工人的策略是 $s: \{\theta_H, \theta_L\} \to R$，表示从类型到教育年限的函数，企业的策略式 $w(e)$ 表示看到每个教育年限后给出的工资。在价格竞争前提下，风险中性的企业给出的工资 $w(e)$ 必然等于一定信念下的期望产出。假设企业看到教育年限 e 之后认为工人是高能力的信念是 $\mu(e)$，那么有 $w(e) = \mu(e)\theta_H + (1 - \mu(e))\theta_L$。

博弈的解概念是完美贝叶斯均衡。给定企业策略 $w(e)$，工人选择最优策略 s；给定工人的策略 s 以及信念 $\mu(e)$，企业利润最大化；在均衡路径上，信念 $\mu(e)$ 由先验概率与工人策略 s 通过贝叶斯推断得到；在非均衡路径上，两家企业的信念一致（可见非均衡路径上的信念不是完全随意的）。

（二）主要结论与启示

信号模型有三类均衡。

第一，分离均衡。这是信号模型最著名的均衡，主要内容是工人可以通过教育彼此区分开，教育是可信的"能力信号"。

低能力类型的工人在分离均衡中一定选择 $e=0$。因为既然可以被企业完全识别出来，那么无论低能力工人接受怎样的教育程度，都不会得到高工资，除非低能力工人模仿高能力工人的教育年限。

高能力工人为了将自己与低能力工人分开，肯定要选择大于零的教育年限，而且为了不让低能力工人有模仿激励，教育年限 e_H 应该满足以下式子：

$$\theta_L \geq \theta_H - c(e_H, \theta_L) \tag{5.2}$$

式 5.2 左边是低能力工人接受零教育年限得到的支付，右边是低能力工人模仿高类型得到的支付。令 $\theta_L = \theta_H - c(e_H^s, \theta_L)$，$e_H^s$ 是可以区分两类工人所需的最低教育年限。

再考虑高能力工人维持区分的教育程度上限 $\bar{e}_H$：

$$\theta_H - c(\bar{e}_H, \theta_H) \geq \theta_L \tag{5.3}$$

式 5.3 表明，当区分的年限超过 $\bar{e}_H$，高能力类型还不如不区分。

信念设定的一般要求是对于非均衡路径，工人没有从均衡路径偏离过来的激励。在构造均衡中，常用的技巧是把所有非均衡路径的信念设置为最差，保证工人无偏离激励。在本模型中，假设工人的分离均衡策略是 $e_L=0$，$e_H>0$，$e_H \in [e_H^s, \bar{e}_H]$，那么信念是：

$$\mu(e) = \begin{cases} 1, & e = e_H \\ 0, & e \neq e_H \end{cases} \tag{5.4}$$

第二，混同均衡。在混同均衡中，两种类型工人的教育年限相同，企业对工人的信念不会根据教育信号得到更新。

在混同均衡中，两种类型工人的工资相等，混同均衡教育年限的上限 $\bar{e}^p$ 由低类型工人的选择决定：

$$\theta_L = E\theta - c(\bar{e}^p, \theta_L) \tag{5.5}$$

$E\theta = p\theta_H + (1-p)\theta_L$ 是企业工资。混同均衡 $e^p \in [0, \bar{e}^p]$，为了保证高类型工人没有偏离激励，将信念设定为：

$$\mu(e) = \begin{cases} p, & e = e^p \\ 0, & e \neq e^p \end{cases} \tag{5.6}$$

第三，半分离均衡。在信号模型中存在有些信号清晰、有些信号混同的均衡，比如某教育年限可以清晰表明工人的类型，而另外的教育年限则是混同的。信号模型可能存在不止一种半分离均衡，简单起见，假设高类型工人是纯策略，选择教育年限 $\hat{e}$，低类型工人是混合策略，以一定概率 λ 选择 $\hat{e}$，以 $1-\lambda$ 的概率选择 $\tilde{e}$。

当企业看到教育年限为 $\tilde{e}$ 时，可以确定工人是低类型，信念 $\mu(\tilde{e})=0$。显然，低类型选择 $\tilde{e}=0$，因为在类型完全披露的情形下，没有必要承担任何教育成本。当企业看到教育年限是 $\hat{e}$ 时，企业的信念根据贝叶斯法则更新：

$$\mu(\hat{e}) = \frac{p}{p+(1-p)\lambda}, \quad \lambda \in (0,1) \tag{5.7}$$

工资水平 $w(\hat{e}) = \mu(\hat{e})\theta_H + (1-\mu(\hat{e}))\theta_L$。为保证两类工人没有偏离激励，对应的信念为：

$$\mu(e) = \begin{cases} \mu(\hat{e}), & e = \hat{e} \\ 0, & e \neq \hat{e} \end{cases} \tag{5.8}$$

低类型是混合策略，说明它发送两种信号的支付是相等的：

$$\theta_L = w(\hat{e}) - c(\hat{e}, \theta_L) \tag{5.9}$$

式5.9左边是发送 $\tilde{e}=0$ 的支付，右边是发送 $\hat{e}$ 的支付。把 $w(\hat{e}) = \mu(\hat{e})\theta_H + (1-\mu(\hat{e}))\theta_L$ 和式5.7代入式5.9可以得到 λ 与 $\hat{e}$ 的关系式，所有使得此关系式成立的都是半分离均衡策略。

信号发送模型是一个简单、深刻的理论，它的三种均衡在现实中都有一定的应用价值。在三种均衡中，分离均衡无疑是最能代表信号理论特点的结论。从分离均衡中可以得到不少启发，还可以解释现实中很多明显的疑问。

第一，市场的力量不容忽视。逆向选择的存在不一定造成市场消失，相反市场还可能很"聪明"地演化出一些克服信息不对称障碍的机制。信号发送就是市场机制拥有巨大潜力的证明之一，当信息不对称严重影响市场交易的规模，使得大量有潜在剩余的交易难以发生，市场通过自身演进的"非价格机制"——信号发送在一定程度上缓解了信息不对称问题。信号理论的出现表明，市场机制并非只有价格这一种调节信号，在信息不对称的时候它还能自发产生其他非价格信号。

第二，廓清市场与政府的边界。市场与政府行为是资源配置的两种基本手段，长期以来，如何发挥两种手段的优势或者厘清市场与政府之间的边界，一直是学界与政界都非常关心的问题。在信息经济学兴起之前，这个问题其实没有得到很好的理解，存在一些根深蒂固的误解。比如，很长时间以来人们都认为信息不对称是政府干预的充足理由，其逻辑是信息不对称导致市场失灵，所以需要政府的干预。实际上，上述逻辑有明显缺陷，最主要的缺陷是在信息不对称情况下，政府干预也有一定成本，在没有论证哪种成本更大的条件下，天然认为政府干预可以改进经济效率是不严谨的。

信号模型可以帮助我们在这种具体的条件下比较市场与政府两种手段的效率，从而得出更深入、更细致的判断。在分离均衡时，市场自身通过可信的信号把隐藏信息披露出来，买卖双方在信息上回到对等，不过信号的发送是有成本的。在前面的教育信号模型中，因为教育除了作为一种信号外，没有任何其他作用，那么高类型在教育上花费的成本是无谓损失，它代表信号这种市场机制在解决信息不对称问题时的成本。信号成本有可能非常巨大，考虑一个市场上占绝大多数比例的工人都是高类型，只有极少数的低类型，信号机制意味着为了与极少数低类型的工人区分开，所有高类型工人都要承担一定的信号成本，对于整体社会而言，这种浪费巨大。在这种情形下，政府的管制不仅可以提高社会总体经济效率，而且还能保证经济效率的提高是帕累托改进，每个人都在管制中受益。禁止信号发送是可以考虑的最简单的管制措施。此时，所有高类型的工人都节约了信号成本，由于市场的平均产出水平很接近高类型的水平，因此，工资方面的损失小于信号成本,高类型工人都从管制中得利;低类型工人的福利当然改进,因为得到的工资从低产出水平提高到市场平均产出水平。企业的利润维持零不变。

分析表明,当信息不对称时,如果高类型工人占比很大,那么市场自身的信号机制不如政府的管制,这清晰地界定了特定情形下政府与市场的边界。

第三,对某些现实具有很好的解释力。在信息经济学出现之前,一些常见的现象没有好的解释,比如可口可乐巨额的广告支出被认为是不必要的浪费,世界级的企业在招聘时更注重毕业院校而不是所学专业是一种"攀比效应"。诚然,这些解释有一定道理,但不是经济学视角。信号理论的出现可以很好地予以解释,因为产品质量以及人才质量都是很难观察的信息,那么需要一些可信的信号披露真实信息。巨额的广告支出很可能是一种较好的产品质量信号,因为低质量产品由于不能持续吸引顾客重复购买,支付巨额广告很可能导致亏本;只有高质量产品才可能承受短期巨额支出造成的亏本,将来顾客长期的购买可以弥补亏损,带来盈利。同理,名牌高校也可能是人才质量的可信信号,因为知名高校的课程与要求都相对高一些,实力不济则可能难以顺利毕业,把从知名高校毕业视为一种难度较高的工作,这个现实就完全符合教育信号理论模型,学校的牌子就是人才质量的信号。

(三)均衡的精炼:直观标准

信号理论也存在一些缺点,其中比较困扰的问题是信号理论常常是多重均衡,在本节的教育信号理论中,甚至存在无穷的均衡。均衡数量太多说明预测不准确。直观标准是信号理论中最著名的精炼概念之一,它在一定程度上解决了多重均衡的问题。在常用的两种类型信号模型中,直观标准甚至可以得到唯一的均衡。

与绝大多数精炼概念一样,直观标准也是通过排除非均衡路径上存在的一些不可信的信念达到精炼解集的目的。以前面的教育信号为例,仅分离均衡而言,高类型工人就存在无穷的均衡行动,任何在区间 $[e_H^s, \bar{e}]$ 上的 e_H 都是均衡。直观标准的想法可以由一段工人与企业之间的对话表示,高类型的工人可以对企业说:"如果有工人选择一个小于 e_H 但大于 e_H^s 的教育年限,你一定要相信它是高类型,因为低类型的工人不可能选择这么高的教育年限,不然低类型得到的支付小于其均衡支付;那么选择它的只能是高类型。"企业听到这番话之后,也一定相信,因为从信号模型的激励相容条件看,高类型的话完全可信。

数学上,假设信号发送方的类型空间是 Θ,支付函数是 $u(m, r, \theta)$, $\theta \in \Theta$,其中 m 是发送的信号,$r \in R$ 是信号接收方的行动,信号接收方的支付函数是 $v(m, r, \theta)$。$BR(\hat{\Theta}, m) = \bigcup_{\mu \in \Delta(\hat{\Theta})} \mathrm{argmax}_{r \in R} E_\mu v(m, r, \theta)$ 是信号接收方对于信号 m 的最优反应集合,其中信号接收方的信念是空间 $\hat{\Theta}$ 上的某个分布。给定博弈的一个完美贝叶斯均衡 (m^*, r^*),记信号发送方的均衡支付为 $u^*(\theta)$。

直观标准是一个检验标准。给定博弈的完美贝叶斯均衡 (m^*, r^*),对某个非均衡路径信号 m' 以及类型空间 $\theta \in \tilde{\Theta}$ 有 $u^*(\theta) > \max_{r \in BR(\Theta, m')} u(m', r, \theta)$,那么当 $u^*(\theta) < \min_{r \in BR(\Theta \setminus \tilde{\Theta}, m')} u(m', r, \theta)$ 时,称 (m^*, r^*) 不符合直观标准。$u^*(\theta) > \max_{r \in BR(\Theta, m')} u(m', r, \theta)$ 的含义是所有属于类型空间 $\tilde{\Theta}$ 的信号发送方都不会偏离到 m',因为它能得到的最高支付都不如均衡支付。$u^*(\theta) < \min_{r \in BR(\Theta \setminus \tilde{\Theta}, m')} u(m', r, \theta)$ 的含义是其他类型的信号发送方($\Theta \setminus \tilde{\Theta}$)一定有偏离到 m' 的激励,因为偏离后最差的支付都高于均衡支付。同时满足上面两个不等式,一定意味着在非均衡路径上的信念不合理,因为它一定将某些属于 $\tilde{\Theta}$ 的类型赋予了大于零的概率。

在本节的教育信号模型中,唯一符合直观标准的均衡是高类型工人选择最低程度的教育年限 e_H^s。从理论角度看,直观标准是非常好的工具,它不仅从原来无穷的均衡中挑出了唯一的均衡,而且还是所有分离均衡中无谓损失最小的均衡。

三、信息筛选

（一）基本模型

筛选模型与信号模型考虑的角度正好相反，筛选模型分析信息不对称情形下，信息劣势方通过选择某种合约将信息优势方的信息披露出来，在此基础上获得支付最大化。

假设消费者需要一单位的产品，产品的质量 q 有差别，质量是公共知识。消费者的私人信息是对质量的评价 θ，高端消费者对质量的评价是 $\theta_H q$，低端消费者的评价是 $\theta_L q$，$\theta_H > \theta_L$。高端顾客的比例是 π，低端顾客比例是 $1-\pi$。所有顾客的保留效用是零。

一个垄断厂商生产不同质量产品的成本是 $c(q)$，$c', c'' > 0$，说明质量越高，生产成本越高，且边际成本递增。假设一单位产品的价格是 P，企业通过定价实现利润最大化。

完全信息时，厂商知道顾客的类型。因此厂商的优化问题是：

$$\max_{P_H, P_L, q_H, q_L} \pi(P_H - c(q_H)) + (1-\pi)(P_L - c(q_L))$$

s. t.
$$\theta_H q_H - P_H \geq 0$$
$$\theta_L q_L - P_L \geq 0$$

其中 P_H，q_H 是为高端客户定的价格与产品质量，P_L，q_L 是面向低端客户的价格与质量。上述问题的解非常简单，设高端顾客的最优质量是 q_H^c，低端客户最优的质量是 q_L^c，它们满足以下一阶条件：

$$c'(q_H^c) = \theta_H \tag{5.10}$$

$$c'(q_L^c) = \theta_L \tag{5.11}$$

两个约束条件取最优值时是紧约束：

$$\theta_H q_H^c - P_H = 0 \tag{5.12}$$

$$\theta_L q_L^c - P_L = 0 \tag{5.13}$$

由于成本函数是凸函数，由式 5.10 和式 5.11 得到 $q_H^c > q_L^c$。

以上完全信息模型是不完全信息模型的起点。接下来是对不完全信息情形的分析，与完全信息对比可体现信息不对称对资源配置效率的影响。

当顾客的类型是私人信息时,厂商不了解顾客类型,为了区分两类顾客,厂商的销售契约还要满足额外的信息约束。仍然以 P_H,q_H 表示为高端客户设计的合约,P_L,q_L 表示为低端客户设计的合约。在不完全信息情况下,厂商的优化问题变为:

$$\max_{P_H,P_L,q_H,q_L} \pi(P_H - c(q_H)) + (1-\pi)(P_L - c(q_L))$$

约束条件为:

$$\theta_H q_H - P_H \geq 0 \quad (5.14)$$

$$\theta_L q_L - P_L \geq 0 \quad (5.15)$$

$$\theta_H q_H - P_H \geq \theta_H q_L - P_L \quad (5.16)$$

$$\theta_L q_L - P_L \geq \theta_L q_H - P_H \quad (5.17)$$

式 5.14 和式 5.15 是高类型与低类型的参与约束条件。式 5.16 和式 5.17 是最典型的信息约束,它刻画了处于信息劣势一方的厂商在制定销售合约时面临的限制条件,是著名的"激励相容"条件。式 5.16 表示高类型顾客更偏好合约 (P_H, q_H),式 5.17 表示低类型顾客更偏好合约 (P_L, q_L)。

(二)主要结论与启示

在求解模型时,我们通常假设厂商为两种类型的顾客都提供有一定质量的产品,因此 $q_i > 0$,$i = H, L$。

优化问题的约束较多,不过我们可以通过分析简化约束条件。首先,约束条件式 5.14 可以由约束条件式 5.15 和式 5.16 推导出,并且式 5.14 严格大于零。因此约束条件式 5.14 可以忽略。

式 5.14 和式 5.16 不可能两个都是严格不等式或两个都是等式。因为一旦两个都是严格不等式,那么将 P_H 稍微提高一点,所有其他的约束条件都不受影响,但企业的利润会提高。两个式子也不可能都是等式,因与式 5.15 冲突。唯一可能的情形是一个等于零,一个大于零。已知式 5.14 是严格不等式,那么式 5.16 就一定是等式,按常用的模型语言则称约束是紧的。

同理,式 5.15 和式 5.17 也只能是一个等于零一个大于零。将式 5.16 和式 5.17 相加,由于 $q_L > 0$,那么可得 $q_H > q_L$。代入式 5.16 的等式关系可得到式 5.17 是严格不等式，从而可忽略。式 5.15 必然是等式。

经分析，四个约束条件简化为原来的式 5.15 和式 5.16，成为等式约束，另外两个成为严格不等式约束。为了得到清晰的经济直觉，一种很有见地的方法是做变量替换，令 $\theta_H q_H - P_H = \bar{U}$，$\theta_L q_L - P_L = \underline{U}$。由于在完全信息下，两个变化式子左边都等于零，那么 $\bar{U}, \underline{U}$ 分别代表高类型与低类型在信息不对称时获得的超额效用，在信息经济学中是著名的"信息租金"概念。变量替换后代入原来的问题后目标函数是：

$$\max_{\bar{U}, \underline{U}, q_H, q_L} \pi(\theta_H q_H - c(q_H)) + (1-\pi)(\theta_L q_L - c(q_L)) - (\pi \bar{U} + (1-\pi)\underline{U})$$

相应的约束条件变为（令 $\Delta\theta = \theta_H - \theta_L$）：

$$\bar{U} > 0 \tag{5.18}$$

$$\underline{U} = 0 \tag{5.19}$$

$$\bar{U} = \underline{U} + \Delta\theta q_L \tag{5.20}$$

$$\underline{U} > \bar{U} - \Delta\theta q_H \tag{5.21}$$

厂商的目标函数的经济含义很清晰，它是在完全信息的目标函数之中减去了"信息租金"，说明存在信息不对称时，厂商需要在经济效率与控制信息租金之间做权衡取舍。求解后得到

$$c'(q_H^N) = \theta_H \tag{5.22}$$

$$c'(q_L^N) = \theta_L - \frac{\pi}{1-\pi}\Delta\theta \tag{5.23}$$

对比完全信息的一阶条件，得到以下重要结论。

第一，因为式 5.22 与式 5.10 相同，说明高端客户的质量选择与完全信息时相等，信息不对称对高端客户的资源配置没有出现扭曲。又因为式 5.16 是等式，那么高端客户得到高质量产品的价格低于完全信息情况。

第二，式 5.14 严格大于零，说明高端客户获得正信息租金。这是信息优势带给高端客户的额外收益。

第三，对比式 5.23 与式 5.11，由成本函数是增凸函数可知低端客户得到的质量低于完全信息情况。资源配置在低端客户群体中出现扭曲。

第四，式 5.15 等于零，说明低端客户没有信息租金。

筛选模型最重要的启示是，当信号劣势方主动解决信息不对称问题时，合约要受到额外的激励相容约束条件限制。由于高类型总是能模仿低类型，合约不得不让渡一些利益给高类型，使得高类型获得信息租金。高类型的租金 $\overline{U} = \underline{U} + \Delta\theta q_L$，厂商为了最小化利益让渡，将低类型的信息租金 $\underline{U}$ 降到最低，并尽量降低低端产品质量 q_L。经济直觉上，厂商需要尽量降低高类型模仿的激励，一个可行的办法是使得低类型的合约对高类型而言缺乏吸引力。

筛选模型在现实中的应用很广泛，它能从信息不对称的角度对一些问题提出富有启发意义的解读，甚至可能改变人们通常的看法。

一个比较好的例子是劳动力市场的合约。以高校为例，大多数高校都定位于研究型而不是教学型：在高校排名中研究的比重远远高于教学；教师的晋升中，研究成果的权重也是起关键作用的；大多数高校都似乎更注重研究；同一所大学，科研轨的教师在福利待遇方面（比如教学量、薪资）高于教学轨的教师等。

对于这些问题，通常的反应可能是学校对教学不够重视，甚至有些歧视。人们常常认为这些现象是明显的不公平。诚然，这些观点都非常有价值，值得深思，但是如果仅把观察停留在表面现象上，所得的看法也不一定全面。筛选理论从现象后的原因对这些问题可以给出新颖的解释。

高校教师的科研能力是私人信息，外界无法观察。假设能力高，那么做科研的成本低，q 是科研产出，教师的科研成本是 cq，教师的能力有 $\{c_H, c_L\}$，$c_H > c_L$ 两个类型，其中有 π 的比例为 c_L，$1 - \pi$ 的比例为 c_H。教师的支付函数是 $t_i - c_i q$，$i = H, L$。科研成果给学校带来的收益比如科研声望是 $v(q)$，是增凹函数。教师的福利为 t，可以理解为承担的教学工作量与薪资等综合福利。

高校设计两类合约 (t_H, q_H)，(t_L, q_L)，分别对应科研能力不同的两类教师群。高校的目标函数是 $\pi(v(q_H) - t_H) + (1 - \pi)(v(q_L) - t_L)$，约束条件则是对应的参与约束与激励相容约束。

参照筛选模型的结论，我们可以得到类似的结果。科研能力弱一些的群体得到零信息租金，对应现实中的情况可能就是科研要求低一些，但是福利也差一些（教学任务量较繁重，薪资比较一般）。而科研能力强的群体情况则是科研要求高，但是教学负担小、薪资高。

筛选模型的结论并没有停留在教师群体中似乎存在的"不公"待遇的表面，而是从现象后的原因出发，指出这种合约的动因很可能与"不公"没有太大关系，而是与克服高校无法区分科研能力的信息约束有关。筛选模型的启发意义非常重要，对于一些问题，如果仅从现象出发，我们也许能得到貌似合理的解读，但是也容易得出似是而非的结论。倘若政策以这样的推理为基础，那么很有可能既达不到更好的公平也损失了效率。

筛选模型在管制市场也有大量应用。我们知道凡是具有"管网"特点的企业，比如石油运输、电信以及轨道交通等行业，都属于自然垄断企业。这些行业的技术特点是企业越大，平均成本越低，市场上的均衡很可能只存在一家企业运营，形成自然垄断。在信息经济学出现前，对自然垄断的研究大多都是假设管制部门知道企业的成本。很明显，现实中管制者一般都不太了解企业的精确成本。筛选理论是研究管制者不能观察企业成本时制定最优管制政策的一种很合适的模型。通过模型的标准结论，不难得到最优的管制政策一定是高成本企业的产量将严格控制，而且企业得不到信息租金。低成本企业的产量没有扭曲，并且得到一定的信息租金，成本越低得到的信息租金越高。

四、道德风险（委托代理）

（一）基本模型

道德风险概念最初来自保险市场，是指保险人购买了保单后，其行为增加了保险公司赔付的风险，比如购买车险后，被保险人减少了汽车防盗的预防措施。现在道德风险代表了信息经济学的一个经典分支，只要信息不对称发生在签约后，而且信息不对称是模型内生，信息优势方的行动影响双方的福利，那么就属于道德风险模型。

具体而言，道德风险的场景一般由委托人与代理人组成，委托人的效用受到代理人行为的影响，代理人的行为是在双方合约签订后做出的，委托人观察不到代理人的行动，只能看到一个受代理人行动影响的有噪声的信号。在模型中，常常用努力水平代表代理人的行动，行动产生的收益可观察，并由委托人支配。收益是受行动影响的信号，它与努力之间没有确定性的对应关系，只有统计意义上的关系。

讨论道德风险最简单的模型是两种努力水平以及两种产出收益。努力 $e \in \{0,1\}$，$e=0$ 表示低努力，$e=1$ 表示高努力。努力有负效用，设努力成本 $C(1)=c$，$C(0)=0$。不管代理人是否努力，都可能产生两种收益 $b \in \{\bar{b}, \underline{b}\}$，$\bar{b} > \underline{b}$，分别对应高收益与低收益。

假设 $\text{pr}(\bar{b}|e=1) = \pi_1$，$\text{pr}(\bar{b}|e=0) = \pi_0$，前者表示代理人高努力水平时，给委托人带来的产出收益是高收益的概率为 π_1；后者表示代理人低努力水平时，给委托人带来的产出收益是高收益的概率为 π_0。为符合常识，设定 $\pi_1 > \pi_0$。由假设可知，从产出收益的高低，不能判断代理人是否付出了努力，因为付出努力有可能得到低收益，而不付出努力有可能获得高收益。收益的高低只是努力的一个有噪声的信号，当然在统计意义上，高努力得到好收益的概率高于低努力。

既然努力水平不可观察，委托人与代理人签订的合约就不可能与努力有关。委托人与代理人的合约只能建立在可观察的收益上。设委托人的合约是 $t \in \{\bar{t}, \underline{t}\}$，其中 $\bar{t}$ 表示代理人带来高收益 $\bar{b}$ 时获得收入，$\underline{t}$ 表示代理人带来低收益 $\underline{b}$ 时获得收入。委托人是风险中性，代理人是风险回避，其伯努利效用函数是 $u(t)$，是增凹函数。

为便于比较，先考察完全信息时的合约特点。完全信息时，委托人可以看到努力水平，因此可以把合约建立在努力水平上。委托人的优化问题可以分为两个阶段：第一个阶段是给定努力水平，求收益最大化；第二个阶段是比较每个努力水平的收益，然后取最优收益。

委托人要求代理人付出高努力的问题：

$$\max_{\bar{t},\underline{t}} \pi_1(\bar{b}-\bar{t}) + (1-\pi_1)(\underline{b}-\underline{t}) \quad (5.24)$$

s. t. $\pi_1 u(\bar{t}) + (1-\pi_1) u(\underline{t}) - c \geq 0$

上述问题做一个巧妙的变量替换，标准的库恩塔克定理的一阶条件是充要条件。取效用函数 u 的反函数，令 $t = h(u)$，因 u 增凹，所以有 h 增凸。经过变量替换，问题化为：

$$\max_{\bar{u},\underline{u}} \pi_1(\bar{b} - h(\bar{u})) + (1 - \pi_1)(\underline{b} - h(\underline{u})) \tag{5.25}$$

s.t. $\pi_1 \bar{u} + (1 - \pi_1)\underline{u} - c \geq 0$

很明显，上述问题的收益固定，它等价于以下最小化支出问题：

$$\min_{\bar{u},\underline{u}} \pi_1 h(\bar{u}) + (1 - \pi_1) h(\underline{u}) \tag{5.26}$$

s.t. $\pi_1 \bar{u} + (1 - \pi_1)\underline{u} - c \geq 0$

最小化的目标函数关于 $(\bar{u}, \underline{u})$ 凸，约束条件显然是凸集，库恩塔克定理的一阶条件是充要条件。计算后可以得到 $\bar{t}^{FB} = \underline{t}^{FB}$，其中 FB 是经济学中常用的最优概念。委托人最优的支出 $P^{FB} = \bar{t}^{FB} = \underline{t}^{FB} = h(c)$。委托人得到的毛收益是 $\pi_1 \bar{b} + (1 - \pi_1)\underline{b}$。

当委托人不需要代理人付出努力时，支出一定等于零。委托人得到的收益是 $\pi_0 \bar{b} + (1 - \pi_0)\underline{b}$。

令 $\Delta \pi = \pi_1 - \pi_0$，$\Delta b = \bar{b} - \underline{b}$。对于委托人而言，高努力与低努力的毛收益之差是 $\Delta \pi \Delta b$。那么委托人最优选择的充要条件是 $\Delta \pi \Delta b \geq h(c)$，要求代理人付出高努力；$\Delta \pi \Delta b < h(c)$，不需要代理人付出努力。

（二）主要结论与启示

更现实的情形是委托人观察不到努力水平，那么委托人在制定合约时面临所有信息不对称都需要满足的激励相容约束。问题的求解还是分为两阶段，如果委托人需要代理人付出高努力，问题变为：

$$\max_{\bar{u},\underline{u}} \pi_1(\bar{b} - h(\bar{u})) + (1 - \pi_1)(\underline{b} - h(\underline{u}))$$

s.t. $\begin{cases} \pi_1 \bar{u} + (1 - \pi_1)\underline{u} - c \geq \pi_0 \bar{u} + (1 - \pi_0)\underline{u} \\ \pi_1 \bar{u} + (1 - \pi_1)\underline{u} - c \geq 0 \end{cases} \tag{5.27}$

还是把问题转化为等价的最小化问题：

$$\min_{\bar{u},\underline{u}} \pi_1 h(\bar{u}) + (1 - \pi_1) h(\underline{u})$$

s. t. $\begin{cases} \pi_1 \bar{u} + (1-\pi_1)\underline{u} - c \geqslant \pi_0 \bar{u} + (1-\pi_0)\underline{u} \\ \pi_1 \bar{u} + (1-\pi_1)\underline{u} - c \geqslant 0 \end{cases}$ (5.28)

库恩塔克定理的一阶条件是充要条件。建立相应的拉格朗日函数,并求解一阶条件可得上述参与约束与激励相容约束都是紧约束。然后求解两个等式约束条件得到以下重要关系:

$$\underline{t}^{SB} = h\left(c - \frac{\pi_1}{\Delta \pi}c\right) \quad (5.29)$$

$$\bar{t}^{SB} = h\left(c + \frac{(1-\pi_1)}{\Delta \pi}c\right) \quad (5.30)$$

其中上标 SB 是常用的次优缩写。委托人为了激励代理人付出高努力的支出是 $P^{SB} = \pi_1 \bar{t}^{SB} + (1-\pi_1)\underline{t}^{SB}$。

当委托人不需要代理人付出努力时,支出一定等于零。委托人得到的收益是 $\pi_0 \bar{b} + (1-\pi_0)\underline{b}$。这与完全信息下的合约相同。

对于委托人而言,高努力与低努力的毛收益之差还是 $\Delta \pi \Delta b$。那么委托人最优选择的充要条件是 $\Delta \pi \Delta b \geqslant P^{SB}$,要求代理人付出高努力;$\Delta \pi \Delta b < P^{SB}$,不需要代理人付出努力。

式5.29与式5.30刻画了道德风险合约所具备的重要特点。

第一,道德风险中核心的成本收益对比是最优风险分担与激励代理人努力程度的权衡取舍。在完全信息时,委托人可以看到努力程度,因此可以对努力程度提出要求,至于产出收益的波动则完全不需要代理人承担,所以在完全信息时,代理人的收入是固定的。

不完全信息下,最优的风险分担与激励出现冲突。按照最优风险分担原理,对风险评价更高的委托人承担所有风险,代理人不承担任何风险。可是努力不可观察,当代理人不承担风险时,一定没有付出任何努力的激励。式5.29和式5.30表明代理人在不同产出收益状态下得到的收入是不同的,高产出对应高收入,低产出对应低收益。因为高努力不一定带来高产出,低努力也不一定只是低产出,所以工人高努力并不能保证得到高收入。

对于委托人而言,高努力比低努力的期望产出收益大,如果不考虑激发高努力的成本,委托人总是期望代理人付出高努力。由此,委托人的权衡取舍是激励代理人付出高努力的边际成本与边际收益的比较,在模型中边际收益是 $\Delta\pi\Delta b$,边际成本是 P^{SB}。又因为激发代理人付出高努力,必然要求委托人在高产出情形下给的收入比低产出的收入更有吸引力,这样代理人实际上承担了一部分产出波动的风险。

第二,信息不对称增加了激励成本,因为 $P^{SB}>P^{FB}$。既然委托人激励代理人高努力的边际成本上升,而高努力的边际收益不变,那么信息不对称明显扭曲了资源配置效率,委托人要付出更大的代价才能激励代理人付出高努力。

在基本模型中凸显出来的风险分担与激励的权衡对现实能产生一些重要的启示。

第一,委托代理模型中的成本其实不是来自对努力水平的激励,即使委托人为了激励高努力水平而不得不多花费支出也不是真正的成本。真正的成本是信息不对称引起的风险分担的扭曲。如果代理人与委托人的风险态度一样,是风险中性的,那么最优风险分担总是成立的,即使有信息不对称,资源配置也不会扭曲。以基本模型为例,如果代理人的风险态度为中性,那么委托人采用一个"出售全盘生意"的合约就能达到帕累托最优。委托人可以将项目的定价设定为 $\pi_1\bar{b}+(1-\pi_1)\underline{b}-c$,代理人支出这笔费用后获得整盘生意,由于代理人风险中性,简单计算可知努力水平是帕累托最优。

第二,信息有价值。不妨设想,委托人没有关于努力水平的信号,为了使得分析合理,再假设代理人必须使用委托人的专有资产(比如一处土地)才能生产,这个假设的含义是代理人的保留效用总是零。委托人没有任何信号,因此只能给出一个固定的工资,工资水平等于保留效用。通过固定工资合约,委托人得到净期望收益 $\pi_0\bar{b}+(1-\pi_0)\underline{b}$,代理人一定选择不努力。再回到基本模型,委托人尽管只能看到一个关于努力的带有噪声的信号,但是委托人的福利还是明显改进。因为,根据基本模型的结论,在有信号的情况下,委托人至少可以获得 $\pi_0\bar{b}+(1-\pi_0)\underline{b}$ 的净收益,如果激励努力的边际成本低于边际收益,委托人可以选择激励代理人努力使得自身效用改进。实际上，有模糊的信息比没有信息更好的经济直觉与著名的显示偏好类似。当委托人拥有模糊信息后，那些在没有信息的情况下的所有合约选择还在委托人的选择集合中，选择集合的扩大不可能降低效用。此外，因为合约还都满足代理人的参与约束条件，那么我们还可以进一步得到：对于整体经济，有信息情形是无信息情形的帕累托改进。

继续应用显示偏好的逻辑，信息的扩大必然在不影响代理人支付的情况下，提高委托人的福利，整体经济效率改善。这个结论是道德风险中最重要的启发之一，它说明委托人在应对道德风险时，要尽可能多地利用有关信息，即使一些信息完全不影响委托人真正在意的产出收益，只要信息与努力程度有关联就应该写入双方的契约。更多的信息最主要的作用是能更清晰地表现努力与业绩之间的关系，从而降低激励成本。

在现实应用方面，委托代理理论有很大的价值。因为委托代理问题在现实中无处不在，最为著名的例子大概是公司治理。一个公司的所有者希望以经理人为代表的经理层尽量努力工作，可经理人努力工作不仅有成本，而且还不一定带来好业绩。为了将利益冲突在信息不对称下的成本最小化，所有者在设计薪酬合约时就要仔细地在激发努力与分配风险之间进行权衡。佃农理论与保险合约也是常见的委托代理例子。在佃农理论中，土地所有者观察不到承租人的工作情况，为了平衡风险与激励，一般的合约都是以土地收成为基础。在保险合约中，保险公司为了尽量激励被保险人努力维护保险标的物，也常常根据保险标的实际状况与保险人共担费用。现实中，如果委托人还能观察到其他信息，这些信息将改进委托人的福利与整体经济效率。以股东和经理人为例，双方的合约不仅可以包含企业的业绩，还可以包含行业中其他企业的平均业绩，其他企业的平均业绩虽然不直接影响该企业业绩，但是它能为委托人提供额外的关于企业经理人的努力情况的信息，委托人利用这些信息可以进一步降低激励成本。

当然，现实中合约比基本模型复杂很多，不仅包含业绩，还可能包含经理人退休与解聘的条款等。基本模型不可能解释一切现实合约，不过它还是提供了一个模型的基准，几乎所有解释更复杂的道德风险问题的模型，都是从基本模型出发改进的，比如将努力程度的维度扩大，甚至到无穷，或者放开唯一的代理人或委托人假设等。

五、机制设计理论

机制设计理论现在是微观经济学中最活跃的领域之一。机制设计理论研究的主要问题是一个行为主体（企业或政府）如何设计一套规则从而实现某个特定的目标。

从理论角度看，机制设计问题是博弈理论的"反向工程"。博弈论研究的问题都是在给定规则的前提下讨论均衡的性质。机制设计则是给定某个目标，讨论怎样的规则在利益相关各方自愿的情形下实现既定目标。

从现实角度看，机制设计有非常广泛的应用。比如垄断者的目标是利润最大化，那么设计怎样的销售规则或制定怎样的价格歧视方案才能达到目标？在环保管制方面，监管机构在不了解企业成本状况时，制定怎样的管制措施可以最小化效率损失？在公共品供给方面，政府制定怎样的规则，才能使公共品的供给有效率？

机制设计问题的一个重要难点是信息不对称。机制设计者（有特定目标的个体或团体）一般都不了解其他个体的重要信息，比如垄断者进行价格歧视时并不了解消费者的支付意愿，因此要达到既定目标至少需要诱导出真实的信息。可是，其他个体不可能无条件真实汇报自己的信息，比如消费者很少主动报出自己的支付意愿，那么规则的设计就需要考虑到信息不对称的约束。

机制设计理论由莱昂尼德·赫尔维茨（Leonid Hurwicz）在 20 世纪 60 年代开创[1]，随后迅速发展，至今机制设计理论已经形成了一套较为成熟的研究框架，建立了一些专有的重要概念以及重要的研究成果。

（一）研究框架

几乎所有的机制设计问题都可以用以下一般化的设定进行刻画。

---

[1] Leonid Hurwicz, "Optimality and Informational Efficiency in Resource Allocation Processes", in K. J. Arrow and S. Karlin, eds., *Mathematical Methods in the Social Sciences*, Redwood City: Stanford University Press, 1960, pp. 27-46.

第一,参与者。机制设计问题涉及两类人群。一类是机制设计者,具有特定的目标以及制定规则;一类是所有自愿遵守规则的参与者,简称参与者或博弈者。一般假设参与者集合为 $N=\{1,2,\cdots,n\}$。

第二,备选方案集合。机制设计者与参与者可以做出选择的集合。比如在拍卖中,可以选择的集合主要由两部分组成,其一是拍品的归属,其二是竞拍者支付的费用。一般用符号 X 表示备选方案集合。

第三,类型空间。参与者的支付函数包含私人信息,比如竞拍者对拍品的支付意愿。参与者 i 的私人信息称为类型,一般表示为 $\theta_i \in \Theta_i$。所有参与者的类型记为 $\theta = (\theta_1, \theta_2, \cdots, \theta_n)$ 称为类型组合,类型组合空间记为 $\Theta = \prod_{i=1}^{n} \Theta_i$,它的分布函数是 $\phi(\theta)$。

第四,支付函数。参与者的支付函数表示在不同的类型情况下,对备选方案的偏好排序。在拍卖中,备选方案的主要内容由拍品的归属与支付的价格组成,那么参与者的支付函数就是对不同的归属情况与支付情况的排序。一般以 $u_i: X \times \Theta_i \to R$ 表示,给定备选方案是 $x_0 \in X$,那么类型为 θ_i 的参与者的支付为 $u_i(x_0, \theta_i)$。

第五,机制设计者的目标与约束。在经济学研究中,机制设计者的目标一般是社会经济效率(总福利)最大化、收入最大化或管制成本最小化等。机制设计者的约束是指可行的备选方案集合,类似于消费者选择理论中的预算约束集,它表示机制设计者所有可行的选择方案。

(二)社会选择函数

机制设计涉及的很多问题都包含了多个参与者和不完全信息,为了严格表示机制设计者的目标,我们一般用社会选择函数进行界定。

参与者的类型组合空间为 $\Theta = \prod_{i=1}^{n} \Theta_i$,社会选择函数代表机制设计者在综合了所有类型信息、了解了所有参与者的偏好后希望达到的某个目标。一般记社会选择函数为 $f: \Theta \to X$,对于任意的类型组合社会选择是 $f(\theta) = x(\theta), \forall \theta$。

以公共品供给为例,机制设计者是政府,目标是提供最有效的公共品数量，但是不知道公众对公共品的支付意愿。设可行的备选方案是 $X = [0, \bar{x}]$，表示可供选择的公共品数量区间。公众是参与者，假设参与者 i 对公共品的评价是 $u_i(x, \theta_i)$，是一个类型相关的效用函数。如果机制设计者的目的是最大化总效用，那么社会选择函数 $f(\theta) = x(\theta)$，$\forall \theta$ 应该最大化 $\sum_{i=1}^{n} u_i(x, \theta_i)$。

（三）配置法则与支付规则

可行备选集合 X 可以包含丰富的内容，在大多数经济学的应用中，可行备选集合一般包含两个部分：配置法则 y 与支付规则 m，有 $x(\theta) = (y(\theta), m(\theta))$。

比如拍卖一个电信牌照，机制设计者是政府部门，参与者是所有竞拍者。竞拍规则由配置法则与支付法则组成，其中配置法则是把牌照分配给支付意愿最高的人（如出现相等情况则等可能分配），支付规则是得到牌照的人支付价格等于其支付意愿，没有获得牌照的人支付零价格。支付意愿是本例的类型，设支付意愿空间为 $\Theta = \prod_{i=1}^{n} \Theta_i$。分配法则是：

$$y_i(\theta_i, \theta_{-i}) = \begin{cases} 1, & \theta_i > \theta_{-i} \\ 0, & \theta_i < \theta_{-i} \\ \dfrac{1}{N}, & \theta_i = \theta_{-i} \end{cases} \quad (5.31)$$

支付规则是：

$$m_i(\theta_i, \theta_{-i}) = \begin{cases} \theta_i, & \theta_i > \theta_{-i} \\ 0, & \theta_i < \theta_{-i} \\ \dfrac{1}{N}\theta_i, & \theta_i = \theta_{-i} \end{cases} \quad (5.32)$$

其中 $y_i = 1$ 表示参与者 i 得到，$y_i = 0$ 则是没得到。

在这个例子中相应的公共选择的备选方案集合为

$$X = \left\{ (y_1, y_2, \cdots, y_N; m_1, m_2, \cdots, m_N) : y_i \in \{0, 1\}, \sum y_i = 1, m_i \leq 0 \right\} \quad (5.33)$$

（四）直接机制与间接机制

以 Γ 表示机制，它一般由两部分内容组成，一部分是参与者的行动空间 A，一部分是机制设计者将行动组合转化为某备选方案的函数 g。用符号表示为 $\Gamma = \langle A_1, A_2, \cdots, A_n, g(\cdot) \rangle$，其中参与者的行动空间是 A_1，A_2，$\cdots$，A_n，机制设计者采用的转换函数是 $g: A_1 \times A_2, \cdots, A_n \to X$。

在机制设计理论中有两种类别的机制，分别是直接机制与间接机制。直接机制是机制设计者要求参与者报出自己的类型，然后由所报类型根据社会选择函数在可行备选方案中做出选择。符号表示为 $\Gamma = (\Theta, f(\theta))$，$\Theta$ 表示参与者的行动空间就是汇报自己的类型，而转换函数就是机制设计者的社会选择函数。间接机制是机制设计者给参与者特定的行动空间，然后再根据所有的行动在可行备选方案中根据转换函数做出选择。符号表示为 $\Gamma = \langle A, g(\cdot) \rangle$。

以拍卖为例，如果拍卖者在拍卖中定出的规则是竞拍者报支付意愿，最高支付意愿汇报者得到拍品，得到拍品的竞拍者支付额等于其所报数额，那么这种拍卖形式采用的是直接机制。如果拍卖者在拍卖中定出的规则是竞拍者报价格，最高报价者得到拍品，得到拍品的竞拍者支付额等于其所报价格，那么这种拍卖形式采用的是间接机制。可能读者会觉得例子中的拍卖规则看起来并没有实质性差异，将两种方式区分为间接机制与直接机制有什么意义？第一，直接机制与间接机制的具体含义有重要区别。直接机制是参与者需汇报私人信息，机制设计者是在了解了私人信息的基础上做决策；而间接机制无须参与者汇报私人信息，机制设计者根据参与者的其他行动做出决策。第二，直接机制非常容易描述，而间接机制有无穷种。在机制设计中，当机制设计者有了固定的目标以及可行备选集合后，直接机制相应就给定了，但是在理论上能达到机制设计者目标的间接机制有非常多的可能。在机制设计中经常是寻找达到某特定结果的最优机制，仅仅考虑直接机制是不严谨的，严谨的讨论必须要包含对无穷间接机制的分析。

（五）机制对应的博弈

给定机制后，所有参与者的互动就是在机制给定的环境下进行博弈。

设 N 人参与机制 $\Gamma = \langle A_1, A_2, \cdots, A_n, g(\,\cdot\,) \rangle$，每个参与者的策略是 $s_i: \Theta_i \to A_i$，假设参与者对备选方案的偏好是 $v_i(x, \theta_i)$，那么参与者在给定机制下得到的支付就是 $v_i(g(s), \theta_i)$。设参与者的类型分布是 ϕ_i，那么参与者在机制 $\Gamma = \langle A_1, A_2, \cdots, A_n, g(\,\cdot\,) \rangle$ 中的互动完全等价于贝叶斯博弈 $\langle N, \{A_i\}_{i=1}^n, \{\Theta_i\}_{i=1}^n, \{v_i(\,\cdot\,, \theta_i), \theta_i \in \Theta_i\}_{i=1}^n, \{\phi_i\}_{i=1}^n \rangle$。通过将机制转化为贝叶斯博弈后，对于机制的研究就可以用博弈论的工具进行讨论。

（六）机制的实施

对于机制设计者，一个起作用的机制必须是可实施的机制。常言"理想不等于现实"，在机制设计中，设计者的"理想"是某个既定的目标，是否存在机制可以实现目标在理论上与现实上都具有非常重大的意义。

理论上，任何机制都可以实施，但是只有建立在真实信息基础上的机制才有实施的意义。因为，没有真实信息，给定的机制放在现实中实施，得到的结果不太可能符合机制设计者的初衷。以政府提供公共品（比如桥梁）为例，政府的目标是经济效率最大化。具体的机制是每个参与者汇报自己对公共品的支付意愿，如果所有参与者的支付意愿加总大于等于生产公共品的成本，则建桥；如果支付意愿的总和小于建设成本，则不建桥。显然，这个机制在现实中施行没有问题，但是实施的结果很可能没有经济效率。因为每个人都可能谎报自己的支付意愿，希望修桥的人可能尽量高报支付意愿，不希望修桥的人尽量低报支付意愿（甚至报出一个负数）。

上例表明，在参与者有私人信息（类型）时，参与者有隐藏信息的激励，这是机制设计面临的主要困难。因此，机制设计者在设计机制时，需要以一些巧妙的方式诱导出真实的信息。我们知道机制设计者可以选择直接机制与间接机制，如果选择直接机制，就需要直接得到真实信息，如果选择间接机制，真实信息也必须间接披露出来。

怎样才能保证一个机制的实施符合机制设计者的初衷呢？回答很简单，当参与者在机制所蕴含的博弈中的均衡策略通过转换函数输出的结果等于机制设计者的目标时，则称这个机制是可实施的。

在数学上，给定机制设计者的社会选择函数 $f: \Theta \to X$，它表示机制设计者的目标。如果设计的间接机制 $\Gamma = \langle A_1, A_2, \cdots, A_n, g(\cdot) \rangle$，在它对应的博弈 $\langle N, \{A_i\}_{i=1}^n, \{\theta_i\}_{i=1}^n, \{v_i(\cdot, \theta_i), \theta_i \in \Theta_i\}_{i=1}^n, \{\phi_i\}_{i=1}^n \rangle$ 中存在某个贝叶斯纳什均衡策略 $s^*(\cdot) = (s_1^*(\cdot), \cdots, s_n^*(\cdot))$ 满足 $g(s_1^*(\theta_1), \cdots, s_n^*(\theta_n)) = f(\theta)$，$\forall \theta \in \Theta$，则称间接机制 Γ 可以实施机制设计者的目标（社会选择函数）$f(\theta)$。直接机制的刻画类似：如果直接机制 $\Gamma = \langle \Theta_1, \Theta_2, \cdots, \Theta_n, f(\cdot) \rangle$ 对应的博弈存在说真话的贝叶斯纳什均衡 $s_i^*(\theta_i) = \theta_i$，$\forall i, \theta$，则称直接机制 Γ 可以实施机制设计者的目标。

（七）显示原理

显示原理是机制设计理论中最重要的原理之一，其核心是探讨信息的显示。我们已经知道了一个机制的直接实施与间接实施，了解到无论哪种类型的实施本质上都可以披露参与者的真实私人信息。这启发我们思考，从可实施的角度看，直接机制与间接机制之间是否存在紧密联系？如果存在，这种紧密联系是什么？它有什么巨大价值？

显示原理回答了上述问题。在机制设计理论中，显示原理的含义是所有能通过间接机制实施的社会选择函数，都可以通过一个直接机制来实施。假设间接机制 $\Gamma = \langle A_1, A_2, \cdots, A_n, g(\cdot) \rangle$ 可以实施 $f(\theta)$，就说明一定有某个贝叶斯纳什均衡 $s^*(\cdot) = (s_1^*(\cdot), \cdots, s_n^*(\cdot))$ 满足 $g(s_1^*(\theta_1), \cdots, s_n^*(\theta_n)) = f(\theta)$，$\forall \theta \in \Theta$。根据这些已知条件，必然存在函数的对应关系 $f(\cdot) \equiv g \circ s^*$，意味着直接机制 $\Gamma = \langle \Theta_1, \Theta_2, \cdots, \Theta_n, f(\cdot) \rangle$ 一定存在说真话的贝叶斯纳什均衡。

显示原理很简单，同时也很抽象，对于显示原理有以下几点需要注意。

第一，显示原理从可实施的角度把直接机制与间接机制等价起来。这是显示原理所揭示的直接机制与间接机制之间的紧密联系。根据显示原理，一个机制可间接实施就一定可直接实施；一个机制如果不可直接实施，那么无论用什么间接机制也不可能实施。

第二，直接机制与间接机制等价后的理论价值巨大。因为，机制设计者在设计机制时，本来需要考虑无穷无尽的间接机制，这给机制设计理论研究带来很大的困难。显示原理指出，机制设计者在设计机制时完全不考虑所有间接机制，不会影响最优机制的价值。换言之，理论上，最优机制应该是从所有可能的机制中寻找，显示原理的含义是仅从直接机制中寻找最优机制不会得到次优结果。

由于直接机制最容易进行理论刻画，显示原理的价值就是把一个非常难的理论问题等价地转换为一个较为简单的理论问题。

第三，显示原理也存在一个明显缺陷。当机制对应的博弈存在多重均衡，并且有些均衡与社会选择函数不一致时，显示原理所保障的实施程度是不够的。显示原理对于均衡的要求比较松，当博弈存在多重均衡时，显示原理只需要存在某个均衡与社会选择函数一致即可。如果还存在其他一些均衡与社会选择函数不一致，显示原理则自动要求博弈一定采用与社会选择函数一致的那个均衡。从这个角度，显示原理暗含了一个很特殊的"打破平衡法则"，当存在地位相同的多重均衡时，研究者可以按最有利于论证的标准选择特定的均衡，当然这个"打破平衡法则"缺乏坚实的理论根据。

（八）弱优势策略实施与贝叶斯均衡实施

一个机制对应一个博弈形式，博弈形式包含所有可能的博弈，比如静态博弈、动态博弈等。不同的博弈适用的解概念不同，那么相应的机制对应的实施概念也可能不同。对于纳什均衡解概念，机制对应的就是纳什均衡实施，对于子博弈精炼纳什均衡，机制对应的就是子博弈精炼纳什均衡实施。

现在机制设计理论中，有两个最重要的实施概念：（弱）优势策略实施与贝叶斯纳什均衡实施。前者是指，机制设计者的目标可以通过某个对应的博弈的优势策略实现；后者是机制设计者的目标可以通过某个对应的博弈的贝叶斯纳什均衡实现。

因为有显示原理的保证，不失一般性，可以在直接机制背景下比较上述两个实施概念。优势策略与贝叶斯纳什均衡策略在实施的强弱上有明显不同，优势策略实施是非常可靠的实施机制，因为每个参与者的均衡行为不受其他参与者影响，也就是无论其他参与者是否理性、是否说谎，本方的最优策略都是说真话。而且在实际应用中，绝大多数有优势策略均衡的博弈往往只有唯一均衡，那么优势策略均衡实施几乎不受多重均衡的影响。贝叶斯均衡实施是相对比较弱的实施机制，每个参与者只有在别人都说真话的前提下才说真话。这个要求实际上比优势策略实施强很多，其代表的实施可信度下降。

在数学上，对于直接机制而言，优势策略实施需满足的条件是 $v_i(f(\theta_i, \theta_{-i}), \theta_i) \geq v_i(f(\hat{\theta}_i, \theta_{-i}), \theta_i)$，$\forall \hat{\theta}_i \in \Theta_i$，$\forall \theta_{-i} \in \Theta_{-i}$。贝叶斯纳什均衡需满足的条件是 $E_{\theta_{-i}} v_i(f(\theta_i, \theta_{-i}), \theta_i) \geq E_{\theta_{-i}} v_i(f(\hat{\theta}_i, \theta_{-i}), \theta_i)$，$\forall \hat{\theta}_i \in \Theta_i$，$\forall \theta_{-i} \in \Theta_{-i}$。两个式子的区别是前者没有期望符号，表示无论对手是否说实话，本方都说实话；后者有期望符号，表示前提为对手说实话时，本方才说实话。

（九）激励相容与著名的等价条件

激励相容的等价条件是机制设计理论中非常重要的结论。它以简单的数学形式对所有信息不对称条件下满足激励相容要求的机制给出了一般化的刻画。

根据显示性原理，只需讨论直接机制。在机制设计理论中，激励相容与可实施的直接机制含义相同。需要注意，在机制设计理论中一般把可实施的直接机制称为可真实实施机制。

如果一个机制可优势策略实施，那么也称为优势策略激励相容；如果一个机制可贝叶斯纳什均衡实施，则称为贝叶斯激励相容。由于优势策略实施是贝叶斯均衡实施的一个特例，我们主要介绍贝叶斯激励相容的等价条件。

在讨论激励相容的等价条件时，机制设计理论中很常用的设定是可行备选集合 X 包含两个部分：配置法则 y 与支付规则 m，有 $x(\theta) = (y(\theta), m(\theta))$。参与者的支付函数是拟线性效用函数 $u_i(y, m_i, \theta_i) = \theta_i y - m_i$，$m_i$ 是参与者的货币支出。

在以上设定下，贝叶斯激励相容条件的刻画非常简单，而且具有明显特点。

不妨记 $\bar{y}_i(\theta_i) = E_{\theta_{-i}}[y_i(\theta_i, \theta_{-i})]$ 表示给定参与者 i 的类型为 θ_i，该参与者从平均意义上获得的配置。如果是公共品的提供（比如修建桥梁），那么 y 可能表示修或不修；如果是项目负责人在团队中分配工作任务，那么 y 可能表示一定的任务量；在拍卖中，y 表示拍品如何在竞拍者中进行分配的方案。

记 $\bar{m}_i(\theta_i) = E_{\theta_{-i}}[m_i(\theta_i, \theta_{-i})]$，$U_i(\theta_i) = \theta_i \bar{y}_i(\theta_i) - \bar{m}_i(\theta_i)$，那么激励相容的等价条件是：

(a) $\bar{y}_i(\theta_i) = E_{\theta_{-i}}[y_i(\theta_i, \theta_{-i})]$ 是 θ_i 的非递减函数 （5.34）

(b) $U_i(\theta_i) = U_i(\underline{\theta}_i) + \int_{\underline{\theta}_i}^{\theta_i} \bar{y}_i(s)\, ds$。 （5.35）

用拍卖为例比较容易解释两个抽象条件的含义。条件（a）是指对于每一个竞拍者，自己的支付意愿越高，在拍卖中获得拍品的概率越大。条件（b）是每个竞拍者在拍卖中得到的期望支付由最低支付意愿情形下的效用和配置法则决定。该条件最著名的一个性质是，当不同的拍卖机制如果在真实实施的条件下产生的分配法则是相同的，那么这两种拍卖机制下，每个竞拍者的支付的区别仅由最低类型的效用决定。拍卖理论中非常著名的收入等价定理是这一性质的推论。

（十）迈尔森-萨特斯威特（Myerson-Satterthwaite）定理

迈尔森-萨特斯威特定理是机制设计理论中非常著名的一个结论。该定理指出，当买卖双方存在信息不对称时，假设卖方的成本分布区间是 $[\underline{s}, \bar{s}]$，买方的支付意愿是区间 $[\underline{b}, \bar{b}]$，即使卖方的成本区间与买方的支付意愿区间存在交集（为非空），也不可能有一个激励相容的机制保证买卖双方都自愿加入交易以及预算平衡。

此定理的含义是，当买卖双方都拥有一定的私人信息时，那么自愿的签约与讨价还价不可能穷尽所有的交易剩余。与之形成鲜明对照的是科斯定理，科斯定理强调，当不存在交易成本时，无论物品的初始产权属于哪一方，最后交易双方总是可以通过谈判或自愿签约穷尽所有可能的交易剩余。科斯定理指出自愿的签约与谈判可以保证经济效率。而迈尔森-萨特斯威特定理则指出当交易中存在信息不对称时，市场的自由签约不可能达到最有效的经济效率。

两个定理的对比说明在交易中信息不对称是重要的交易成本类别，正是信息不对称所带来的成本，阻止了买卖双方一些存在正剩余的交易。在前面对信息不对称的讨论中，我们知道当交易一方存在私人信息时，为了诱导真实信息，机制设计者（或交易对手）需要付出一定的代价（也称为信息租），当这个代价高于交易的剩余时，交易就无法通过自愿签约达成。

（十一）VCG 机制

由于弱优势策略实施是比贝叶斯均衡实施更稳健的解概念，经济学者热衷于寻找可弱优势策略实施的机制。著名的 VCG 机制就是拥有这种良好特性的直接机制，由威廉·维克里（William Vickrey）、爱德华·克拉克（Edward Clarke）和西奥多·格罗夫（Theodor Groves）三位经济学家逐步完善而成。

在 VCG 机制中，参与者的效用都是拟线性偏好，给定 $x(\theta) = (y(\theta), m(\theta))$，其中 $y(\theta)$ 是分配法则，$m(\theta)$ 是支付规则，参与者 i 的效用表示为 $u_i(y, \theta_i) + m(\theta)$。定义有效率的配置为

$$y^*(\theta) \in \arg\max_y \sum_{i=1}^N u_i(y, \theta_i), \quad \forall \theta \tag{5.36}$$

VCG 中最一般化的格罗夫机制是 N 个参与者都汇报自己的类型，一般把汇报的类型记为 $\hat{\theta}$。然后，机制设计者根据汇报的类型选择最优的配置 $y^*(\hat{\theta})$，参与者 i 的支付金额是 $m_i(\hat{\theta}_i) = \sum_{j \neq i} u_j(y^*(\hat{\theta}_i, \hat{\theta}_{-i}), \hat{\theta}_j) + h_i(\hat{\theta}_{-i})$。可以证明，在这种机制下，每个参与者汇报自己的真实类型是弱优势策略均衡。那么，格罗夫机制不仅可以得到最有效的配置结果，而且还可以保证此结果是非常稳健的。

克拉克机制也是非常著名的机制，它有一个著名的别称——"关键人机制"。克拉克机制可以看成是格罗夫机制的特例，当把格罗夫机制中一般函数 $h_i(\hat{\theta}_{-i})$ 确定为 $-\sum_{j \neq i} u_j(y^*_{-i}(\hat{\theta}_{-i}), \hat{\theta}_j)$ 时得到克拉克机制。在克拉克机制中支付

$$m_i(\hat{\theta}_i) = \sum_{j \neq i} u_j(y^*(\hat{\theta}_i, \hat{\theta}_{-i}), \hat{\theta}_j) - \sum_{j \neq i} u_j(y^*_{-i}(\hat{\theta}_{-i}), \hat{\theta}_j) \tag{5.37}$$

该式有非常好的经济解释。该式第一项 $\sum_{j\neq i}u_j(y^*(\hat{\theta}_i,\hat{\theta}_{-i}),\hat{\theta}_j)$ 表示当配置结果按照 N 个参与者的有效配置法则 y^* 安排时，所有其他人得到的效用（未考虑支付），第二项 $\sum_{j\neq i}u_j(y^*_{-i}(\hat{\theta}_{-i}),\hat{\theta}_j)$ 表示配置结果按照除参与者 i 之后的 $N-1$ 个参与者的有效配置法则 y^*_{-i} 安排时，所有其他人得到的效用（未考虑支付）。两项相减时存在两种可能，其一是参与者 i 没有改变其他人的共同选择，则支付是零；其二是参与者 i 改变了其他人的共同选择，$y^*(\hat{\theta}_i,\hat{\theta}_{-i})\neq y^*_{-i}(\hat{\theta}_{-i})$，那么参与者 i 需按支付公式对其他参与者的损失给予补偿。这与外部性的矫正方式是类似的，当一个人的行为对其他人的福利带来一定负面影响时，行为人需要按照负面影响的具体情况给予补偿才能达到经济效率。从这个意义上，VCG 机制也称为"外部性价格"机制。

维克里机制就是下面将要介绍的密封二价拍卖，所有竞拍者在密封的信封中写下自己的竞拍价格，拍卖者将拍品转让给最高出价者，得到拍品的竞拍者支付所有竞拍价格的第二高价。很显然，维克里机制是克拉克机制的特例，得到拍品的竞拍者是"关键人"。根据克拉克机制，支付规则分为两部分，第一部分是在包括"关键人"的情况下最优配置时其他竞拍者的支付总和，第二部分是不包括"关键人"的情况下最优配置时其他竞拍者的支付总和。在维克里机制中，第一项等于零，第二项在数值上等于其他所有竞拍者中的最高支付意愿，说明维克里机制符合克拉克机制的要求，所以维克里机制的均衡也是弱优势策略均衡。

六、拍卖理论

简单而言，拍卖是一种市场销售方式，市场由拍卖方与竞拍者组成。拍卖方有一个或多个物件售卖，竞拍方是众多潜在需求者。拍卖方事先公布拍卖规则，主要是拍卖的流程、优胜者的选择方式以及所有竞拍者所需要支付的费用。

同为市场机制，但拍卖与普通市场有较明显区别。很多市场都有大量的卖方与买方，这些市场由自然形成的供给与需求决定市场交易。拍卖则主要出现在只有一个卖方的情形，而且拍卖与常见的垄断现象也有一定的区别，就是拍卖的商品数量十分有限，甚至常常只有一件拍品可供购买。

现实中，拍卖机制十分常用，比如古董、字画等市场常用拍卖，不少国家和地区的电信特许经营权也常常是在市场拍卖。在金融市场上，债券利率的交易也越来越多地使用拍卖机制。随着网络兴起，在网络搜索市场上开始流行广告竞位拍卖。随着拍卖的实际应用越来越广泛，拍卖理论的研究从20世纪60年代开始迅速发展，尤其是把拍卖理解为一种博弈过程，拍卖规则的设计看成机制设计的应用后，人们对于拍卖的理解也越来越深入。

（一）常见的拍卖形式

对应现实中采用的拍卖，我们一般把以下四种常见拍卖称为"标准拍卖"。

密封一价拍卖：所有竞拍者在密封的信封中写下自己的竞拍价格，拍卖者将拍品转让给最高出价者，得到拍品的竞拍者支付自己出的竞拍价格。比如有 N 个竞拍者，所有的报价组合是 $(b_1, b_2, \cdots, b_N)$，其中 b_i 表示竞拍者 i 的出价或竞价。如果 $b_k = \max(b_1, b_2, \cdots, b_N)$，那么竞拍者 k 将得到拍品，支付的价格就是 b_k。

密封二价拍卖：所有竞拍者在密封的信封中写下自己的竞拍价格，拍卖者将拍品转让给最高出价者，得到拍品的竞拍者支付所有竞拍价格的第二高价。比如有 N 个竞拍者，所有的价格组合是 $(b_1, b_2, \cdots, b_N)$，其中 b_i 表示竞拍者 i 的出价或竞价。如果 $b_k = \max(b_1, b_2, \cdots, b_N)$，那么竞拍者 k 将得到拍品，支付的价格是 $\max b_{-k}$，其中 b_{-k} 表示所有其他竞拍者出价的最高值。

英式拍卖：也称为升价拍卖。拍卖方从一个非常低的价格开始连续往上升。每个竞拍者随时汇报自己是否还留在竞拍市场上，一旦离开市场则不能重新进入。直到市场最后留下一名竞拍者，价格上升结束。此时优胜方是最后留在市场的竞拍者，支付的费用等于价格停止上升时的数值。

荷兰式拍卖：也称降价拍卖。拍卖方从一个较高的价格开始连续往下降。直到某个竞拍者申明价格停止下降。此时优胜方是"叫停"的竞拍者，支付费用为价格停止下降时的数值。

除了上述四种所谓的"标准拍卖形式"之外，还有一种也较常见的拍卖，称为全支付拍卖（all-pay auction）。它与密封一价拍卖很类似，所有竞拍者提交自己的竞价，最高出价者得到拍品。在支付费用方面，除了优胜者支付自己的出价外，所有其他竞拍者都需要支付一笔与自己出价相等的费用。

（二）拍卖行为分析

对于所有的拍卖形式，包括标准拍卖，一般都在独立私人价值假设下研究，也就是竞拍者的类型（对拍品的支付意愿或评价）是私人信息，所有竞拍者类型的分布相互独立。

在密封一价拍卖中，假设有 N 个竞拍者，每个人的支付意愿 θ 服从 $[\underline{\theta}, \overline{\theta}]$ 上的分布 $F(\cdot)$。在密封一价拍卖规则下，竞拍者 i 的策略是 $s_i: [\underline{\theta}, \overline{\theta}] \to B_i$，其中 B_i 是竞价空间。因为一般支付意愿越高，竞价越高，那么策略是严格增函数。

设竞拍者对称的均衡策略是 $s(\theta) = b$，那么给定竞拍者的评价为 θ，其优化问题是：

$$\max_b \left[F(s^{-1}(b)) \right]^{n-1} \times (\theta_i - b) \tag{5.38}$$

其中 $\theta_i - b$ 是得到拍品的净效用，$\left[F(s^{-1}(b)) \right]^{n-1}$ 是得到拍品的概率。求解得到一阶条件：

$$-\left[F(s^{-1}(b)) \right]^{n-1} + (n-1)\left[F(s^{-1}(b)) \right]^{n-2} f(s^{-1}(b)) \frac{\mathrm{d} s^{-1}(b)}{\mathrm{d} b}(\theta_i - b) = 0 \tag{5.39}$$

化简并求解一阶条件的常微分方程得到

$$s(\theta) = \theta - \frac{\int_{\underline{\theta}}^{\theta} \left[F(x) \right]^{n-1} \mathrm{d} x}{\left[F(\theta) \right]^{n-1}} \tag{5.40}$$

式 5.40 虽然比较复杂，但是已经能看出一价拍卖非常重要的一个特点：竞拍者的出价低于自己真实的支付意愿。其中的经济直觉很简单，如果竞拍者按照自己的真实评价出价，那么即使赢得了拍品，获得的净效用也只是等于零。如果比真实评价稍低一点，获得拍品后得到正的效用。

密封二价拍卖中，$s(\theta) = \theta$ 是所有竞拍者的弱优势策略均衡，意味着每个买家都以自己真实的支付意愿竞价。因为竞拍者如果以低于真实支付意愿报价，那么所有其他对手的最高竞价共有三种情况。第一种，其他对手的竞价低于此买家。第二种，其他对手的竞价高于此买家。第三种，其他对手的竞价介于此买家竞价与他的真实支付意愿之间。

在第一种情况下，买家得到拍品。当然，报真实支付意愿也能获得拍品，低于真实支付意愿的报价和诚实报价之间效用相等。在第二种情况下，买家得不到拍品，不过报真实支付意愿也得不到拍品，低于真实支付意愿的报价和诚实报价之间效用相等。在第三种情况下，买家得不到拍品，效用等于零，但是报真实支付意愿可以得到拍品，效用大于零。低于真实支付意愿的报价不如诚实报价的效用。如果此买家以高于自己真实支付意愿的竞价参加拍卖，分析类似。以上三种情形穷尽了一切可能，因此报真实支付意愿是第二价格拍卖中的弱优势策略。

荷兰式拍卖与密封一价拍卖在策略上等价，英式拍卖与密封二价拍卖在均衡上都存在弱优势策略，也是等价的。对于独立私人价值的情形，四种标准拍卖行为的研究可以简化为密封一价和密封二价两种形式。

(三) 拍卖机制

给定拍卖形式，我们可以刻画拍卖的均衡策略。有些非常现实的问题涉及拍卖形式未知的情况，这种问题的讨论比求解某种已知拍卖的均衡更困难，比如拍卖方希望拍卖的收入最大化，那么哪种拍卖形式是最优的？还有一些问题，我们不知道拍卖的具体细节，但是知道拍卖的结果，比如拍品由真实支付意愿最高的竞拍者得到，最低支付意愿的竞拍者支出的费用为零，在理论上满足这种拍卖结果的拍卖形式有很多，如密封一价拍卖与密封二价拍卖，我们希望了解所有拍卖结果相同但是拍卖具体流程不同的拍卖形式，哪种收入是最大的？所有这些问题看起来非常困难，不过把它转化成机制设计问题后，问题就变得简单了。

首先，我们需要区分直接拍卖机制与间接拍卖机制。直接拍卖机制下，拍卖方要求竞拍者汇报自己的类型，然后拍卖方根据汇报的类型做出分配决定。间接机制下，拍卖方要求竞拍者汇报自己的出价，然后拍卖方根据竞拍者的出价做出分配决定。实际上，直接拍卖机制与间接拍卖机制是机制设计理论中的直接机制和间接机制的特例。

将机制区分为直接机制与间接机制非常重要。因为，现实中采用的拍卖往往是间接机制，而理论研究常常关注更为简单的直接机制。比如现实中常见的四种标准拍卖形式严格意义上都属于间接机制。在所有现实拍卖机制中，容易产生误解的是密封二价拍卖，它经常被认为是直接机制。实际上，密封二价的竞拍者并没有汇报自己的类型，汇报的是出价，因为竞拍者的均衡出价总是等于自己的真实支付意愿，所以容易被认为是直接汇报了支付意愿。

其次，我们需要了解，尽管直接机制在现实中不常见，但是研究直接机制并不意味着间接机制被完全忽略了。实际上任何间接机制，都可以转化为一个在均衡结果上等价的激励相容的直接机制（或者说真话的直接机制）。这是博弈均衡所决定的，给定一个间接机制，其贝叶斯纳什均衡一定导向某个结果。由于均衡策略是与博弈者类型相关的，我们可以把博弈设计为等价的直接机制，让博弈者报出自己的类型，然后按照间接机制的均衡导引结果。以著名的间接机制——密封一价拍卖为例，假设所有竞拍者的类型服从 [0，1] 之间的均衡分布。所有竞拍者的均衡出价是 $b(\theta) = \theta\left(\frac{N-1}{N}\right)$，拍卖的结果是最高出价者得到拍品，所出价格是 $b(\theta)$。现根据均衡策略可以构造出在结果上等价的直接拍卖机制，具体细节是竞拍者都汇报自己的支付意愿，支付意愿最高者得到拍品，其支付的价格等于系数 $\frac{N-1}{N}$ 乘以所报的支付意愿。显然，这个直接机制分配法则与费用情况与密封一价拍卖完全一样。

机制设计理论中著名的"显示原理"就是建立在间接机制可以转化为激励相容的直接机制的结论上。根据显示原理，对于任何一个目标，如果我们不能通过某激励相容的直接机制实现，那么就不必在无穷无尽的间接机制中寻找。

对于最优拍卖机制的研究，显示原理的作用非常大。显示原理保证了我们在研究中只需要关注非常简单的激励相容直接机制，最优的直接拍卖机制不仅代表了所有激励相容的直接机制，而且代表了所有可实施的间接拍卖机制。

最后，我们严格刻画直接拍卖机制。有 N 个竞拍者，竞拍者 i 的支付意愿 θ_i 服从分布函数 F_i。每个竞拍者汇报自己的支付意愿。拍卖方根据汇报的支付意愿，确定拍品的分配法则，表示为

$$q_1(\theta_1,\cdots,\theta_N),\cdots,q_N(\theta_1,\cdots,\theta_N) \tag{5.41}$$

其中 $(\theta_1,\cdots,\theta_N)$ 是所有汇报的支付意愿，$0 \leqslant q_i(\theta_1,\cdots,\theta_N) \leqslant 1$ 表示竞拍者 i 汇报支付意愿 θ_i、其他人汇报 θ_{-i} 后获得拍品的概率，有 $\sum_{i=1}^{N} q_i(\theta_i,\theta_{-i}) \leqslant 1$。

拍卖方确定的支付法则是

$$t_1(\theta_1,\cdots,\theta_N),\cdots,t_N(\theta_1,\cdots,\theta_N) \tag{5.42}$$

其中，$t_i(\theta_1,\cdots,\theta_N)$ 表示竞拍者 i 汇报支付意愿 θ_i、其他人汇报 θ_{-i} 后需要支付的费用。

竞拍者 i 的效用等于支付意愿期望减去费用，为 $u_i(\theta_i,q_i,t_i) = \theta_i q_i - t_i$。

（四）最优拍卖机制

所谓最优拍卖机制问题是拍卖方在拍卖一件物品时，哪种拍卖形式可以最大化拍卖方的期望收入。理论上，拍卖方可以选择的拍卖形式是无穷的，不过根据显示原理，我们只需要考虑一类特殊的机制。

我们考虑激励相容的直接机制。根据前述直接机制的刻画，可得竞拍者 i 类型为 θ_i 时赢得拍品的概率为 $Q_i(\theta_i) = E_{\theta_{-i}} q_i(\theta_i,\theta_{-i})$，支付的费用为 $T_i(\theta_i) = E_{\theta_{-i}} t_i(\theta_i,\theta_{-i})$。竞拍者 i 的期望效用为 $U_i(\theta_i) = \theta_i Q_i(\theta_i) - T_i(\theta_i)$。

拍卖方的目标是最大化期望收入，也就是最大化 $\sum_{i=1}^{N} E_\theta t_i(\theta)$。因为说真话的直接机制满足著名的激励相容条件，代入后可以得到

$$E_\theta t_i(\theta) = \int_{\underline{\theta}_i}^{\bar{\theta}_i} \left[\theta_i Q_i(\theta_i) - U_i(\underline{\theta}_i) - \int_{\underline{\theta}_i}^{\theta_i} Q_i(s)\,\mathrm{d}s \right] f_i(\theta_i)\,\mathrm{d}\theta_i \tag{5.43}$$

化简得到

$$E_\theta t_i(\theta) = E_\theta \theta_i q_i(\theta_i, \theta_{-i}) - U_i(\underline{\theta}_i) - \int_{\underline{\theta}_i}^{\bar{\theta}_i} \left[\int_{\underline{\theta}_i}^{\theta_i} Q_i(s) \, \mathrm{d}s \right] \mathrm{d}F_i(\theta_i)$$

(5.44)

上式最后一项分部积分后得到

$$E_\theta \left[\left(\theta_i - \frac{(1 - F_i(\theta_i))}{f_i(\theta_i)} \right) q_i(\theta_i, \theta_{-i}) \right] - U_i(\underline{\theta}_i) \quad (5.45)$$

那么，拍卖方的期望收入

$$\sum_{i=1}^n E_\theta t_i(\theta) = \sum_{i=1}^n E_\theta \left[\left(\theta_i - \frac{(1 - F_i(\theta_i))}{f_i(\theta_i)} \right) q_i(\theta_i, \theta_{-i}) \right] - \sum_{i=1}^n U_i(\underline{\theta}_i)$$

(5.46)

令 $J_i(\theta_i) = \left(\theta_i - \frac{(1 - F_i(\theta_i))}{f_i(\theta_i)} \right)$，在拍卖理论中 $J_i(\theta_i)$ 是著名的"虚拟报价"，它一般假设为增函数。观察拍卖方的期望收入，它的第一项实际上是每个竞拍者虚拟报价的加权平均数，其权重是 q_i。由于拍卖方的期望收入是虚拟报价的线性组合，那么最大值一定是赋予最高虚拟报价所有的权重，其他虚拟报价的权重为零。第二项是一个非负的常数，最大化期望收入时，必然有 $U_i(\underline{\theta}_i) = 0$。当然，虚拟报价还必须大于零，不然，拍卖方可以将拍品保留给自己。再次应用激励相容的条件，可以得到获得拍品的竞拍者支出的费用等于竞拍者第二高的真实支付意愿。综上，最优的拍卖机制就是

$$\begin{aligned} q_i(\theta_i, \theta_{-i}) &= 1, \quad J_i(\theta_i) > \max\{0, J_{k \neq i}(\theta_k)\} \\ q_i(\theta_i, \theta_{-i}) &= 0, \quad \text{else} \\ U_i(\underline{\theta}_i) &= 0 \\ t_i(\theta_i, \theta_{-i}) &= \max_{k \neq i}(\theta_k) \end{aligned}$$

(5.47)

由于虚拟报价是单调的，那么最大的虚拟报价等价于最高真实支付意愿。考虑到这一点，最优拍卖机制的含义非常符合经济直觉，报出最高支付意愿的竞拍者得到拍品，所有竞拍者是最低类型时，其效用等于零。得到拍品的支付是其他竞拍者汇报的最高支付意愿。

理论上求得的最优拍卖机制与现实中的密封二价拍卖非常相似。假设

竞拍者 i 是优胜者,然后令 $J_i(\theta^*)=0$,说明优胜者的虚拟报价最低值应该是 θ^*。现实中,拍卖方有时候会预先公布一个底价,只有当最高出价不小于底价时,才会转让拍品。将底价视为理论最优拍卖机制的 θ^*,那么前面理论上的最优拍卖机制其实就是现实中常见的有底价的密封二价拍卖。理论结论在一定程度上解释了,为何现实中常常采用有底价的密封二价拍卖或与其等价的英式拍卖。

(五)收入等价定理

在最优拍卖机制的研究中,我们可以解释密封二价拍卖为何流行,但是该如何解释其他常见的拍卖形式呢?尤其是当我们已经知道密封二价拍卖是期望收入最高的形式后,现实中还存在其他常见的拍卖形式就更是一个谜团了。

收入等价定理不仅是拍卖理论中最重要的发现之一,而且是解释这个谜团的主要理论根据。它说明了当拍卖满足一些特定的性质时,不同的拍卖流程或形式在期望收入上是相同的。

在显示原理的论证中,我们知道给定任何一种拍卖方式,都可以得到等价的激励相容的直接机制,因此,对于拍卖的收入,还是可以将注意力放在激励相容的直接拍卖形式上。引用最优拍卖机制的结论,任何激励相容的直接拍卖机制的期望收入为

$$\sum_{i=1}^{n} E_\theta t_i(\theta) = \sum_{i=1}^{n} E_\theta \left[\left(\theta_i - \frac{(1-F_i(\theta_i))}{f_i(\theta_i)} \right) q_i(\theta_i, \theta_{-i}) \right] - \sum_{i=1}^{n} U_i(\underline{\theta}_i) \tag{5.48}$$

根据上式,参与者 i 的期望支出是

$$E_\theta \left[\left(\theta_i - \frac{(1-F(\theta_i))}{f(\theta_i)} \right) q_i(\theta_i, \theta_{-i}) \right] - U_i(\underline{\theta}_i), \tag{5.49}$$

所有参与者期望支出之和是拍卖方的期望收入。在参与者 i 的期望支出的式 5.49 中,所有函数可分为外生与内生两类。分布密度与分布函数都是外生的,它们决定了期望算子 E_θ;分配法则和最低类型的效用水平都是由具体的拍卖规则决定的,它们属于内生因素。很显然,只要是外生因素,那么它们就一定与任何具体的拍卖形式没有关系,那么影响一个竞拍者期望

支出的就是所有的内生因素。当不同的拍卖形式产生的内生因素相同时，一定说明在这些拍卖中，竞拍者的期望支出无差异，拍卖方的期望收入无差异。

在密封一价拍卖中，根据所有竞拍者的均衡竞价行为，由于竞拍者的竞价是支付意愿的严格增函数，那么物品的配置一定是由最高支付意愿者得到，同时其他所有竞拍者的支付为零。在密封二价拍卖中，由于所有竞拍者都汇报真实支付意愿，物品的配置也是由最高支付意愿者得到，其他竞拍者的支付为零。通过比较可以得到，密封一价拍卖与密封二价拍卖的期望收入一定相等。

收入等价定理在经济直觉上似乎有些矛盾。密封一价拍卖中，拍卖方得到的是全场最高价格，而在密封二价拍卖中，拍卖方得到的是全场第二高价格，从直觉上前者的拍卖收入应该高于后者。出现这种错觉的原因是没有考虑到不同拍卖形式下，竞拍者的策略有区别。在密封一价拍卖时，竞拍者叫价越高，支付越高，那么竞拍者都有压低意愿报价的激励；在密封二价拍卖时，竞拍者的叫价与自己的支付没有直接关系，竞拍者在报价上更为积极。

收入等价定理不仅适用于四种标准拍卖，其他拍卖形式只要满足在分配法则与最低类型的效用上与标准拍卖无区别，那么其拍卖收入一定也无区别。其他比较著名的拍卖形式包括全支付拍卖（all-pay auction）和密封三价拍卖：所有竞拍者在密封的信封中写下自己的竞拍价格，拍卖者将拍品转让给最高出价者，得到拍品的竞拍者支付所有竞拍价格的第三高价。

（六）赢者的诅咒与收入不等价

收入等价原理的确可以很好地解释现实中各种不同的拍卖机制共存。不过，也有一些现象无法用收入等价解释，比如欧洲、美国对电信牌照的拍卖，大量专家对拍卖进行了非常细致的设计。如果各种拍卖机制的收入无差异，有什么必要设计复杂的拍卖机制呢？

要解释这个疑惑，我们必须要放松拍卖的前提假设。以上拍卖理论都假设拍品对每个人是私人价值，没有考虑竞拍者对拍品的评价有一定关联。当放松私人价值假设后，竞拍者的评价可能存在关联，每个竞拍者知道拍品价值不仅和自己的信息有关,而且和其他人的信息有关,不同的拍卖形式,竞拍者获得其他人的信息存在差异,这些差异影响竞拍者的出价,也影响了拍卖人的收入。

在关联评价中最简单的情形是公共价值,表示每个竞拍者对拍品的评价是完全一样的,但是每个竞拍者只知道拍品价值的分布。同时,每个竞拍者都可能获得一些关于公共价值的私人信号,信号越高表示公共价值越高。

公共价值常用的例子是多家企业竞标一个油田,油田具体的价值是随机变量,但是无论油田价值是多少,在事后每个企业对同一个油田的评价肯定是相同的。每个企业都可能有一些评估价值的方法,比如有的企业善于从土壤条件判断油田价值,有的企业善于从地质的历史渊源判断油田价值,总之每个企业都可以获得一些关于油田价值的信号。

对于上述公共价值情形,将出现著名的现象——"赢者的诅咒"(Winers' Curse)。其含义是,竞拍者在收到自己的信号后可以估计油田的期望价值,而获得拍品的优胜者在优胜条件下获得的油田的期望价值小于根据自己信号估算的价值。实际上"赢者的诅咒"就是逆向选择现象,每个人都获得部分有关拍品价值的信号,所以每个人的出价都反映了部分拍品的价值,当一个竞拍者获得拍品时,一定发现其信号是所有竞拍者中最乐观的估计。就像逆向选择一样,只有当其他人的估计都没有优胜者乐观时,此拍卖者才能成为优胜者,这意味着一旦获得优胜,那必然说明拍品的期望价值不及优胜者的出价。

在公共信息拍卖中,由于存在"赢者的诅咒",那么理性的竞拍者将充分考虑到自己可能在优胜时高估拍品价值的情况,适当降低自己的报价。不同的拍卖形式,竞拍者得到的信息是不同的,信号之间的关联度也不同,为减轻"赢者的诅咒",竞拍者校准报价的激励也不同,拍卖方收到的收入很可能不相同。一般而言,在拍卖中,竞拍者的信号联系得越紧密,拍卖机制对于低信号的"筛选"就越多,逆向选择的程度就越低,优胜方获得拍品的高估程度就越小,由此所有竞拍者压价程度就没那么严重,拍卖方获得的拍卖收入更高。在密封一价拍卖下,竞拍过程对低估值情形没有任何"筛选",竞拍者的报价行为是较为谨慎保守的;在密封二价拍卖中,由于竞拍者支付的是第二高价,它至少将最乐观的报价"过滤"了,竞拍者的出价相对积极一些;当采用英式拍卖时,实际拍卖中不断有竞拍者退场,这相当于把低信号都"筛选"出去了,逆向选择得到了很大程度的克服,竞拍者的出价较为积极。正是因为这三种不同的拍卖形式下,竞拍者的出价激励是逐步递增的,对应的拍卖方的收入也是递增的:密封一价拍卖的期望收入弱劣于密封二价拍卖,而密封二价拍卖的期望收入弱劣于英式拍卖。

现实中,很多拍卖标的具有关联价值特征,比如古董、字画,一个竞拍者不仅考虑自己的评价,还需要考虑转手后的价值,也就是需要考虑其他人对拍品的评价;还有矿场、各种特许经营牌照,其事后价值对所有人是一样的。对这些具有关联价值的拍卖,不同的拍卖方式带来的收入不同,拍卖方需要仔细考虑价值关联对竞价的影响后再设计拍卖形式。

第六章

微观经济学前沿（二）：
制度的经济分析

　　罗纳德·科斯在1991年荣获诺贝尔经济学奖时讲道："如果分析生产中使用产品以及要素的权利而不是分析产品以及要素，那么经济分析的力度以及精确度都将提高。"这段话很好地总结了微观经济学从20世纪50年代开始在分析路径上出现的重要转折。

　　在科斯之前，微观经济学是一门关于"选择"的学科。价格机制是引导选择最重要的信号，消费者根据价格做出选择，使得商品的边际替代率等于商品的相对价格；生产者根据利润最大化的产量，根据边际技术替代率等于要素相对价格选择所需投入的要素组合。尽管经典微观经济学很好地刻画了价格机制的作用，但是忽视了交易的制度基础比如产权，因而不能回答企业是什么、产权如何配置以及企业的边界等问题。科斯及其后的"新制度经济学"学者开辟了另外一条道路，将经济分析的重点从"选择"转向"权利"和"契约"，对于这些学者而言，产品或服务的交易意味着一组附属的有关权利的交换，研究权利交换的契约属性和其中的交易成本，有助于理解制度的运行规律。

第一节 外部性争议与科斯定理

一、外部性争议与权利的界定

外部性是指经济交易双方的交易过程,包括生产和消费等阶段的行为对交易的局外人产生了影响,这个影响既可能提高局外人的福利也可能降低局外人的福利。

外部性常以工厂污染为例。比如在一条河流的下游是渔场,上游是钢铁厂。钢铁厂在生产中排放污水,使得下游的渔场水质被污染,渔场的产出价格与数量都可能下降,经济利益被影响。由于外部性的存在,钢铁生产的私人成本与社会成本是不一致的,前者是通常意义上企业在生产钢铁中发生的成本,主要包括各种投入的成本,后者是钢铁生产对渔场的污染成本。在传统的分析中,市场上钢铁的产量使得私人边际成本与市场对钢铁的边际支付意愿相等,由于私人边际成本没有纳入污染成本,它必然小于钢铁生产的社会边际成本,这就导致钢铁的产量过多,多于社会福利最大化的产量水平。此时,存在一种简单的办法提高经济效率,即政府根据污染成本的大小对钢铁厂征收污染税,使钢铁厂的含税成本等于社会成本,钢铁的产量达到理想的最优水平。

以上对外部性的传统分析曾长期占据主流地位,并明显影响了人们对政府在市场中职能的认识。根据分析,在有外部性的情况下,自由市场并不能优化资源配置,政府的介入可以提高资源配置效率。基于此,长期以来,在论证市场与政府之间的边界时,外部性是非常重要的引入政府干预经济的理由之一。

科斯在著名的论文《社会成本问题》中以一个牛群吃麦子的例子对外部性提出了不同的观点[①],认为外部性导致市场失灵的传统分析存在一些

---

① R. H. Coase, "The Problem of Social Cost", *Journal of Law and Economics*, Vol. 3, 1960, pp. 1-44.

问题。在论文中，科斯先假设麦子的所有权属于种植者，那么牧牛者将会"支付"一定的费用让种植者允许牛群吃一部分麦子。只要吃麦子的边际收益大于种植者的边际成本，牧牛者都将支付有关费用，直到边际收益与边际成本相等。上述等边际条件决定了种植者将围栏建在什么位置。毫无疑问，这个交易中，资源配置是有效的。在论文中，科斯又换了一个产权配置方式，假设牧牛者拥有产权，其牛群可以随意吃麦子。似乎在这种产权结构下，资源的配置将会扭曲，因为牛群吃麦子的数量不再是由边际收益等于麦子边际成本决定，而是由边际收益等于零的条件决定，因为牧牛者不会考虑牛群吃麦子的"外部性"，这说明牛群的产量将高于社会最优量。但是，科斯接下来的分析表明资源的配置效率没有任何变化，还是最优的。因为，当麦子损失的边际成本高于牛群吃麦子的边际收益时，种植者将支付费用给牧牛者控制牛群，最终栏杆建造的位置不会变化。

以上分析就是"科斯定理"的核心逻辑：当交易费用等于零（在牛群吃麦的例子中，交易费用为零是指双方协商成本为零），如果产权的界定清晰，那么无论初始权利的配置如何，资源的配置效率都不受影响。

科斯定理与传统分析的重要区别有两点。第一，传统分析认为外部性是导致市场资源配置失效的原因，而科斯则认为真正的原因是有关的权利界定不清。第二，根据传统的分析，当出现外部性时，政府介入经济可以提高效率。根据科斯定理的分析，即使存在外部性，政府也不一定需要直接介入经济事务，而是可以着眼于将有关产权界定清晰。两种思路对政府职能的建议是有区别的，科斯定理认为政府的职能不是参与经济运行，而是打造经济运行的制度环境。

二、一个制度分析的著名例子：佃农理论

"科斯定理"打开了一条制度分析的道路，这条道路有两个层面。第一层面是交易成本等于零的情况，这是科斯分析牛群吃麦子采用的假设，是最简单的情形。第二层面是交易成本大于零的情形，这是非常复杂的情形，下面将逐步展开有关分析。

以交易成本等于零作为制度分析的起点是合适的，可以暂时避开较为

复杂的交易成本大于零的情形，将注意力放在清晰的权利界定与经济效率之间的关系上。清晰的权利界定必然导致经济效率似乎是显而易见的关系，但是有关农业收入分配制度的误解表明，两者之间的关系不像看起来那样显然。

土地所有者有两种受益方式，其一是从市场上雇佣农民生产，土地所有者支付市场工资给农民；其二是将土地租给农民，然后收取地租，收取地租的方式主要有固定地租与分成地租。利用图 6-1 可以分析每种情况下资源的配置与收入的分配。

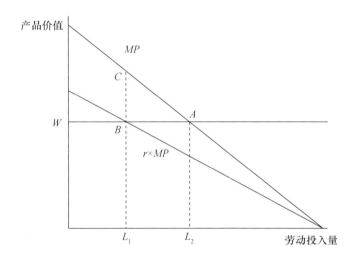

图 6-1

图 6-1 中的横轴是给定一块地的面积投入的劳动量或劳动时间。纵轴是产品价值，为简单起见将产品价格标准化，工资是以产品表示的实物量。劳动的边际价值就是边际产量曲线 MP，由于边际产量递减的规律，MP 曲线向下倾斜。W 表示市场上农民的工资率。

当土地所有者以雇佣方式生产时，将雇佣 L_2 的劳动量，此时劳动的边际产出等于边际成本，劳动资源的配置达到最优。农民得到的单位收入是 W，总收入是 $W \times L_2$，土地所有者得到的总收入是工资线与 MP 曲线所围的三角形。

当土地所有者采用固定地租时，根据上述分析，固定地租一定等于工

资线与 MP 曲线所围的三角形，佃农将投入 L_2 的劳动量，农民得到的总收入是 $W \times L_2$，单位收入是 W。资源的分配与雇佣方式没有区别，是有效率的。

当土地所有者采用分成地租时，假设双方议定的分成率是 r，那么佃农租地之后留下来的收成比例是 r，那么意味着农民在增加劳动量时，自己的份额是 $r \times MP$。如图 6-1，曲线 $r \times MP$ 与工资线的交点决定了劳动最优的投入量是 L_1，因为再增加劳动的投入，农民的边际收益小于边际成本。分成地租情况下，农民的投入明显低于最优投入量，劳动资源的配置出现扭曲。资源配置引起的效率损失是图中三角形 ABC。分成地租引起无谓损失并不难理解，因为分成地租等价于对农民的边际产出征收了比例税，所以导致了比例税的无谓损失。

长久以来，以上分析是学界共识，固定地租比分成地租更有效率。直到 20 世纪 60 年代，张五常发表了著名的《佃农理论》，指出了以上分析存在的错误。[①] 张五常认为，土地所有者拥有明晰的土地产权，不会无视土地价值白白流失。以上对于分成地租的分析忽略了土地所有者与农民之间签订的合约可以包括很多条款，不仅仅包含一个分成率。在合约中，土地所有者不仅可以与农民签订分成率 r，还可以规定农民的劳动投入量。一个备选的合约是，土地所有者规定农民必须投入 L_2 的劳动量，然后再拟定一个分成率 r，使得农民得到的总收入等于 $W \times L_2$。首先，这个合约是可行的，因为农民拒绝合约得到的单位收入是 W，接受合约得到的单位收入也是 W，两个选择无差异，农民可以接受合约。对于土地所有者，提供这份合约将得到最大可能的地租，也就是得到工资线与 MP 曲线所围的三角形。其次，这个合约使得资源配置没有任何扭曲。因为，从社会角度看，劳动的边际收益（土地所有者加上农民）等于劳动的边际成本，资源的配置与固定地租没有区别。

对于分成地租，如果假设分成率不变，传统分析并没有错误，但张五

---

① Steven N. S. Cheung, *The Theory of Share Tenancy*, Chicago: University of Chicago Press, 1969, pp. 42-51.

常的分析明显更具洞见。两种分析表面上是对合约的假设不同,前者认为合约仅包括分成率条款,而后者认为合约具有丰富的结构。而实质上,两者的区别是巨大的,前者的分析属于典型的价格理论分析方式,也就是假设价格运行的制度背景是既定的,进而讨论资源的选择。而后者则是从资源的权利交换出发,考察拥有清晰产权的交易双方的交易特点。在分成合约中,传统分析得出资源配置出现无谓损失,而张五常认为,既然土地资源与劳动力都有清晰的界定,市场的自由签约一定穷尽所有可能的剩余。佃农理论的例子生动地支持了科斯的论断:从权利交换角度考虑问题的分析高度高于从产品或服务交换角度考虑问题的分析高度。

第二节 科斯定理与交易成本

一、交易成本概念的辨析

在第二章,交易成本作为重要的制度经济学概念已经做了介绍。不过,那只是概念性的介绍,在本章,我们的讨论将更为深入,目的是通过对交易成本概念的全面辨析,阐释交易成本真正的重大意义是提出了一个制度分析的范式。

交易成本的概念是错综复杂的,迄今也还没有统一的定义。[1] 为何交易成本概念不像其他经济学概念,比如机会成本一样有明确的界定?为何存有争议的概念还能发展成一个制度分析的范式?将来有没有可能严格界定交易成本概念?对于这些问题的辨析需从交易成本概念的产生说起。

科斯在1937年发表的《企业的性质》现在已经是制度经济学中的经典作品,交易成本的概念正是因为这篇名作而进入经济学研究。有意思的是,科斯在论文中并没有使用"交易成本"的称呼,而且科斯似乎也没有意图确定一个新的经济学概念。在论文中科斯提出了一个非常重要的问

---

[1] 方钦:《经济学制度分析的源流、误识及其未来》,载《南方经济》2018年第12期,第98—128页。

题：既然价格机制或者市场可以有效率地完成资源配置，为何还存在企业？科斯认为，价格体系的运行有成本，有时候企业内部用指令配置资源的成本更低。

可见，科斯原作仅仅是宽泛地界定了价格体系的运行是有成本的，而且总是用具体的例子表现价格体系的成本，比如"合约成本"和"组织生产的成本"等。其后，不断有学者跟进制度分析，很可能需要对繁多的与交易环节有关的成本进行统一，于是演化出来"交易成本"这个特定的称呼。比如著名的制度经济学大师德姆塞茨、艾尔钦20世纪60年代初的作品中都没有出现"交易成本"的说法，这种说法是后来才慢慢使用的。

尽管，称呼渐渐统一为"交易成本"，但是其外延与内涵远没有一致。艾尔钦与德姆塞茨在著名的论文《生产、信息成本与经济组织》[①] 一文中认为交易成本主要是信息成本，巴泽尔关于交易成本的定义比较宽泛，包括缔约成本、合约的监督成本以及度量成本。交易成本经济学大师威廉姆森认为交易成本主要是有限理性下无法预知未来，从而在合约签订后由于机会主义行为导致各方讨价还价的成本。张五常是制度经济学领域的一位重要学者，他对于交易成本的定义随着时间而不断演变，早期认为交易成本主要是人类社会因群体协作与竞争而产生的成本，后来将交易成本定义为租值耗散（rent dissipation）。

没有公认的交易成本概念并不会带来混乱，相反这可能与它发展成为一个重要的制度分析范式是紧密关联的。方钦在《经济学制度分析的源流、误识及其未来》一文中评价说："不同学者往往出于研究目的、分析工具和意义理解上的不同，提出自己所需的交易成本概念。"不同学者对交易成本的认识与界定不同，很可能说明把交易成本当成一个可以明确界定的概念的看法是不合适的，更为合适的看法是将交易成本看成一种制度分析的范式，看成一种经济分析的理念。交易成本的理念是一种与新古典价格理念对应的框架，前者以交易中权利的交换以及交易的规则及其变化

[①] Armen Alchian and Harold Demsetz, "Production, Information Costs and Economic Organization", *American Economic Review*, Vol. 62, No. 5, 1972, pp. 777-795.

为研究重点，而后者以交易的产品为重点。一旦将交易成本看成经济分析理念，我们不仅跳出了概念的窠臼，而且很容易理解，对交易成本定义的不同，只是研究的角度不同。

以上讨论表明，当把交易成本看成一种分析框架和分析理念时，交易成本就不是一个简单的概念问题，也不存在定义统一的问题。同时，不同学者从不同角度阐释交易成本，从各自独特甚至矛盾的角度出发分析制度，也不影响交易成本理念的价值。因为，交易成本理念只是表明分析的前提是交易成本大于零，而如何界定具体的交易成本则没有必要统一。相反，对交易成本的不同认识恰好是从不同的角度分析制度与规则，多元化的视角不会降低理念的价值，而是提高了其价值。

二、交易成本理念与价格理论理念

实际上，交易成本与价格理论是两种不同的理念，交易成本理念是价格理论的一般化与延伸，价格理论是交易成本理论的特例。

表面上是产品、服务以及资产的交换，实际上都是有关某些能产生收入流的权利的交换。比如消费者 A 购买 B 所生产的汽车，其本质是处于不同分工的两个劳动者交换劳动所获之物，其中 A 和 B 的权利是拥有各自劳动所产生的收入，A 用自己的收入流（表现为工资）交换 B 的收入流（汽车）。传统价格理论没有关注消费者在购买过程中的权利交换与维护，或者严格而言，价格理论暗含资源使用或交换的权利是界定清晰的，交换后的产品维护无成本。逻辑上，价格理论以"其他条件不变"的假设将资源配置所涉的权利视为给定，等价于假定交易成本等于零。在交易成本等于零的世界里，无论是计划、市场或者混合体制，资源都能达到最优配置。如果确定市场体制，那么价格信号必将达到资源的有效配置。因此，价格理论是交易成本为零的特例。

通常意义的交易成本理念是从交易成本大于零的角度出发，认可资源的使用、交换或维护等权利不能无成本地界定清晰，比如消费者并不如厂家了解汽车的安全、耐用等质量信息，那么仅仅通过价格无法保障消费者得到货真价实的汽车。显然，研究产品交换意义不大，探讨买卖双方如何通过合约或售后保障承诺等方式将汽车出现故障后各方的权利与责任划分清晰，才更有价值。

价格理论属于交易成本等于零的特例，交易成本理念的核心是交易成本大于零。以此标准，科斯定理的逻辑出现了一点失误。根据科斯定理，交易成本为零与权利界定清晰是前提，资源配置效率与权利初始配置无关是结论。张五常认为，交易成本为零与权利界定清晰是重复的说法，因为只要交易成本为零，那么权利必然可以清晰界定。① 以工厂污染为例，如果交易成本为零，那么工厂的排污成本是公开信息、渔场的损失也是公开信息，并且工厂与渔场的谈判是零成本，那么资源配置一定是有效率的，权利的归属必然也是清晰的。张五常在指出失误的同时，很中肯地指出这个失误为后来学界注重交易成本做出了不可忽视的贡献。

张五常并没有停留在指出科斯定理关于交易成本为零的失误上，而是继续思考：既然市场存在如此多的"交易成本"，比如界定产权的成本、维护产权的成本、信息不对称的成本、签约与监督的成本等，为何市场依然是最流行最常用的交易方式呢？张五常给出一个很有启发的回答：市场交易虽有上述诸多交易成本，但是没有租值耗散，任何其他安排交易的方式可能可以节约市场上存在的某些交易成本，但是避免不了租值耗散。

三、租值耗散

意识到交易成本大于零在微观经济学的发展上是一大进步，它表明经济分析深入到了价格体系运行的制度层面。张五常追随科斯所开辟的制度分析路径，成为公认的做出了重大贡献的学者。张五常在制度经济学上的贡献颇多，将交易成本理念与租值耗散理念视为等价的观点是其中之一。

严格的租值概念在第二章已有定义，在交易成本理论中广泛使用的租值在定义上与此没有大的区别，但稍微宽泛一点。一般租值就是指收入，假设交易成本为零，一项能产生收入流的权利的最高价值称为此权利的租

---

① 张五常：《经济解释》，北京：中信出版社 2011 年版，第 241—242 页。

值。租值耗散是权利的实际收入没有达到最高值。比如一块土地最适合种橘子，其产值为 1000，如果土地实际种植了葡萄，产值为 700，那么租值的耗散等于两个产值之差，为 300。

张五常认为，市场作为一种交易制度，尽管存在高昂的成本，比如签约成本、监督成本、维护合约成本等，但是，如果不以市场分配资源，那么任何能产生收入流的权利或资源都可能面临产权界定不清的问题，由此导致的激烈竞争会带来更大的租值耗散。

以经济学中著名的渔场捕鱼为例。有一个渔场，如果某人拥有所有权，雇佣渔民捕鱼。如图 6-2，坐标横轴代表渔民数量，纵轴代表产值。渔民的边际产量递减曲线是 VMP（鱼的价格标准化为 1），平均产量曲线是 VAP。W 是水平的工资线。对渔场所有者，最优的渔民雇佣量是 N_1，图 6-2 中 AB 长度表示单位收入，渔场所有者的总收入是乘积 $AB \times N_1$。$AB \times N_1$ 也是渔场的租值。

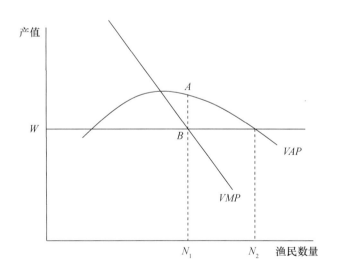

图 6-2

换个假设，如果渔场没有所有者，任何渔民都可捕鱼，只要捕鱼的平均收入大于工资，渔民都继续涌向渔场，直到平均收入等于工资，渔民数量如图 6-2 中的 N_2，此时渔场的租值为零。因为所有 N_2 个渔民的收入都

是 W，社会的总收入等于 $N_2 \times W$，如果只有 N_1 的人捕鱼，那么捕鱼的每个人收入提高（提高量等于 AB），其他人的收入还是 W，这正好是产权清晰的情形。由于渔场没有所有者，每个人都期望在渔场捕鱼，获得高于工资的额外收入，最终导致所有的租值耗散。

渔场有所有者代表市场交易模式，渔场无所有者代表特定的非市场交易模式。在市场交易模式下，渔场的所有者其实并不会拥有所有的租值 $AB \times N_1$。如果考虑到市场交易模式也有一些交易成本，比如签订工资合约的成本，尤其是监督渔民工作或者偷藏渔获的成本，渔场所有者实际得到的收入等于租值减去以上所有成本。进一步，如果市场交易的成本大，比如渔民可以很轻松地隐藏渔获，监督的成本甚至高于租值，那么这个渔场即使有所有者，也会免费让渔民捕鱼。

张五常推出的结论更为一般化，认为价格体系是唯一没有租值耗散的模式，只要采用其他的交易模式，必然带来租值耗散。不同的交易模式对应不同的租值耗散。从这个意义上说，租值耗散与交易成本其实是一个硬币的两面。

四、公共领域的价值

将交易成本与租值耗散画上等号是非常重要的观点，但是存在逻辑上的冲突。其中最明显的冲突是市场被认为是没有租值耗散的交易方式，那么市场的交易成本又从何而来？解决这个冲突最简单的办法就是将租值耗散视为交易成本的一种而不是全部。巴泽尔对交易成本的界定受到了张五常的启发，也是从租值耗散的角度认识交易成本。不过巴泽尔意识到两者不是等同的，因此换了一个稍微不同的角度阐述交易成本。

巴泽尔是交易成本研究领域的一位重要学者，他所著的《产权的经济分析》已成经典。在该书中，巴泽尔用了稍微不同的称呼和角度看待交易成本，称之为"公共领域的价值"。所谓"公共领域的价值"是指，某些权利中含有的部分有价值的东西，在交换时没有或无法用合约限制，或者权利所有者由于某些政策或技术上的原因，不能从中获益，那么这些价值就是公共领域的价值。比如一片山林，山花灿烂，山林有明确的所有者。

山花吸引周围蜂农的蜜蜂,蜂农收获大量美味蜂蜜。花朵的产蜜价值就是流到公共领域的价值。这类价值,张五常称之为"无主的租值",并且在《价格管制理论》一文中对"无主租值的耗散"做了深入的分析。[①] 事实上,对流到公共领域的价值,巴泽尔在《产权的经济分析》中所做的分析是建立在《价格管制理论》一文基础上的总结与拓展。

只要价值流到公共领域,那么它就没有事实上的所有者,每个人都想办法获取,在竞争中,有关租值会耗散。与前述渔场的例子不同,在现实中人们对公共领域价值的竞争虽导致租值耗散,但很少会完全耗散。最重要的理由之一是,人们是理性的,有激励减少租值耗散。巴泽尔以美国20世纪70年代初的汽油价格管制为例子,精彩地阐释了关于公共领域价值竞争的理论。

20世纪70年代,美国尼克松政府规定每加仑汽油价格固定在1971年5月的油价水平,比如一个加油站如果在1971年5月时的售价是0.7元,那么以后就只能按0.7元出售,另外一个加油站在1971年5月时的售价如果是0.77元,那么以后就按0.77元出售。价格管制后不久,美国的汽油供给下降,实际的市场均衡价格已经大大提高,比如涨到1元。但价格管制条令下,价格不能提高,对于加油站和顾客而言,市场均衡价格与管制价格的价差是流到公共领域的价值。

微观经济学书上对价格管制的典型分析是,当均衡价格高于管制价格,那么市场出现供不应求的短缺现象。张五常、巴泽尔的分析表明,一旦分析价格管制下各种或明或暗权利的交换,微观经济学教科书的分析其实只是换了一种方式表达问题,并没有解释问题。因为均衡价格与短缺是理论概念,都没有现实对应物,属于不可观察的变量。用不可观察的变量解释现实中的价格管制,在逻辑上要么是同义反复,要么就是用看不见的理论概念换了一种方式重新表述现实中的现象,在实证上既不能证实也不能证伪。

---

① Steven N. S. Cheung, "A Theory of Price Control", *Journal of Law and Economics*, Vol. 17, No. 1, 1974, pp. 53-71.

管制价格与均衡价格之差是公共领域的价值，人们有激励用不同的方式获得。比如最容易想到的方式是排队，可是不仅仅只有排队这一种竞争方式，巴泽尔发现现实中存在丰富多彩的方式，比如加油站不再清洗汽车挡风玻璃、24 小时加油站缩短营业时间、降低油品所含辛烷量、捆绑加价销售润滑油等。巴泽尔对所有这些现象给出的统一解释是，它们都是某种现实可行的界定公共领域价值权利所属的手段。比如，在顾客排队等待的情形下，原先提供免费冲洗挡风玻璃的服务停止了，由于汽油售价没变，销售量也没有变，加油站节省了一部分成本，节约的成本就是加油站占有的部分价差。加油站缩短加油时间、以不变的价格销售低油品汽油的行为都是对价差的占有。其中加价销售润滑油的方式，可以让加油站完全获得价差，加油站只需要以价差的程度对普通润滑油提价，然后所有购买润滑油的顾客可以不用排队加油。

既然存在各种各样的竞争方式，那么人们到底采用哪种方式作为竞争手段？传统的价格理论无法回答，从交易成本角度出发，张五常和巴泽尔等经济学家都认为，竞争方式的选择由交易成本的大小决定。不妨考虑排队的方式，并且考虑最简单的情形，假设每个等待者的时间成本一样，汽油的均衡价格是每升 10 元，管制价格是 7 元，那么流到公共领域的价值是 3 元，如果每个人需要等待半小时得到汽油，每个人的小时工资都是 6 元，那么价差 3 元正好等于人们浪费在等候中的时间价值。排队的方式导致租值完全耗散。再考虑另外一种简单情形，假设所有人每次的加油量都是 30 升，那么每次加油对应着 90 元的价值流到公共领域，加油站提供一个捆绑销售方式，顾客加价 90 元买加油站的润滑油则不用排队，每个顾客都会接受捆绑销售方式，加油站的运行与没有价格管制情形完全一样，并且没有租值耗散。由于后者的租值耗散小于前者，那么价格管制后，人们应该会采用后者。

现实的情形支持以上分析，根据巴泽尔在《产权的经济分析》中所述，美国在 1971 年实施价格管制后，一直到 1973 年 10 月，几乎没有出现排队现象，不过捆绑销售以及缩减免费服务、降低油品时有发生。实证研究说明，交易双方以各种交易成本更低的方式分配了价差带来的价值，排队由于交易成本过大没有出现在现实中。

当然，美国在 1973 年之后，价格管制最终导致了加油站的长队，这并不是说明前面的分析出现了错误，而是我们对排队完全导致租值耗散、捆绑销售没有租值耗散的假设太简单了。如果人们的时间价值不仅不同，而且差异很大，那么排队的租值耗散就可能很小。如果人们加油数量差异很大，或者政府对捆绑销售有处罚规定，那么捆绑销售的租值耗散就明显大于零。尽管，不同竞争模式的交易成本受到很多因素的影响，但是还是可以得到一个非常重要的基本原理。巴泽尔认为，以上分析得出的一个重要的原理是，对于公共领域的价值，或者没有实际所有者的价值，人们将用各种方式竞争，具体优胜的竞争模式一定是租值耗散程度最小的。

五、交易成本与产权

交易成本与产权的关系很紧密，从定义的角度看，只有先定义了产权后才能定义交易成本。巴泽尔在《产权的经济分析》中，综合了艾尔钦和张五常的观点，定义产权是"从预期的意义上，个体直接消费物品或享用资产所提供的服务，或者通过间接交换享用这些的一种能力"。该定义实质上将产权定义为个体从拥有的资源中受益的权利。接着，巴泽尔定义交易成本是"转让、获取以及保护产权的成本"。

将产权理解为一种个体从资源（比如有形的物品、资产、自然资源或者无形的人力资本）中获利的权利是经济学意义上的产权，它与法律意义的产权既有区别又有联系。第一，法律规定了个体利用资源受益的方式，比如法律不允许一个企业通过盗取（比如贿赂其他企业的研发人员）的方式发明新产品，导致其他企业的利益受损，但是法律允许企业通过自主研发的方式获得垄断地位，尽管这同样也损害了其他企业的利益。第二，法律上认可的产权，不一定等于事实上的产权。比如法律可以规定软件产品的收益权由发明人独享，但是法律不能杜绝盗版，发明人实际上并不能获得软件所有的收益。这说明，在法律意义上，产权总是能明晰界定的，但在现实中，产权的明晰程度受到各种因素的影响，现实中的产权总是处于变化中。

经济学意义上的产权就是现实意义上的产权。现实意义上的产权本质上是所涉各方行为的内生变量，它不是经济行为的前提（传统的价格理论），而是经济行为的结果。产权的内生与交易成本大于零是制度经济分析的两大支柱，在逻辑上不可分离。科斯定理的重大贡献是将产权与交易成本引入经济分析，其明显失误在于将产权清晰与交易成本为零看成不同的前提。实际情况是，交易成本等于零一定意味着产权清晰，因为交易成本就是界定、维护产权的成本。理论上，出于维护产权的需求，可能导致交易成本发生变化。比如，软件的发明人，为了尽量多从开发的软件销售中受益，那么就需要尽量减少盗版的可能，发明人有激励加强软件加密技术，加密技术越强，维护产权的成本越低。反过来，交易成本的降低，也会改变产权的所属状况，进而改变经济激励。比如，无线信号的加密技术的产生，使得节目提供方的权利得到了更大的保护，能更好地从所制作的节目中受益，因此激励更多的制作、更多的好节目，以及更多新的制作方涌入市场。

第三节 经典产权经济学

科斯的《企业的性质》与《社会成本问题》两篇论文是制度分析的奠基之作。《企业的性质》一文指出，在经典的价格理论中企业没有存在的必要，如果要解释企业的存在，需要考虑价格体系运行的成本。在《社会成本问题》一文中，科斯稍微变化了一点角度，认为权利的界定是交易的重要前提。这两篇论文很快吸引了大量学者开始从交易成本和产权的角度研究制度。

由于对产权的研究离不开交易成本的视角，或者只有交易成本大于零，产权才有存在的必要，这两个概念是无法分开的。不过由于研究的侧重点不同，科斯以后的制度分析渐渐分成了产权研究与交易成本研究两大路径。早期的研究（20世纪60年代开始）一般称为经典产权经济学，其中的领军人物是艾尔钦、德姆塞茨、张五常与巴泽尔等。这段时期的研究相当广泛，几乎包含了制度分析领域所有重要的议题，包括产权的形成、企业与市场的区别以及合约的选择等。到20世纪80年代末，出现了从"不完全契约"角度研究企业边界的学派，代表人物是哈特、格罗斯曼和约翰·莫尔（John Moore）等人，这一时期的研究可以称为现代产权理论。以威廉姆森为代表的学者，深入讨论了交易成本的来源、企业治理结构与合约的选择问题，其研究与两代产权理论都有大量的重合，现在称为交易成本理论。

一、产权的起源

德姆塞茨受到科斯的影响，意识到所有交易在本质上都是有关权利的交换，认为解释权利的起源与组合，比研究价格机制等问题更重要。

德姆塞茨对于产权的研究往往同时包括规范与实证视角。在规范的角度上，德姆塞茨在《产权的交换与执行》一文中从一个新颖的角度讨论了"无效率"问题。[①] 他认为通常对外部性的研究总是得到市场运行无效率的结论是有缺陷的，一旦将有关权利交换的成本计算在内，所谓的无效率现象可能是有效率的（全面考虑交易成本后）。比如，工厂的烟囱对周边居民造成负外部性，看起来废烟的污染没有定价，所以排放过量。这个分析忽略了工厂与居民就污染谈判的成本，假设工厂有排放的权利，那么居民在理论上可以支付一笔钱让工厂控制污染。在现实中，居民的数量可能很多，居民之间的谈判成本可能很高，而且难以界定不同居民所受的负面效应以及按照各自负面效应所承担的相应成本。把初始产权调换，分析也没有变化。假设居民可以要求工厂停止污染，理论上工厂可以支付一笔钱给居民允许排放一定数量的烟，可居民太多，每个人根据所受的污染影响得到多少补偿很难达成共识。由于存在权利执行的成本，外部性存在是一种有效率的现象。

德姆塞茨的分析加深了人们对经济效率的理解，外部性曾被认为是缺

---

① Harold Demsetz, "The Exchange and Enforcement of Property Rights", *Journal of Law and Economics*, Vol. 7, 1964, pp. 11-26.

乏经济效率的现象,其实是在分析中忽略了有关权利交换与执行的成本。如果执行权利的成本过高,外部性不是无效的,而是有效的。

以上对经济效率的解读表明,外部性的存在很可能是因为权利的交换或者执行成本过高。如果权利的执行成本降低,外部性就将转化为内部成本,德姆塞茨在稍后的一篇论文《关于产权的理论》中很自然地把问题推到产权的起源。① 在这篇著名的论文中,德姆塞茨以印第安人的土地产权的演变讨论了起源问题。在皮毛贸易还没有发达之前,印第安人的狩猎主要是获取食物,狩猎量不大,每个狩猎者对其他人的外部影响很小。随着印第安人与外部的皮毛贸易兴起,狩猎规模急剧扩大,外部性变得很显著。史实表明,公有土地在同期开始私有化。德姆塞茨认为,这个现象很好地支持了产权起源于权利交换与执行成本的变化。皮毛贸易兴起,不仅急剧扩大了狩猎的私人收益,也急剧扩大了狩猎的外部性,改变土地公有产权符合大多数人的利益,土地的私有产权由于权利交换的利益上升而自发产生了。

关于产权起源,乌贝克(John Umbeck)也发表过一篇著名论文《力量造就权利》②,指出19世纪40年代美国加州发现金矿,土地的所有权属于美国政府,金矿的产权是模糊的,没有明确所有者,这吸引了大量的淘金客。研究发现,金矿的开采很少发生混乱或暴力事件,开采活动秩序井然。原因是,所有的淘金客自发建立了监督与维护组织,负责矿区的划分,把开采权界定得很清楚。

二、企业是什么

企业是什么?这是科斯提出的大问题,也是传统微观经济学无法回答的问题。在科斯以前的微观经济学,一切都围绕价格机制进行研究,企业是一个无关紧要的概念,它的功能就是将投入转为产出。科斯提出:既然

---

① Harold Demsetz, "Toward a Theory of Property Rights", *American Economic Review*, Vol. 57, No. 2, 1967, pp. 347-359.

② John Umbeck, "Might Makes Right: A Theory of the Formation and Initial Distribution of Property Rights", *Economic Inquiry*, Vol. 19, No. 1, 1981, pp. 38-59.

市场价格总是能将资源引导到最高价值的用途上，为何还存在企业这种非市场机制的机构？在科斯看来，市场受到价格的指引，交易各方没有一方有权命令对方，而企业中，资源的配置不仅没有价格信号，而且经理人可以下指令命令工人做什么，不做什么。

科斯的回答现已非常著名，他认为企业的存在主要是因为价格体系的运行有成本，很多交易在市场上发生的成本可能高于把这些交易集中在企业里用指令加以协调的成本。

科斯提供的答案有一个很大的缺陷，因为科斯把解释放在交易成本上，但是交易成本是不可观察之物，答案在实证中无法证伪，在逻辑上等同于同义反复。艾尔钦与德姆塞茨1972年发表的论文《生产、信息成本与经济组织》是公认的经典，两位作者在论文中指出科斯的回答不能令人满意，除了以上所说的不可证伪性之外，作者还认为科斯对企业与市场的区分也存在问题。[①]

企业内部以指令分配任务，市场以价格进行配置，企业与市场在配置手段上的差异是前者以一种"权威"的方式为主导，而市场则没有哪一方具有"权威"。但这种看法是表面的，甚至是错觉。在企业中，所谓的命令其实不是单方面的，似乎只有经理人来管理、监督、指挥工人，其实工人也"命令"经理人按时发工资。市场上，顾客的购买行为与企业的"命令"也没有明显区别，可以认为顾客购买商品就是顾客出钱"命令"商店提供商品。在企业中，"命令"似乎很明显，因为工人的自愿选择总是更多地希望做自己想做的事情，或者减少劳作休息一会，但是企业发给工人工资后，工人需要按照企业的要求工作。顾客的购买也是对企业的"命令"。不妨想象一个例子，面包店（企业）的所有者按照自己的意愿，更乐意制作香气四溢的奶油蛋糕，不愿意生产闻起来有些臭的榴梿蛋糕，但只要顾客都更偏好榴梿蛋糕，那么可以说顾客支付钱给企业，"命令"企业生产榴梿蛋糕。

[①] Armen Alchian and Harold Demsetz, "Production, Information Costs and Economic Organization", *American Economic Review*, Vol. 62, No. 5, 1972, pp. 777-795.

再者，将企业误解为"权威"手段，市场是"非权威"手段，是因为没有完整考察企业的劳务交易。诚然，在企业实际运行中，工人的每个工作安排都是按照指令来做的，并非每个工作安排都有市场价格的指导。但这只是劳动合约的一部分，完整的劳动合约是在工作之前，企业与工人之间商定，企业提供工资给工人，工人则在一定时期内接受企业任何合法的工作安排，合约实际上是对"接受合法的工作安排"这个商品进行交易。合约签订的基础是对等的，没有一方拥有左右合约条款的"权威"。

既然，企业与市场的差别不是所谓是否以"权威"配置资源，那企业究竟是什么？企业为何存在？艾尔钦与德姆塞茨的回答非常精彩，他们认为当团队工作效率更高，团队需要不同要素所有者合作，合作的边际贡献难以度量时，企业就会产生。

团队效率更高是指多人合作的产出高于个体产出的总和。在现实经济中，当不同要素之间具有互补性时，团队的产出就高于个体产量之和。比如，两人抬石头比各自单独抬石头的效率高。有时候，团队合作具备不可比拟的优势，比如作曲家和填词家各自独立工作，能生产的歌曲数量总是零，合作以后能生产很多歌曲。团队合作的效率更高，并不一定需要企业来协调，只要合作各方在总产量上的边际贡献容易度量，那么市场机制足矣。

企业的产生，必要的前提是团队生产的边际贡献难以度量。一般，当市场价格可以很好地度量生产要素的边际贡献时，可以不需要其他形式的交易方式（包括企业）。比如，面包的价格精确度量了面包师的生产贡献，面包师增加一定比例的工作投入，产量就相应增加一定的比例，市场总收入也增加一定的比例。市场机制足以保证面包师的激励没有任何扭曲。在团队合作中，当每个人的贡献很难度量时，激励出现扭曲，团队的产出甚至可能小于单独产量之和。在团队合作中，"偷懒"是较难控制的。第一是因为有些工作没有明显的迹象表明人们是否努力工作，如果产出效率低下，团队成员可以相互推诿责任或者归咎于其他外在因素。第二，即使在团队内部可以了解到底是哪些成员在"偷懒"，也没有很好的处罚方式。换合作者并不能保证合作者不"偷懒"，如果更换合作者起作用，那么说明这种团队合作可以通过市场机制有效配置,企业没有产生的必要。

综上,企业的产生有两大前提,第一是团队的产出效率更高,第二是需要控制团队的"偷懒"行为。只要控制团队的"偷懒"行为带来的成本没有完全抵消团队高出个体的额外效率,那么企业将会产生。

企业作为一种团队生产方式,最主要的职能是度量团队成员的投入与贡献,并按贡献支付报酬。这种看法更接近市场与企业的本质区别。只要靠价格就能很好度量的贡献,即使需要团队合作,也不一定需要企业,市场机制就够了;只有当团队合作的贡献难以度量时,企业才有可能产生。根据这种企业观,企业的经理人通过指挥的方式管理与约束工人,实质上是度量工人的边际贡献并按边际贡献支付的具体形式。经理人用解雇约束偷懒行为,用工作岗位的调整尽量精准衡量不同工人的能力与边际贡献,用奖金和津贴度量不同的边际贡献。

经理人拥有度量团队贡献的权力以及决定每个人收入的权力,可是怎样保证经理人自己不偷懒?或者如何监督"监督者"?解决的办法只能是让经理人有良好的自我监督激励。在企业中,经理人如果得到企业的"剩余收入",那么其工作激励就不会出现扭曲。

艾尔钦与德姆塞茨的回答是极具洞见的。他们提出的度量问题是解释企业存在的关键,这一解释路径后来又启发了巴泽尔、张五常等学者对于合约选择这个重大问题的研究。在讨论合约的选择之前,有必要介绍张五常对于企业性质的解读。

《企业的契约本质》对企业本质的解释与以上解释有明显的联系,也有明显的区别。① 与上述解释相同的是,张五常也不认为企业与市场有本质意义上的区别,不过在解释上张五常走得更远,没有将企业仅仅等同于一个拥有剩余收入权的测量人,而是认为企业与市场只是两种不同的合约。文章指出,所谓企业,其典型的合约特点是要素所有者比如劳动者愿意让渡自己劳动时间的支配权来交换收入,而这种合约产生的原因主要是

---

① Steven N. S. Cheung, "The Contractual Nature of the Firm", *Journal of Law and Economics*, Vol. 26, No. 1, 1983, pp. 1-21.

通过市场"发现价格"有时候成本巨大。有四个重要原因导致发现价格有成本。第一是复杂的产品是由很多部件组合而成，如果通过市场组织交换，那不同部件的生产者需要签订很多双边合约，涉及的成本非常高昂，如果更换一种签约方式，由一个中心签约者与其他人签约，能大幅降低成本。第二，发现信息的成本。位于中心的签约者（企业）并不是简单提供了一个替代的签约方式，而是提供了非常有价值的信息。以相机为例，其中包含成百个零件，消费者可能并不了解每个零件的作用，这些零件的生产者也可能不了解如何组合成畅销的产品，企业了解如何组装零件，如何创新零件的组合。企业的存在降低了发现信息的成本。第三与第四个原因与艾尔钦和德姆塞茨的论文一样，就是度量有关的贡献以及根据贡献支付报酬都是有成本的。

实际上，在艾尔钦和德姆塞茨的论文中已经隐含了企业就是一种特殊合约的判断，张五常的贡献是明确提出了企业和市场本质上没有差异，都是合约，唯一的区别是合约的形式不同。市场合约的条款很简单，只有价格。而企业的条款更加复杂，具有结构性，不仅包含价格（如工资），还包含其他一些工作规定（比如不能迟到）。

进一步的问题出现了，如果企业和市场都是合约，为什么出现不同的合约形式？哪些因素决定合约的选择？接下来将讨论合约的选择问题。

三、合约的选择

不仅市场与企业可以看成合约，现实中有各种各样的合约，比如农业收入合约有工资型、固定地租型以及分成型；企业中不同的人收入合约不同，经理人一般是年薪制，工人一般是固定工资制等。合约形式并非随机出现，它一定受到一些因素的影响，那么哪些因素决定了合约的形式呢？

回看讨论过的《佃农理论》，张五常证明了如果交易成本为零，无论是工资型、固定地租型以及分成型，所有收入制度的经济效率相等，并且都达到最优效率。既然效率一样，为何不同时期或者不同地区总是某种合约占主要形式呢？张五常认为，要认识到现实世界，交易成本大于零，合约的选择是为了节约交易成本。不过，固定地租合约因为不需要像分成地租一样防止佃农隐藏收成，也不需要像工资合约一样防止农民偷懒，交易成本是最低的，根据节省交易成本的理论，固定地租应该是唯一采用的合约。但是，现实中固定地租并非唯一的收入形式，分成合约是非常普遍的现象，甚至在某些时期或者某些地区它比固定地租更流行。

对此，张五常在交易成本之外加入了风险因素进行解释。考虑到农业的收成在合约签订之后才能实现，收成受到很多外界不可事先预知的因素的影响，比如气温、雨水、阳光等气候因素，那么固定地租对于签约双方都是有一定风险的，如果签约时对于风险的谈判不能达成一致，固定合约的签订成本也不小。至少从风险分担的角度看，分成合约的成本更容易被双方接受。

从风险角度解释合约的选择似乎缺乏说服力，张五常在后来的著作《经济解释》中，主动放弃了风险说，改用信息成本进行挽救。张五常认为，固定地租的具体值很难确定，获得此信息的成本高，分成合约则完全节省了估算未来产量，从而确定一个双方都接受的固定地租的成本。改用信息成本对比分成地租与固定地租的交易成本，比起风险说是进步，这种解释实质上属于艾尔钦与德姆塞茨的度量说。

巴泽尔也认为用风险解释合约的选择存在明显问题，他认为风险是不可观察的经济变量，用风险解释合约的选择没有明确的实证价值，因为结论不可能证伪。巴泽尔坚持从理论必须可在实证中检验的角度出发，对合约选择理论做出了显著的贡献。

从公共领域价值看待交易成本的角度出发，巴泽尔仔细分析了固定地租的交易成本。土地是一种非常复杂的生产要素，在简单的固定地租合约中，土地的一些价值将流到公共领域，或者在事实上由租地农民获得，农民不仅免费获得土地的一些价值，而且很可能对土地所有者的利益带来伤害。比如土地的肥力是很难观察的性质，但是它对种植作物的产量有明显价值，固定地租时，农民不用承担肥力下降的成本，将过度种植、开发土地肥力。类似于外部性的分析，假设土地肥力减少将影响土地的价值，同时肥力开采也需要一定费用，土地所有者会全面考虑成本，包括肥力开采的边际费用与土地价值下降的边际值，租地农民不会考虑土地价值的边际下降，肥力过度开采，土地资源的使用没有效率。

与土地肥力相似，所有属于土地所有者的资源，比如力畜和农业工具，在固定地租时都会过度使用。土地所有者可能会采用一些附加措施控制过度使用问题，尤其是一些可间接度量的土地价值，比较容易得到控制。比如，土地的肥力虽然不可观察，但是经验表明开采肥力的一种必要投入是灌溉用水，土地所有者可以限制农民的用水量以限制肥力过度开采。

另外，还可以根据作物的不同来减轻肥力过度开采问题。比如，一年即可收成的作物，租地农民没有激励维护土地的肥力，但是多年才能有收成的果树，农民维护土地的激励几乎与土地所有者一样高，因此土地所有者可以通过土地租期的长短，控制一些流到公共领域的土地价值问题。

通过以上分析，巴泽尔将结论实质性地推进了一步。对于农业收入制度，当工资相对固定地租上升时，合约的选择形式将从工资合约转向固定地租合约。道理在于，借鉴对于肥力的分析可知，一种合约下流到公共领域的价值越大，那么其对应的交易成本就越大，若另外一种合约，相对而言流到公共领域的价值变小，前一种合约就会被后一种合约替代。

对《价格管制理论》一文，常被提及的一个重要贡献是合约的选择，巴泽尔认为此论文的贡献在制度经济学中地位甚高，因为该文是最早提出合约的选择是由交易成本决定的，其中交易成本最小的合约胜出。但是，张五常在推导实证结论时，忽视了交易成本是不可观察的，无论是作者所谓的排序还是所谓的边际改变，都不可观察。而巴泽尔的贡献并不是把研究做得更细致，比如考察固定地租的交易成本来自一些具体的流向公共领域的价值，而是在一般意义上对合约的选择界定了可证伪的结论。

从可证伪的角度，巴泽尔提出的合约选择理论与经典的消费者理论是一致的。但关于合约的实证结论需要非常小心处理，才可能具备可证伪的性质。经典价格理论推测，当价格提高时，需求量减少，因为价格与需求量都是连续变量，观察两者的变化非常容易。但是合约的选择理论，严谨而言是指工资变化时，工资合约转向固定地租合约的概率提高。也就是理论中涉及的两个变量一个是工资（很容易观察），一个是合约变化的概率

(很难观察)。合约选择理论的验证需要呈现合约的出现概率随着交易成本（以可见的变量工资代表）的变化而变化的因果关系。一个可行的验证思路是，利用一些与合约选择无关的事件，这些事件最好能影响工资，如果随后合约的变化也渐渐明朗，那么可以认为因果关系得到支持。比如，选择人口老龄化为事件，此事件不会明显影响合约选择，但是会提高一个地区的平均工资水平，如果当地的固定合约占比越来越高，合约的选择理论得到验证。

第四节 现代产权理论

一、不完全契约

现代产权理论的标志是不完全契约理论的提出，其中最重要的工作是目前称为GHM范式的两篇论文，一篇是格罗斯曼与哈特合作的《所有权的成本与收益：纵向与横向一体化的理论》[1]，一篇是哈特与莫尔合作的《产权与企业的性质》[2]。尤其是第一篇论文——现在称为GH，在学界获得这么高的地位，主要因为它不仅在很大程度上推进了企业理论的研究，而且开创了一代新的理论——不完全契约理论。

我们在第五章介绍了微观经济学在信息经济学方面的前沿研究，涵盖了信号理论、委托代理理论以及机制设计理论等。这些理论在经济学上又统称为契约理论。在GH一文发表前，关于契约的研究都属于完全契约理论，也就是所有可描述及验证的变量在契约中都事先写清楚，没有遗漏，契约在执行过程中无须再次谈判。因此，"完全"的含义不表示契约签订的内容包含了所有重要的变量，其真正的含义是，在以契约为基础的博弈

---

[1] Sanford Grossman, Oliver Hart., "The Costs and Benefits of Ownership: A Theory of Vertical and Lateral Integration", *Journal of Political Economy*, Vol. 94, No. 4, 1986, pp. 691-719.

[2] Oliver Hart, John Moore., "Property Rights and Nature of the Firm", *Journal of Political Economy*, Vol. 98, No. 6, 1990, pp. 1119-1158.

均衡路径上，协议各方无须再次谈判。也就是说，在协议中该谈的和能够谈的，都已经谈好了，并且写在了合同中。

以委托代理理论为例，假设委托人是经理，代理人是工人，经理发薪水给工人，工人工作生产产品。有两类因素影响产量，其一是工人的努力程度，其二是随机因素比如上游行业的供货有波动。显然工人的努力是不可观察的变量，但是它对经理人的收入有重大影响，可努力程度写入契约是不现实的。根据完全契约的描述，契约是否包含对努力程度的刻画与契约是否完全没有关系。如果契约是一份以产量为基础的收入合同，只要对所有产量下的工资收入都做了约定，那么就可以认为契约是完全的。如果有些产量水平下的收入没有规定，就可以认为契约是"不完全"的，因为一旦现实中出现此产量，签约各方就完全有可能再次谈判，完善合约内容。

虽然，完全契约不会将一些非常重要的变量写入合同，但不表示契约无法予以约束。经理人可以在设计工资与产量合约的时候考虑各种情形下工人的最优努力程度，然后以所有的努力程度为选择集合来签订收入合约，这在术语上称为"激励相容"条件。

总而言之，完全契约的含义是将所有可签约的内容事先写入合同，事后无须再谈判，然后利用激励相容条件约束重要的不可写入合约的变量。

不完全契约与完全契约的重要区别是，签约过程中会出现一些事先不能写入合约但是签约双方可观察的变量。这种"不可第三方验证，但是双方可观察"的变量是非常重要的发现，它是不完全契约理论的重要前提。在经济逻辑上，不完全契约与完全契约的差别不大，核心都是以最优的方式激励"不可签约的变量"。不过，完全契约下隐含的假设是，契约一方具有完全的谈判能力，可以发一份"接受或拒绝"的合约给对方选择，由此完全契约是通过"激励相容"条件来激励"不可签约变量"。不完全契约其实改变了完全契约的隐含假设，发合约的权利没有给定，而是可以谈判，由此不完全契约研究的重点就是以发合约的权利或者某种类型的产权约定来激励"不可签约变量"。

二、不完全契约模型

自科斯定理以来，产权经济学迅速发展，逐渐成为微观经济学的前沿领域。经济学界公认，注重产权与交易成本的制度分析范式是微观经济学的重大发展。不过，产权经济学的发展也存在一些明显的问题，尤其是所有的分析都是以文字为主，缺少正式的理论模型。当今经济学越来越注重严谨数学模型的构建，并以此作为一个学科走向成熟的重要标志。产权经济学要进一步发展，必须构建严格的理论基础。

格罗斯曼与哈特是产权经济学走向严格化的先驱，他们合作的论文《所有权的成本与收益：纵向与横向一体化的理论》开创了不完全契约理论，现在不完全契约理论已经成为产权经济学最重要的理论基础之一。

不完全契约理论常以企业一体化问题为例，以一定的资产专用性为前提，讨论企业之间的"敲竹杠"问题。所谓资产专用性是指一个企业的投资对于合约双方的价值大于合约外的价值，比如发电企业与出产特定规格的某煤矿签约后，开发的发电机组只适合烧特定规格的煤，而不太适合烧其他煤矿的煤。当电企的投入具有资产专用的特性后，它在交易中很可能处于不利地位，因为对方可以以此"敲竹杠"，比如提高煤炭价格，电企几乎只能接受提价，因为发电机组不能采用其他煤矿的煤。

现将问题正式化，假设有两个企业 A 和 B，每个企业都拥有独自的设备，不妨设企业 A 用自有设备生产一种产品，这种产品可以作为企业 B 的中间投入品，企业 B 购入 A 的产品后再加工出终端商品。如果产品的特性（比如性能、质量）可以写入双方交易的合约，或者特性很容易观察与验证，那么两个企业通过市场交易就可以了。

现实的交易中，产品的特性由于涉及交易双方一些难以被验证的行动，很难事先写入合约，只能事后谈判。最常见的就是人力资本投资，比如 A 在生产中投入 i 可以降低成本，那么 A 的生产成本是 $c(i)$，为凸函数；B 也可以投入人力资本，提高产品带来的效用，那么产品的价值是 $V(e)$，为凹函数，e 是投入。A 和 B 的投入都影响产品特性，但是不能通过合约规定投入量，因为不可第三方验证。

为了在模型中引入事后谈判，不完全契约模型假设投入对于交易双方是可观察的。因以上投入具有一定的资产专用性，A 和 B 如果放弃与对方交易后，都可能在市场上找到交易机会，只是交易的价值有所下降。对于两个企业而言，发生投入后，继续维持合约关系对双方都是增加福利的，双方签约后一定为维持合约关系谈判。具体的谈判细节是模型的关键所在，不完全契约理论假设谈判的地位与企业拥有的资产相关，也与企业谈判失败后的交易机会相关。设企业 A 谈判失败后的交易机会价值是 $d(i,A)$，也称为保留效用，其中 A 是产权，有 $A \in \{\{a\}, \{a,b\}, \{\phi\}\}$，$\{a\}$ 表示 A 拥有自己的资产，$\{a,b\}$ 表示企业一体化，而且是 A 并购了企业 B 的资产，$\{\phi\}$ 表示 A 没有资产（被 B 并购）。企业 B 谈判失败后的交易机会价值是 $D(i,B)$，其中 B 是产权，有 $B \in \{\{b\}, \{a,b\}, \{\phi\}\}$，$\{b\}$ 表示 B 拥有自己的资产，$\{a,b\}$ 表示企业一体化，而且是 B 并购了企业 A 的资产，$\{\phi\}$ 表示 B 没有资产（被 A 并购）。

当投入可观察也可验证时，企业的投入是最优的，对应的优化问题如下：

$$\max_{i,e} V(e) - e - c(i) - i \tag{6.1}$$

得到最优的一阶条件为

$$V'(e^*) = 1, \quad c'(i^*) = -1 \tag{6.2}$$

由于投入是不可观察的，企业之间将是一个动态博弈过程。整个过程分为三个时期，第一期企业就产权的归宿签约，第二期两个企业进行无法验证（可观察）的人力资本投入，第三期，在看到各自的投入之后，两个企业进行谈判分配总产出。这是完全信息动态博弈，用逆向归纳法求解。

最后一期各方已经作出了投入，主要问题是分配产出，假设两个企业同意将维持合约的额外收益对半分（博弈论术语是纳什讨价还价解），那么企业 A 得到：

$$d(i,A) + \frac{1}{2}(V(e) - c(i) - D(e,B) - d(i,A)) \tag{6.3}$$

再向前回溯一期，A 预期到谈判的结果后，决定最优的投入，因此求解式 6.3 的一阶条件得到

$$\frac{1}{2}(-c'(i) + d'(i,A)) = 1 \qquad (6.4)$$

企业 B 谈判后的收入是

$$D(e,B) + \frac{1}{2}(V(e) - c(i) - D(e,B) - d(i,A)) \qquad (6.5)$$

一阶条件是

$$\frac{1}{2}(V'(e) + D'(e,B)) = 1 \qquad (6.6)$$

模型最重要的是式 6.2、式 6.4 与式 6.6 三个一阶条件，将三个一阶条件进行对比得到产权配置与资源配置效率之间的重要结论。

模型的重要结论与资产专用性假设紧密联系。A 企业投资的专用性表示为以下条件：

$$|c'(i)| > d'(i,\{a,b\}) \geq d'(i,\{a\}) \geq d'(i,\{\phi\}) \qquad (6.7)$$

式 6.7 表示在合约中的投资最具价值，因为投资节约的边际成本最多，这是典型的资产专用性。式 6.7 的第二个和第三个不等号表示在合约之外的投资，其边际效用随着企业 A 所掌握的资产范围递减。

B 企业投资的专用性表示为以下条件：

$$V'(e) > D'(e,\{a,b\}) \geq D'(e,\{b\}) \geq D'(e,\{\phi\}) \qquad (6.8)$$

式 6.8 的经济含义与式 6.7 类似。

不完全契约条件下的一阶条件式 6.4、式 6.6 与最优条件式 6.2 对比，可知企业存在投资激励不足的问题。以式 6.6 为例，因为 $V'(e) > D'(e,B)$，必然有 $e < e^*$。这说明博弈的均衡路径一定是谈判成功，两个企业依照某产权协议合作。对应的不均衡路径是合作失败。

均衡路径上两个企业一定签订合约，但是有不同的合约可供选择，比如两个企业都是独立的企业或者两个企业一体化。均衡路径上出现哪种产权配置需要看不同产权情形下的经济效率比较。

第一种情况是如果两个企业的资产相互独立，那么有 $d'(i,\{a,b\}) = d'(i,\{a\})$ 和 $D'(e,\{a,b\}) = D'(e,\{b\})$，这种情形下两个企业的运作方式最好是不要合并，保持独立。因为根据一阶条件式 6.6 和式 6.8 以及两个资产专用性假设，合并后的企业没有任何收益，但是被合并的企业却有损失。

第二种情况是如果两个企业资产的互补性强,那么有 $d'(i,\{a\}) = d'(i,\{\phi\})$ 或者 $D'(e,\{b\}) = D'(e,\{\phi\})$ 那么合并优于独立。理由是合并之后,被合并的企业没有损失,但是合并后的企业获得收益。

第三种情况是某方的资产是关键资产,比如 A 的资产是关键资产,那么有 $D'(e,\{a,b\}) = D'(e,\{\phi\})$,此时由 A 合并 B 是最优的。因为 B 被合并后没有损失,但是 A 却有合并收益;类似,如果 B 的资产是关键资产,那么就应该由 B 合并 A。

以上模型就是格罗斯曼与哈特建立的不完全契约模型。该模型对之前的产权理论有几个重大发展。第一是形式上的严格化。第二是所有权的定义不同。之前的产权理论认为——尤其是艾尔钦和德姆塞茨1972年的名作发表后——企业经理人需要用剩余收入激励的观点很具说服力,一般都把企业所有权与剩余收入权相联系。而不完全契约理论中企业合并的表象是一个企业获得了另外一个企业的资产,其实质是一个企业获得了"剩余控制权"。不完全契约情形下,合约不可能指定所有细节,那么将来出现合约中没有约定的情况后哪一方拥有决策权显得至关重要。剩余控制权的含义是当一方拥有所有合约未定事宜的决策权时,该方可以认为是企业所有者。第三,该模型在一定程度上回答了企业的边界问题。它详细地给出了企业合并的条件与独立的条件,企业的合并表示企业边界的扩大,企业的独立表示企业的边界变小。比如初始情形是 A 和 B 是一家企业的两个部门,由于两个部分的资产是独立的,那么根据不完全契约理论,一家企业就应该分为两个企业。反之,如果初始状态两个企业是独立的,但是其资产是互补的,那么根据不完全契约理论,两个企业就应该合并为一家企业。第四,该模型中不同的产权结构可以对应不同的合约结构,从这个意义上,该模型也属于合约的选择理论,与张五常、巴泽尔等发展的合约选择理论是互补的。

第五节 交易成本理论

一、概述

交易成本理论与产权理论之间的关系紧密而又错综复杂。威廉姆森在 2009 年因在交易成本经济学上的建树获得诺贝尔经济学奖,他在专著《资本主义的经济制度》中对交易成本理论与产权理论做了梳理。[①] 威廉姆森认为产权理论与交易成本理论都是从经济效率的角度出发研究交易问题,其中产权理论注重交易之前的签约过程,主要分析签约对交易各方的激励作用,而交易成本理论关注的是交易成本本身。根据这一划分,威廉姆森将经典的产权理论归入交易成本理论范畴,将产权理论范畴与现代产权理论(不完全契约理论)画上等号。威廉姆森虽然把经典产权理论划归交易成本理论,但是他明确把自己创建的交易成本理论与之区分开来,将前者称为"测量"的交易成本理论,而自己的理论称为"治理结构"交易成本理论。本节主要介绍"治理结构"交易成本理论。

学术渊源上,科斯提出的交易成本思想与赫伯特·西蒙(Herbert Simon)[②] 和切斯特·伯纳德(Chester Barnard)[③] 提出的组织理论是威廉姆森交易成本经济学的主要来源。很可能受到这些早期组织理论的影响,威廉姆森的交易成本经济学并没有完全围绕经济学最核心的因素——激励展开,而是类似于案例研究风格,研究的方式很具体、很细节化。事实上,威廉姆森也自称其研究最大的特点就是以微观的视角分析交易的重要细节和不同组织形式的治理细节,并把交易的特点与组织的治理特点结合起来推出可实证检验的结论。

由于威廉姆森是公认的交易成本理论的集大成者,学界已经习惯了将

---

① Oliver Williamson, *The Economic Institutions of Capitalism*, New York: The Free Press, 1985.
② Herbert Simon., *Administrative Behavior*, New York: Macmillan, 1947.
③ Chester Barnard, *The Functions of the Executive*, Cambridge: Harvard University Press, 1962.

他所创立的理论作为交易成本经济学的代表。以下介绍的交易成本理论主要以威廉姆森的著作为中心,为避免重复,将不再引用作者姓名。

二、交易的特点与交易成本

无论是早期的经典产权理论(或者称为注重计量的交易成本理论)还是现代产权理论,对交易本身都不太关注,而交易成本理论的重要特点之一就是关注交易本身。这种更为具体化的研究角度在经济学中不太常见。经济学一般追求理论越普适越好,比如供需模型描述的是任何一种产品或服务的市场力量,而不是某个或某类产品或服务。交易成本理论的理念是交易的具体特点是理解不同经济组织的关键,只有具体了解不同的交易有何区别,才可能促进人们对经济组织的了解。

至于如何具体讨论交易细节,交易成本理论主张用资产专用性与交易的复杂性作为主要维度来界定交易特点以及相应的交易成本。

在交易成本理论中,资产专用性(仅在合约关系中使用才有明显价值,资产在合约之外的应用价值不高)与"根本性转换"是两个相互联系的概念。所谓根本性转换是指交易过程中出现了一种非常本质性的改变,在正式交易前一方(不妨设为买方)可能面临众多的卖方,卖方的竞争可以保证交易的效率没有扭曲,买方的利益也能有所保障(比如不用支付过高的价格)。一旦交易达成,由于资产专用或其他原因,在以后的交易中,买方只能继续与原来的卖家交易,买家的交易条件相当于发生了"根本性转换"。仍以发电企业与煤矿的双边交易为例,电企在投产前可以与众多煤矿签约,当电企选定一家煤矿后,购置的发电设备只适合烧这家煤矿的煤,发电设备是典型的专用资产,因为脱离特定煤矿企业的供煤,设备几乎没有价值。以后,电企再次需要用煤时,合格的供应商就不再是众多的煤矿企业,而是少数几家能提供特定规格的煤企。资产专用性容易导致一种称为"敲竹杠"的交易成本,在煤电例子中,煤企可能以各种理由在以后的交易中涨价,电企被"敲竹杠"。

现实中,资产专用性可能更加复杂。在上例中,只有电企一方存在资产专用性。如果煤企也有资产专用性,那么就出现双向的资产专用情形。

比如，在交易前，煤企可以和众多电企签约，一旦选定电企后，煤企购置的洗煤设备只能产出某特定规格的煤，这种煤只有特定电企需要。双边资产专用性的产生，使得交易双方在签约后不得不经常谈判，这种协商将产生大量的交易成本。

按照完全合约理论，如果交易的主要障碍是资产专用性，那么交易双方理论上可以通过事前的合约消除其影响。以最简单的煤电单边资产专用为例，电企考虑到煤企可能在以后的交易中涨价或以其他方式"敲竹杠"，那么电企可以在合同条款中约定相应的固定价格或其他控制条款，并约定有争议时送交第三方仲裁。当合约不完全或者第三方不能很好地裁定合约的履约情况时，靠签订合约来控制"敲竹杠"就不再是可行选项。

一般而言，复杂的交易都是跨期生意，不可能在合约中把将来所有的情况穷尽，不确定性总是存在的。另外，第三方也很难对一些专业问题作出裁定，比如煤品质是否达标，什么情况算"不可抗力"等。以上复杂情形表明，合约的常态是不完全的，由于合约不完全再加上资产专用性，交易双方只有通过不时的谈判解决分歧。谈判中发生的所有成本都是交易成本。

三、治理结构与交易成本

交易成本理论的一个主要贡献是区分不同交易的特点以及治理结构的特点，并根据两者的特点进行匹配。大体上，交易的治理结构可分成三大类，一类是以市场为代表的以分散决策为主要形式的治理形式，一类是以行政管理为主要手段交易的科层组织，还有一类是综合了市场与科层两种治理结构的混合形式。

如果把市场与严格的科层组织看成两端，而混合结构看成中间状态，治理结构可以用一个连续的谱系表示。交易成本理论认为，治理结构谱系可以由两个维度加以区分，其一是激励强度，其二是行政管理的力度。激励强度是交易各方收获边际收益的程度，如果交易各方能完全收获自己努力的边际收益，那么激励强度是最高的，如果收获逐次减小，那么激励强度逐次减小。行政管理或控制力度是指存在第三方可以协调交易双方的谈判甚至对交易各方的行动发指令。第三方越能控制交易行为，则行政控制力度越强。

尽管激励强度与行政控制是两个不同的因素，但是两者之间存在很明显的互补性。交易成本理论引入行政控制方的主要原因是由于契约是不完全的。当契约不完全时，签约后交易双方最大的问题是如何适应将来各种各样的变化，以及如何就适应过程中的收益与成本进行谈判。一般而言，签约后，未来各方需适应的情形越多变，交易就越复杂，各方在适应新情况时采取机会主义行为带来的交易成本就越大。为减小因谈判和机会主义行为带来的交易成本，就需要有第三方的行政控制与协调。交易由第三方协调的一个前提是交易各方将自己的决策权让渡出来，决策权的让渡使得决策与业绩之间的关系变得更加模糊，激励强度下降。

因此，合同治理中行政控制越强，各方的激励效应就越差；反过来，治理结构中体现的激励效果越好，那么行政控制就越差。以市场和严格的科层组织为例，市场治理结构中，签约各方是独立的分散决策个体，每个个体都承担自己决策的所有后果，激励效果非常明显，但是当发生商业纠纷或面临一些变化需要调整合约时，分歧的解决就比较耗费资源。当出现未预期的损失时，市场交易的各方都力图让对方承担损失；当出现未预期的收益时，交易各方又偏向占有更大的份额，解决这些利益冲突的成本往往耗费不菲，如果矛盾无法解决，交易失败同样也是资源的浪费。在严格的科层组织中，每个阶段的决策都可能需要协调，业绩与自主决策的关系变弱，激励效果下降，代表资源的浪费。各个阶段的合作若发生分歧，由于存在统一的协调机构，相应的合作成本很小，相对于市场治理模式具有资源节约的优势。

交易成本理论认为，最优的治理结构是激励扭曲引起的交易成本与事后谈判和协调的交易成本之间的权衡取舍，最优的治理结构是使得两种交易成本最小化。

四、交易成本理论的应用

交易成本理论还处于发展初期，没有搭建得非常系统，理论的发展与应用相互交织，一些重要的理论成果常通过应用的方式展现。

交易成本理论最重要的应用之一是企业一体化问题，也称为"制造或购买（make or buy）"问题。具体而言，交易一方为制造方，另外一方是原料或部件提供商，制造方一般称为买方，部件提供方称为卖方。买方的生产有两种模式，其一是从卖方购买部件后加工，这是市场交易的方式。其二是将对方企业并购，部件的生产相当于是自己的生产部门提供，这是企业一体化。买方该采取哪种生产方式呢？

交易成本理论认为，企业生产的综合成本决定了生产方式。综合成本由产品的生产成本与合约的治理成本组成，生产成本就是企业在生产中发生的成本，治理成本主要是买卖双方在合约执行过程中遇到各种需临时调整价格、产量以及规格等发生的谈判成本。如果部件从市场购买，由于市场模式具有强激励特点，购买部件的成本比自己生产耗费的成本更低廉，这是市场治理模式在生产成本上的优势。不过，当资产专用性较高时，如果还是维持市场交易，买卖双方临时调整的成本很大。由此看来，综合成本是资产专用性的函数，当资产专用性很低时，采用市场交易，生产成本的节约（相比自产）大于治理成本的增加，综合成本的变化量小于零；当资产专用性很高时，采用市场交易，生产成本的节约小于治理成本的增加，综合成本的变化量大于零。大体上，综合成本的变化量是资产专用性的单调函数，使得函数等于零的资产专用性是临界点。

当资产专用性小于临界点，那么买方从市场购买部件，当资产专用性大于临界点，买方将合并卖方，自己生产部件。现实中有一个常被引用的实例可以很好地支持交易成本理论的结论。在1919年，通用汽车公司的车身是从另外一个名为菲舍的企业购买，车身木制。尽管通用公司的投资具有一定的专用性，但两个企业通过长期的合约限制了"敲竹杠"行为，长期合约对价格与价格变动都有明确规定。后来，通用公司的汽车需求增加迅速，为了降低车身的购买价格，通用汽车公司要求菲舍公司搬迁至更靠近通用公司的地点，这样可以节省大量的运输成本。但是，菲舍公司拒绝了通用汽车公司的要求，通用公司的利益受到严重影响。七年后，通用公司于1926年并购了菲舍公司，彻底解决了车身供应方面的协调问题。这个例子与交易成本理论的推断非常符合,在初期通用汽车与菲舍是两个不同企业,交易是市场交易模式,随后出现了一些没有预料到的变化(通用公司的需求迅猛增长),需要交易双方就部件的供应数量、价格进行调整,但由于不是同一家企业,谈判的成本很高,通用汽车公司不得不暂时忍受不合理的高价部件以及不能及时满足市场对汽车的需求,当这些问题越来越大,通用汽车公司的利益越来越受影响时,谈判成本与生产成本之间的权衡渐渐向一体化的模式倾斜,并购对于通用公司就是明智的选择。

交易成本理论另外一个非常重要的应用是科斯提出的企业边界问题。交易成本理论将企业一体化问题与企业边界问题做了区分,对于一体化问题,主要是利用与资产专用性有关的交易成本的比较分析进行回答;而企业边界问题,则是假设如果资产专用性程度不高时,大企业到底有哪些方面比小企业的成本更大?一般观点认为,当资产专用性不高时,企业越大成本优势越大,因为小企业能做到的大企业都能做到,但是大企业具备小企业没有的一项优势——它可以协调小企业之间的关系,进一步降低成本。交易成本理论认为,以上观点隐含着大企业可以"有选择干预"企业事务的假设,但是此假设值得商榷。大企业不可能同时既享受小企业的强激励优势,又具备小企业不具备的协调优势。交易成本列举了两种主要原因进行论证。第一是小企业合并为大企业后,生产成本很可能比小企业高,比如小企业在使用各种设备时不太会像合并前那么小心使用与保养。第二是,合并后的大企业可能通过会计账务操纵的方式,比如压低内部收购价格、抬高原料价格等减少小企业的账面利润,降低小企业的收入。

除了以上两个重要的应用外,交易成本理论还有一些其他的应用,比如对劳工组织、特许权竞标以及垄断等问题的分析。由于大体框架与以上两种应用一致,不再赘述。

五、展望

交易成本理论是对经济制度分析领域的巨大贡献,但这个主要由威廉姆森创建的理论进路还处于发展的早期,存在很大的改进余地。

交易成本理论对于企业一体化的讨论重收益轻成本。对于企业一体化的分析，理论更多的是讨论合并后在治理方面的收益，几乎很少涉及一体化后的成本。尽管交易成本理论提出了大企业不可能"有选择干预"企业内部事务，并以这种说法解释企业合并后的成本，但是对于所谓的"有选择干预"主要是以例子进行讨论，在概念方面的界定不严格。相形之下，现代产权理论对于企业一体化成本与收益的分析更为明确，指出一体化的收益来源于合约执行阶段有效率的谈判，一体化的成本是签约前交易双方对于专用资产的投入不足。鉴于对一体化的收益与成本没有并重处理，交易成本理论未来的发展需要进一步系统地讨论企业一体化的成本，更好地整合成本与收益分析。

交易成本理论整体的分析思路可以总结为三个步骤：首先，详细分析不同交易形式的特点；其次，分析不同治理模式的特点；最后将交易形式与治理模式进行匹配，匹配的原则是最小化交易成本。从交易成本理论的分析步骤不难看出，该理论实质上是关于合约选择的理论。在经典产权理论领域，艾尔钦、巴泽尔以及张五常等大师都很注重对合约选择的分析，尤其是巴泽尔与张五常，他们更早地提出了合约选择的目的就是最小化交易成本。两者主要的区别是交易成本理论非常注重合约的治理关系以及相应的治理成本，经典产权理论则主要关注与"测量"有关的交易成本，实质也是界定产权（责任）的成本。

既然经典产权理论与交易成本理论都是关于合约选择的理论，两者的区别是次要的，将来交易成本理论吸收经典产权理论的有关分析，把两个理论有机融合在一起，也许是值得期待的发展方向之一。比如交易成本理论可以借鉴张五常关于企业的观点，淡化企业边界问题，研究更为基础的合约选择问题。虽然，企业的边界问题一直是制度分析领域的"明星问题"，但张五常后期的研究却明显表现出，由于企业难以严格定义，研究其边界问题避免不了含混不清。所谓企业边界问题其实就是合约的选择问题，因为市场交易的特点是交易双方的交易完全以自由议价为条件进行，如果用合约语言就是合约内容简单，只包含双方自由议价的条款。企业表面上没有交易，主要用行政指令使雇员工作，实际上其交易与市场交易没有本质区别，企业的交易发生在员工开始工作之前，交易的标的是"让渡一段时间的劳动支配权"。如果这样看待市场与企业，交易成本理论可以把企业边界问题转化为合约选择问题，然后把经典产权经济学的"测量"交易成本观与自己的"治理结构"交易成本观结合在一起，完成两个不同子领域的综合。

在理论的形式方面，交易成本理论的发展多以文字叙述为主。由于缺乏严谨的数理模型，容易产生不必要的歧义，比如"有选择地干预"如何界定？何谓事前合约不完全？何谓事后合约不完全？这些概念是否可以用经典产权经济学的"测量"成本替代？诸如此类有关重要分析概念的含混问题，一直是交易成本理论不得不面对的挑战。如果能以严谨的数理模型把现有的交易成本理论形式化，很多因文字而产生的模棱两可的问题会大为减少。现在，对交易成本理论构建模型的尝试才刚刚开始，有关成果较少。斯蒂芬·泰德里斯（Steven Tadelis）与威廉姆森在《组织经济学手册》中的模型是值得关注的尝试之一，模型几乎完全按照威廉姆森在《资本主义的经济制度》一书中的思路构建，把资产专用性、合约不完全与合约执行过程中的治理成本（对未知变化的适应成本）综合在一起分析，得出了交易成本理论的重要结论。但这只是非常初步的严格化，有很多重要的问题需要解决，尤其是模型亟待更为坚实的微观基础。比如模型有个关键假设，认为适应成本随合约激励效果的下降而下降，并且下降幅度在科层组织中大于市场情形。很明显，这种假设有些武断，缺乏微观机制的支持。因此，交易成本理论在将来值得期待的一个进展应该是为理论构建微观基础牢靠的数理模型。

第七章

微观经济学经典文献与代表性学术期刊

第一节 微观经济学经典文献

一、经济学方法总论

《实证经济学方法论》

《实证经济学方法论》(The Methodology of Positive Economics)是米尔顿·弗里德曼的一篇论文，收录于弗里德曼所著《实证经济学文集》(*Essays in Positive Economics*)一书，该书1953年由芝加哥大学出版社出版。

在20世纪中叶，经济学界对于经济学方法论的讨论逐步热烈起来。在这个学术讨论的大背景下，经济学大师弗里德曼在1952年发表了这篇论文。该论文一经发表，就在经济学界产生了巨大的影响，也产生了不少争议。虽然不是所有经济学家都同意论文的主要观点，但是它对加深人们对实证经济学方法的理解所起到的作用是学界公认的。

该论文的主要目的是澄清当时流行的一种观点，认为理论假设不能太

"脱离实际"。这种主张当时获得了大量的支持者，其中的道理似乎显而易见，不符合实际情况的理论假设所得到的理论推断缺乏可信度。《实证经济学方法论》的重要贡献是对假设与理论推断价值之间的关系做了更加严谨的探究。论文明确认为理论的构建与应用是两个不同的过程，前者是逻辑分析体系，是抽象的概念体系，不存在假设与现实是否符合的问题。后者涉及理论概念与现实世界的对应，这个过程非常"艺术化"，不太可能对引用的具体对应法则进行假设是否符合现实的判断。弗里德曼以细致的分析和举例进行辨析，最后得到的结论是理论优劣的评判标准不能以假设是否符合现实来界定，而应该以理论的推断是否被现实证伪来界定。

该论文发表后就成为经典，对经济学研究的影响是不可估量的。根据《实证经济学方法论》的结论，微观经济学的理论与经验研究自此很少再陷入假设是否符合现实的无谓争论，大多数研究都把理论推断的重点放在了推演"可证伪"的结论上。

二、新古典微观经济学

《经济学原理》

《经济学原理》（*Principles of Economics*）由英国经济学家艾尔弗雷德·马歇尔所著。该书是现代微观经济学的奠基之作。从思想传承上，马歇尔明显受到了亚当·斯密、大卫·李嘉图等学者的古典经济学说的影响，古典经济学最后一位大师穆勒的集大成之作《政治经济学原理》对马歇尔的影响尤为明显。马歇尔在《经济学原理》中还融入了同时代的学者如杰文斯等人创建的边际分析。因此，《经济学原理》一书综合了古典经济学的精华以及边际分析方法，并据此构建了现代微观经济学的均衡分析框架。

该书不仅是对古典经济学的传承和综合，还有很多创建。在分析上，该书构建了局部均衡分析框架，也就是现在所有经济学课程都必须讲授的供给与需求分析。供需均衡清晰地表现了马歇尔对古典经济学的继承与发展。在对价值的讨论中古典经济学往往注重对客观成本的讨论，而马歇尔则加入了需求这种主观的因素。在概念上，马歇尔提出了很多微观经济学常用的关键名词，比如需求弹性、消费者剩余、市场上长期与短期均衡的划分以及准经济租等。

该书问世后不久就取代了约翰·穆勒的《政治经济学原理》而成为很多大学选用的主要教材。在经济学重镇芝加哥大学，经济系的很多重量级学者比如弗里德曼、斯蒂格勒等都把《经济学原理》作为其课程的必读书目。

《交换与生产》

《交换与生产》（*Exchange and Production*）是在20世纪60年代洛杉矶加州大学经济系的传奇课程的讲义基础上发展成书，由沃德沃茨（Wads Worth）公司1964年出版，作者是艾尔钦与艾伦。该书是公认的经典之作，尽管从出版到现在经过了六十年，《交换与生产》依然是很多学者心目中的微观经济学"圣经"。

艾尔钦20世纪60年代担任洛杉矶加州大学研究生课程价格理论的教师，课程资料是自己编写的讲义，经另外一个学者艾伦的编写与补充后正式出版，出版的书名定为《交换与生产》。张五常教授对此书的评价相当高，认为该书的作者是"价格理论"第一人。

该书最突出的优点是理论与实际应用的完美结合。艾尔钦在书中的前言写道，理论的价值体现在以内在一致的逻辑形式解释现实世界。这与经济学大师马歇尔的观点不谋而合：经济理论应该是为发现具体事实的分析"发动机"。《交换与生产》一书首先将经济学总结为诸如稀缺、理性与替代等少数原理，然后全书所有的应用都是对这几个精简原理的应用。该著不仅对基本原理的阐述细致而深入，而且对很多似乎挑战经济学基本原理的现象做了相当有说服力的回应，比如现实中有些商品价格越高似乎销量越好、商店总是存有库存似乎表示供需总是不均衡等。由于该书中有大量经济学原理的精巧应用，不少学者甚至从书中的例子获得启发，发表了有影响的学术论文，比如后来一系列关于"艾尔钦-艾伦定理"的论文，还有后来在失业理论上应用广泛的"效率工资"理论等。

从经济学教育目的上看，该书几乎可以取代马歇尔的《经济学原理》，因为它对经济学基本原理的阐述更加清晰，实际应用更加贴近现实。

《价值理论》

德布鲁所著的《价值理论》（*The Theory of Value*）发表于1959年，由耶鲁大学出版社出版，这是一本很袖珍的书，只有102页。但是这本书是微观经济学领域的传奇，著名经济学家卢卡斯称赞其为"20世纪经济学的不朽经典"。

该书所完成的工作是微观经济学中的一般均衡问题，回答自由竞争市场如何在价格体系下达到整体均衡，还回答了自由竞争均衡的价格体系与资源有效配置之间的关系，从理论上论证了亚当·斯密关于经济学最著名的"看不见的手"的论断。一般均衡问题最早是由法国经济学家瓦尔拉斯提出，但是瓦尔拉斯并没有对此问题给出严谨的证明。一般均衡问题在随后近七十年中进展非常缓慢。直到20世纪50年代，德布鲁和阿罗才对一般均衡问题进行了严谨全面的研究。在《价值理论》一书中，德布鲁指出传统的微积分不是研究一般均衡问题的最佳方法，作者把集合论、凸分析以及著名的角谷不动点定理（Kakutani Fixed Point Thereom）引入一般均衡问题的研究，非常优美地证明了一般均衡的存在性以及价格体系配置资源的有效性。

与新古典经济学的其他著作比如《经济学原理》相比，该书的突出特点是严谨，运用了大量前沿的数学技术，这在20世纪60年代经济学研究中数学应用还不多见的时代显得较为罕见。该书对于推动经济学研究的严谨、形式化起到了非常重要的作用。

三、博弈论与信息经济学

《N人博弈的均衡点》

《N人博弈的均衡点》（*Equilibrium Points in N-person Games*）是约翰·纳什在1950年发表的论文，载于《美国科学院院报》（*Proceedings of* the National Academy of Sciences of US），奠定了非合作博弈论最重要的均衡概念。有意思的是，这篇为作者赢得诺贝尔经济学奖做出了巨大贡献的论文仅仅只有两页纸。

经济学在 21 世纪最重要的发展之一就是博弈论的兴起。该文最重要的贡献是提出了著名的"纳什均衡"概念，认为以互动为根本特征的博弈，互为最优反应是预测结果的主要方法。在纳什提出纳什均衡后，经济学对于互动场景的研究才突飞猛进，很多一直停滞不前的研究，比如寡头、垄断竞争等经典产业组织问题才得到了实质性的推进。

该文另外一个贡献是为新古典的一般均衡理论提供了重要启示，一般均衡理论大师德布鲁和阿罗都提及，纳什均衡的证明中所用到的前沿数学启发了一般均衡的证明思路。

后来，博弈论的发展在动态与不完全信息两个方面大大拓展了纳什所研究的静态环境，不过这些新环境下的均衡概念依然是站在纳什均衡的肩膀上，可是说纳什均衡是之后所有重大研究的理论基石。

《柠檬市场：质量的不确定与市场机制》

《柠檬市场：质量的不确定与市场机制》（The Market for Lemons：Quality Uncertainty and the Market Mechanism）是阿克劳夫 1970 年发表于《经济学季刊》上的论文，现在已经成为信息经济学领域的绝对经典。常见于微观经济学或者信息经济学的"二手车"例子就出自该论文。

该论文的一大贡献是开创了"逆向选择"理论。根据逆向选择理论，当交易环境不再满足新古典的信息对称假设时，交易一方拥有关于交易价值的有利信息，并且可能利用优势信息损害交易对手的利益。该文不仅首次提出了逆向选择问题，而且通过拓展新古典供需模型对逆向选择给出了严谨的分析。论文所得的结果非常著名，即若市场交易是信息不对称的环境，那么即使市场上充满了提高交易双方福利的机会，最终仍可能没有任何交易发生。从福利经济学角度看，逆向选择问题不仅使得市场自由交换的效率降低，而且可能使得市场交易完全无效率。

该文虽然研究的是一个特殊的信息不对称问题，但是开启了微观经济学在 20 世纪 70 年代开始的精彩篇章——信息经济学。以后出现的经典论文，比如"信号理论""筛选理论"等都明显受到了该文的启发。

《就业市场信号》

《就业市场信号》（Job Market Signaling）是斯宾赛 1973 年发表在《经济学季刊》上的论文，该文与《柠檬市场》是信息经济学引用率最高的文章，该文也是作者获得诺贝尔经济学奖的重要理由之一。

从学术研究的逻辑上，该文是《柠檬市场》一文的后继发展。《柠檬市场》揭示了当存在信息不对称时，市场的效率可能非常低。《就业市场信号》一文提出了一个很自然的问题，市场怎么可能对大量有潜在收益的交易视而不见？市场是否可能演进出克服信息不对称障碍的机制？论文的研究表明，市场在应对信息不对称时，交易双方能自发形成一种"信号机制"。以劳动力市场为例，尽管雇主不能直接观察到雇员的能力，但是教育程度是雇员能力的"信号"，教育程度高在一定条件下能保证能力高。这是该文最重要的贡献，指出自由市场在应对信息不对称时，能自发演进出某些可观察的"非价格"信号。

该文还在技术上有重大贡献，斯宾赛在论文中提到信号机制有用的前提条件是信号成本与发送信号雇员的内在能力负相关，这个条件的一般化形式就是非常著名的"单交条件"。无论是信息经济学、机制设计理论、拍卖理论，大量的理论应用都需要以单交条件为前提。另外，该文构建模型的思路后来也影响了博弈理论的不完全信息动态博弈，后者以该文的思路为基础发展了一套严谨而又一般化的信号理论，并推动了有关均衡概念的精炼。

《最优拍卖设计》

《最优拍卖设计》（Optimal Auction Design）是迈尔森在 1981 年发表于《统筹研究的数学》（*Mathematics of Operations Research*）期刊的论文，该文在机制设计领域以及拍卖理论领域的地位非常高，因为它在这两个相关领域的贡献都是奠基式的。

该文为拍卖理论贡献了一个非常重要的一般框架，将拍卖转化为贝叶斯博弈，拍卖行为完全可以用贝叶斯纳什均衡进行刻画。应用此框架，所有拍卖的性质都可以得到统一的研究。

在重大结论上，该文至少有三个结论是非常重要的。第一个是提出了机制设计理论领域最为基本的显示性原理，有了显示性原理，无穷可能的拍卖形式就不再是难题，都可以根据原理统一在直接机制下研究。第二个结论是收入等价原理。所有的拍卖，不管形式如何千差万别，只要拍品的分配法则不变，最低支付意愿的竞拍者在拍卖中的期望支付相同，那么拍卖的收入都是相等的。这个原理不仅具有理论意义，其现实意义也非常重大，它至少解释了为何追求收入最大化的拍卖方，会采用各种不同的拍卖形式。第三个是该文对最优拍卖的分配法则与支付法则做了全面的刻画。

在技术上，该文至少有两个贡献对机制设计理论与拍卖理论形成了较为深远的影响。第一是该文从形式上完整地刻画了机制设计中非常重要的"激励相容"条件，为后继研究打下了很好的基础。第二，该文发明了一种"熨平法"，针对拍卖中的一些分布函数对应的"虚拟类型"非单调的情形提供了严谨的数学解决方案。

该文对于后继的静态机制设计理论有不可估量的影响，对于现在前沿的动态机制设计理论也有一定的促进作用。

四、制度经济学

《企业的性质》

《企业的性质》（The Nature of The Firm）是科斯荣获诺贝尔经济学奖的两篇论文之一，这篇文章是科斯在本科期间游学美国、聆听芝加哥大学奈特教授的课程后写下的论文。论文的经历比较传奇，一篇本科生的论文，后来正式发表了，但在近三十年内几乎无人问津。到了20世纪60年代，随着科斯另外一篇论文《社会成本问题》的发表，《企业的性质》开始获得经济学界的广泛重视，最后这两篇论文为作者赢得了诺贝尔经济学奖。

该文最重大的贡献是开创了制度经济分析的先河。在主流微观经济学领域，市场与企业之间的关系没有得到重视，科斯敏锐地提出了一个很好的问题：为何市场上的资源配置是以价格为主，而企业内部的资源配置却以指令为主？这个问题打开了制度分析的大门，促使人们思考为何有市场与企业这两种差异巨大的制度安排形式。科斯在论文中的回答也很著名：市场交易存在诸如发现价格或者拟定、监督合约的成本，而企业在统一的管理下可以节约这些成本，但会有相应的管理成本，市场与企业的边界是由上述两种成本在边际上相等而定。

由于这些贡献，该文被认为是现代交易成本经济学的开山之作，后来的交易成本经济学大师威廉姆森正是在该文所开辟的道路上进一步发展，最终使交易成本经济学在主流的新古典经济学中占据了重要的地位。

《社会成本问题》

《社会成本问题》（The Problem of Social Cost）是科斯1960年发表的经典论文。这篇论文在发表之前的传奇故事在经济学界广为流传。由于该文对外部性的分析与当时流行了多年的源自庇古的分析截然不同，《法和经济学杂志》（Journal of Law and Economics）主编迪雷科勒请科斯为论文的主要观点进行辩护。于是就诞生了经济学史上十分著名的"芝加哥之夜"，科斯在晚餐时间与芝加哥的十位经济学家进行辩论，其中包括弗里德曼、斯蒂格勒、哈勃格等大师级人物。辩论的时间长达三小时，结果是科斯完胜。辩论之后，科斯开始正式写作《社会成本问题》一文。

该文第一个重要的贡献是所有微观经济学教材中都会收录的"科斯定理"。该定理说明了界定清晰的产权，无论其具体形式如何，只要交易成本为零，经济效率不变。根据科斯定理，外部性的问题不是源自社会成本与私人成本的分离，而是权利界定不清晰，一旦把有关权利界定清晰，外部性就不会有任何效率损失。这个观点完全颠覆了庇古的标准答案，即外部性的存在需要政府以税收或管制的方式进行矫正。

该文第二个贡献更加重要，明确把交易成本引入制度分析。在科斯看来，交易成本为零，任何经济体系的运行效率没有差异。现实中，交易成本总是大于零，各种制度的选择实际上是为了节约交易成本。《社会成本问题》发表后，经济学界对制度的了解大为进步，因为对制度的分析有了非常明确的方向，从交易成本入手是理解制度的必经之路。后来的制度经济学大家张五常、威廉姆森以及哈特等人都从该文获得了启示。

《生产、信息成本与经济组织》

《生产、信息成本与经济组织》（Production, Information Cost, and Economic Organization）是制度经济学的名作，由艾尔钦和德姆塞茨在1972年发表于《美国经济评论》（American Economic Review）。该文开创了交易成本经济学的一个重要分支，注重在交易与生产的合约中度量不同个体边际贡献的成本对合约形式的影响。

该文对于企业这种经济组织的研究沿着科斯所开创的交易成本路径展开，从多方面加深了人们对市场以及企业的理解。第一，该文认为市场与企业的区别不是科斯所说的前者由自由价格调配资源，而后者是指令调配资源。市场与企业都是自由签约的结果，两者的主要区别是合约的形式不同。第二，该文提出了团队生产的新概念，指出当团队产出高于个体简单产出之和，并且个体贡献难以界定时，企业是比市场更好的合约。所谓的企业就是一组合约，有个中心缔约方，所有人的合约都是与中心缔约方签订，中心缔约方是团队产出的剩余索取者，也称为企业所有者。第三，所谓企业中的"指令"，其真实的经济职能是监督团队成员是否偷懒，分配团队成员的工作，监督与分配工作的主要目的是更为精确地衡量团队成员在产出中的边际贡献。

该文对于企业的分析十分深刻，透过所谓"指令"的表象，揭示出所有者的主要职能是度量个体的边际贡献。这一观点对后来的学者比如张五常以及巴泽尔等都有明显影响，并且把企业与市场的研究推向了合约选择的高度。

《资本主义的经济制度：企业、市场、关系型契约》

《资本主义的经济制度：企业、市场、关系型契约》（The Economic

Institutions of Capitalist Firms, Markets, Relational Contracting)是交易成本经济学的集大成之作,是威廉姆森在二十多年的学术耕耘基础上的综合成果。在学术渊源上,该著融合了科斯提出的交易成本思想与西蒙和伯纳德等人提出的组织理论。

该书对交易成本经济学做出了丰富的贡献。该书在一定意义上沿着科斯的思想开创了交易成本经济学。从分析的框架上,该书不仅提出了一套完整的逻辑体系,而且创建了多个重要的分析概念。不同于新古典经济学以选择为研究主题,该书以交易的合约为研究主题,提出了重要的资产专用性概念、合约不完全概念,认为这些重要的实际经济现象导致了签约成本。威廉姆森的结论是所有的合约,无论是简单的市场交易还是更为复杂的其他合约,其主要目的都是为了最小化签约后带来的交易成本。

该书除了贡献精彩的理论外,还大篇幅地展现了理论的应用,比如几乎改写了很多传统垄断理论的结论,对企业的边界问题、贸易中的可信承诺、现代公司以及劳工组织等问题都做了深入的讨论。

该书开创的交易成本经济学目前又引来了新的发展,一些学者比如泰德里斯开始以严谨的数学模型诠释、发展威廉姆森的思想。

《所有权的成本与收益:纵向与横向一体化的理论》

格罗斯曼与哈特合作的论文《所有权的成本与收益:纵向与横向一体化的理论》(The Cost and Benefits of Ownership: A Theory of Vertical and Lateral Integration)发表在1986年的《政治经济学期刊》(Journal of Political Economy)上,该文是公认的不完全契约理论的奠基之作。

这篇论文做出的重大贡献如下。第一,突破了传统的完全合约理念,以"可观察但不可第三方验证"的经济变量为基础开创了不完全契约理论。第二,在艾尔钦和德姆塞茨1972年的名作发表后,一般都把企业所有权与剩余收入权相联系,而不完全契约理论中则提供了一个不同的视角,认为企业所有权的本质是"剩余控制权"。第三,该论文对于企业边界问题的回答是比较深入的,详细给出了企业合并的条件与独立的条件,企业的合并表示企业边界的扩大,企业的独立表示企业的边界变小。第四,该文在一定程度上还发展了威廉姆森的交易成本理论。一般认为威廉姆森对于企业一体化的分析存在一定的缺陷，对一体化成本的处理有些简单，该文的优点是明确指出了企业一体化的成本是影响了签约前各方的投资激励。

该文开创的不完全契约理论已经获得长足发展，很多不同领域的学者都从中获得了启发，尤其是组织经济学、公司财务以及国际贸易理论等领域都有从不完全契约理论视角做出的新研究。

第二节　微观经济学代表性学术期刊

一、《美国经济评论》

《美国经济评论》（*The American Economic Review*）于1911年创刊，由美国经济学会出版，是美国创刊最久、最具声望的综合性经济学学术期刊之一。该刊发表的文章涵盖范围广，研究内容涉及经济理论、应用经济学和经济政策的各个领域。《美国经济评论》刊登经济学领域前沿研究成果，强调观点的新颖，重点论题常随经济学界关注的问题而变化。同时每年5月出版学会的年会论文及会议议程的专辑。该刊要求所发表的文章必须提供允许其他研究者复制的数据和计算过程。

二、《美国经济学期刊：微观》

《美国经济学期刊：微观》（*American Economic Journal: Microeconomics*）于2009年创刊，由美国经济学会出版。该刊聚焦于微观经济学理论、产业组织理论以及国际贸易、政治经济学和金融学等领域的微观方面。该刊既发表理论成果，也发表含有理论框架的实证文章。该刊鼓励通过其线上平台进行观点交流。

三、《美国经济评论：洞见》

《美国经济评论：洞见》（*American Economic Review: Insights*）于2019

年创刊，由美国经济学会出版。该刊旨在成为顶级的综合性经济学期刊，刊发与《美国经济评论》同样高质量的重要论文，致力于发表那些简明清晰又富有洞见的论文。过去四十年来，经济学文章的篇幅已大幅加长，那些研究成果简明扼要的重要论文却缺乏展示空间。然而有时最重要的发现往往言简意赅，一些里程碑式的文章仅有两三页的篇幅。《美国经济评论：洞见》的目标是为重要但简明的理论或实证文章提供展示平台。提交该刊的文章必须在6000字之内，图表须在5个之内。同时该刊致力于成为经济学界最有效率的期刊，承诺将在三个月内对文章进行首次回复。

四、《政治经济学杂志》

《政治经济学杂志》（Journal of Political Economy）创刊于1892年，由芝加哥大学出版社出版，是最古老也最负盛名的经济学期刊之一，发表了大量在理论和实践方面具有重要意义的研究。《政治经济学杂志》致力于发表那些对经济学研究产生深远影响的具有现实意义的文章，主要包括货币理论、财政政策、劳动经济学、发展理论、宏观和微观理论、国际贸易、金融学、产业组织领域的分析、解释和实证研究等。除了这些政治经济学传统领域，还发表经济思想、社会经济学等相关领域的研究成果。该刊希望能为想了解这些领域最新研究成果的经济学家提供帮助。

五、《经济学季刊》

《经济学季刊》（The Quarterly Journal of Economics）1886年创刊，由牛津大学出版社出版，哈佛大学经济学院主办。《经济学季刊》是历史最悠久的英文经济学期刊，涵盖经济学领域的各个方面，内容由传统的微观经济学理论，扩大到宏观经济学的理论和实证研究。为了促进经济学界的一致标准和普遍利益，该刊采取与《美国经济评论》相同的数据可用性政策，即在发表前必须提供允许其他研究者使用的数据。对于全世界经济学研究人员来说，《经济学季刊》是非常重要的专业和学术参考文献。

六、《经济研究评论》

《经济研究评论》（*The Review of Economic Studies*）由一群年轻的英国和美国经济学家在1933年创刊，由牛津大学出版社出版。它的目标是鼓励在理论和应用经济学领域的研究，尤其是年轻经济学家进行的研究。如今，它是公认的经济学五大核心期刊之一。该刊以发表在理论和应用经济学领域具有开创性的文章而闻名，并致力于发表经济学各领域的出色文章。《经济研究评论》的编辑也注重为作者提供高效高质量的评阅过程，给予作者详细的报告与反馈。自1989年以来该刊还在每年5月举办会议，为经济和金融领域的年轻学者提供展示其研究成果的机会。

七、《计量经济学》

《计量经济学》（*Econometrica*）是国际计量经济学学会的会刊。1930年弗里希等人发起成立计量经济学会，其宗旨是致力于促进与数理统计相关的经济学理论的发展，并于1933年创办会刊《计量经济学》。《计量经济学》发表各经济学分支领域的原创文章，涵盖范围广泛，既有理论抽象的文章，又有实证应用的研究。它致力于促进理论定量研究和实证定量研究的统一。《计量经济学》每年都会探索一些独特的主题，从许多全新的重要领域的理论发展前沿，到当下应用经济问题的研究，再到计量经济学的方法创新、理论和应用研究。《计量经济学》鼓励博士研究生提交其学位论文等研究成果，期刊的政策已将年轻的博士生在写作和提交论文方面经验不足的事实考虑在内。

八、《欧洲经济学会期刊》

《欧洲经济学会期刊》（*Journal of the European Economic Association*）创刊于2003年，最初由麻省理工学院出版社出版，2016年至今由牛津大学出版社出版。《欧洲经济学会期刊》作为一本综合性经济刊物，致力于促进欧洲经济区的发展，促进经济学作为一门科学的发展和应用，以及促进教师、研究人员和学生在经济学方面的交流。该刊只发表最高科学质量的文章，在世界范围内享有盛誉，为全球相关的理论和实证研究提供展示平台。若想向该刊提交论文，必须首先成为欧洲经济学会的成员。

九、《经济理论杂志》

《经济理论杂志》（Journal of Economic Theory）于 1969 年创刊，由美国学术出版社出版。该刊发表经济学理论方面具有独创性的研究，并且强调对于经济学模型的理论分析，包括用数学技术进行的研究。《经济理论杂志》在专注于经济学理论的专业期刊中是最具综合性的，是经济学九大核心期刊之一。对实证、实验、计算和定量研究作出重大贡献的文章也可以向该刊投稿，只要研究有坚实的理论基础。期刊坚持对经济学不同领域的理论研究公正平衡地看待，强调研究中的创新性。期刊论文的主题包括但不限于机制设计、信息、金融、匹配、决策理论、博弈论、政治经济学、市场设计、宏观经济学和货币经济学。

十、《兰德经济学杂志》

《兰德经济学杂志》（The RAND Journal of Economics）1970 年由 AT&T 公司的贝尔实验室创刊，其时刊名为《贝尔经济学与管理科学杂志》；1984 年转为兰德公司主办，改为现名。其宗旨是支持和鼓励对于管制产业行为、组织集团的经济学分析，以及应用微观经济学领域的研究。期刊发表与产业组织及其相关问题如合同、组织、法律、规制、经济和监管方面的理论与实证文章，包括分析市场行为和公共政策的理论和定量研究。

十一、《博弈与经济行为》

《博弈与经济行为》（Games and Economic Behavior）于 1989 年创刊，由美国学术出版社出版。《博弈与经济行为》是一本致力于研究博弈论及其应用的综合性学术期刊。博弈论的应用范围很广，涵盖社会学、行为科学、政治学、计算机科学、心理学、数学和生物科学等学科,同时也从这些学科中获得对其方法论的支持。该刊吸引了大量最优质最具创造性的跨学科研究。为了推动博弈论及其应用的前沿发展,该刊对论文的质量采取很高的标准;同时,编辑对于论文主题的边界采取较开放的态度,例如,一篇关于企业收购的产业组织论文,如果有助于理解联盟的形成,那么它也可被认为是一般意义上的博弈论文章。同样,通过计算机算法进行的博弈分析也可能与策略模型有关。该刊对这些相关应用和不同的研究方法采取开放态度。同时该刊也乐于发表那些虽不属于流行领域但可以引导博弈论新前沿的研究。

十二、《劳动经济学》

《劳动经济学》(*Journal of Labor Economics*)创刊于1983年,由芝加哥大学出版社出版,是欧洲劳动经济学家协会的会刊。《劳动经济学》致力于发表与劳动经济学相关的实证、理论和计量研究,特别鼓励具有很强经济学解释力的扎实的实证工作。该刊对于"劳动经济学"这个主题采取十分宽泛的界定,经常发表评论文章和关于比较劳动力市场政策的文章,同时出版特刊和专栏来发表高质量的专题论文集或会议文章。该刊的个人订阅者还将自动登记为欧洲劳动经济学家协会的成员

十三、《法和经济学杂志》

《法和经济学杂志》(*The Journal of Law and Economics*)创刊于1958年,由芝加哥大学出版社出版,芝加哥大学商学院和法学院共同赞助。《法和经济学杂志》聚焦于监管和法律制度对经济体系运行的影响,特别是对市场行为的影响,以及政府制度对市场的影响。该刊发表的文章涵盖范围广泛,包括法律的经济学分析、规制及受规制企业行为的经济学分析,产业组织理论和反垄断政策,立法和立法过程中的政治经济学,法律与金融、公司金融与治理等。

十四、《发展经济学杂志》

《发展经济学杂志》（*Journal of Development Economics*）发行于 1974 年，由 Elsevier BV 出版。《发展经济学杂志》发表与经济发展各方面相关的原创研究，从最直接的政策问题到造成欠发达的结构问题。期刊重点关注与此相关的新颖的定量研究和分析工作，不发表书评。投稿文章可以使用特定国家或地区的数据进行论证，但期刊希望发表一般读者普遍关注的发展经济学问题，而不发表对某一特定国家、地区或案例、事件进行深入研究的文章。在审查过程中，会首先拒绝主题不合适的文章，以及在论文贡献、方法严谨性方面无法达到高标准的文章。

十五、《公共经济学杂志》

《公共经济学杂志》（*Journal of Public Economics*）创刊于 1972 年，由荷兰 Elsevier 公司进行出版。该刊是反映公共经济学研究成果的专门刊物，涵盖政治科学、商业与经济学、经济学理论及其体系以及经济史等方面的内容。其宗旨是鼓励在公共经济学领域做出独到的科学贡献，特别强调研究中对于现代经济理论和定量研究方法的应用。它为全世界对公共政策感兴趣的读者提供一个交流的平台。

第八章

微观经济学代表学者

一、亚当·斯密

亚当·斯密（Adam Smith，1723—1790）被誉为"经济学之父"。斯密1723年出生于苏格兰法夫郡寇克卡迪，他的父亲是一名海关审计员，在亚当·斯密出生之前就去世了。斯密靠寡居的母亲抚养成人，14岁考入格拉斯哥大学，同时学习数学和哲学；17岁时他转入牛津大学巴利奥尔学院学习。毕业后他先后在爱丁堡大学（1748—1751）和格拉斯哥大学（1751—1764）任教，分别教授英国文学、经济学、逻辑学、道德哲学。离开格拉斯哥大学后，斯密担任私人教师，并开始在欧洲各地旅行。旅行途中，斯密结识了伏尔泰等社会名流，同时受到重农主义经济学家魁奈的影响，其经济理论也渐渐成熟。1767年，斯密被选为英国皇家学会会员，并开始着手写作《国富论》。1790年，斯密在苏格兰爱丁堡逝世。

《国富论》标志着古典自由主义经济学的诞生，斯密也因此被认为是古典经济学的开山鼻祖。斯密涉猎甚广，一生著作等身。1759年他的《道德情操论》出版时，引起了热烈反响，其挚友大卫·休谟曾写信给斯密，鼓励斯密成为一名哲学家。斯密对数学、自然科学、天文学、修辞学等也颇有研究。

《国富论》的全称是《国民财富的性质和原因的研究》，总共分为五篇。第一篇阐释了分工、交换、分配的意义和关系。不同于重农学派，斯密把劳动看成是价值的唯一源泉，并且把每一种商品中所包含的劳动量视作交换价值的尺度，以此考察自然价格和市场价格的关系。第二篇论述了资本的性质和用途，详述固定资本、流动资本的功能，资本和劳动都是增加国民财富的基本因子。第三篇从历史的角度出发，论述了各个国家的财富积累，并再次论述了分工的意义和价值。第四篇论述了政治经济学的体系，详细分析了重商主义和重农主义，并明确提出自由的社会经济制度是经济增长、国富民强的基本条件。第五篇论述的是国家在国防、司法、公共工程等公共领域的支出，对应现代经济学中的财政学。《国富论》是第一本系统论述经济思想的著作，在经济学界可谓《圣经》一般的存在，对于经济学贡献巨大，以至于在斯密去世后二百多年，萨缪尔森还称赞斯密为"属于我们时代的伟人"。

二、艾尔弗雷德·马歇尔

艾尔弗雷德·马歇尔（Alfred Marshall，1842—1924）是经济学说史上公认的巨人，1842年出生在伦敦郊区。在预科学校学习期间，马歇尔对数学表现出浓厚的兴趣。在择校时，他拒绝了到牛津大学深造神学的奖学金，选择去剑桥大学学习数学与物理。毕业后，马歇尔留校，担任了十多年的数学讲师。在此期间，马歇尔已经开始钻研经济学。1877年，马歇尔离开剑桥大学，先后在布里斯托大学和牛津大学担任政治经济学的讲师。1885年，马歇尔回归剑桥大学，担任政治经济学教授直至退休。

1890年出版的《经济学原理》是马歇尔最著名的作品，写作时间长达十年以上。这是一本名副其实的"巨著"，全书近千页，一经问世就声名鹊起。《经济学原理》是新古典经济学的集大成之作，也是现代微观经济学的奠基之作。现在微观经济学教科书中里很多常见的核心概念、分析框架都出自该书，比如需求曲线、供给曲线、需求与供给的均衡、市场的短期均衡与长期均衡、租金与准租金以及消费者剩余等。

马歇尔对于经济学的贡献并不限于其著作，他还推动了经济学科的独立，培养了很多优秀的经济学家。在 19 世纪末 20 世纪初，经济学不是独立的学科，往往依附于其他学科比如道德哲学。马歇尔利用自己的影响力在剑桥大学积极推动了经济学的独立。由于经济学科当时不是显学，选修经济学的学生不多，在这种困难的情况下马歇尔依然发掘培养了很多经济学人才，其中著名的学生有宏观经济学创始人约翰·梅纳德·凯恩斯和福利经济学创始人阿瑟·庇古等。因为对经济学做出了如此重要的贡献，马歇尔被尊称为"经济学家的经济学家"。

三、维弗雷多·帕累托

维弗雷多·帕累托（Vilfredo Pareto，1848—1923）现在是经济学中最有名的几个名字之一，但他在经济学界曾长期声名不显。帕累托 1848 年出生于巴黎，4 岁时回到意大利居住。1864 年，帕累托进入都灵大学攻读数学，后来继续攻读工程学博士。他 1869 年发表《固体平衡的基本原则》，虽然文章研究的是物理上的平衡，但对帕累托日后的经济学研究亦具有重大意义。1874 年毕业之后，帕累托迁居佛罗伦萨。在佛罗伦萨这段时间，帕累托在经济学方面颇有研究：他针对国有和私有铁路的优势、意大利工业体系、比例代表制的优点等现实问题撰写了一系列文章，同时还热衷于反对国家干预的市场经济体系，并参与成立了亚当·斯密协会。1893 年，帕累托接替瓦尔拉斯，在瑞士洛桑大学教授政治经济学，《政治经济学讲义》即在此期间出版。之后他又陆续发表了《政治经济学手册》和《经济学数学》等名作。晚年帕累托的研究兴趣更多转向社会学，出版了《社会主义体制》与《普通社会学》等著作。

帕累托和瓦尔拉斯都是洛桑学派的代表人物，该学派正是因为二人都曾在洛桑大学教书而得名。洛桑学派是数理经济学派的主流学派，该学派运用数理方法，从交换、生产、资本形成和货币流通四个方面建立一般均衡体系。帕累托关于一般均衡体系的讨论主要体现在《政治经济学手册》一书中。

帕累托最著名的贡献，是"帕累托最优"。1909 年，帕累托对《政治经济学手册》补充了一份数学附录，在其中提出了"帕累托最优"的概念。

"帕累托最优"将埃奇沃思的交换情形拓展到更一般的情形，其含义是资源分配的一种理想状态，即在给定资源前提下分配资源，从一个分配状态到另一个分配状态，如果变化后没有任何人的情况变坏，而至少有一个人的情况变好，这个过程就是"帕累托改进"。当无法再进行帕累托改进时，这个体系就达到了"帕累托最优"。帕累托分别讨论了交换、生产以及一般均衡下的帕累托最优条件。

四、米尔顿·弗里德曼

米尔顿·弗里德曼（Milton Friedman，1912—2006）1976年获得经济学诺贝尔奖，是举世公认的最重要的经济学家之一。他1912年在美国纽约市出生，父母是来自东欧的移民，靠经营小杂货铺维持生计。

弗里德曼1932年获得罗格斯大学数学与经济学双学士学位，毕业后一直在求学与工作之间辗转。1933年到1934年，弗里德曼主要是做芝加哥大学舒尔茨教授的研究助理，然后短暂执教于威斯康星大学，接着在政府部门从事税收研究工作。本科毕业后十多年，弗里德曼断断续续地学习、工作、执教，直到1946年才从哥伦比亚大学获得博士学位，同年获聘芝加哥大学经济系。

弗里德曼一般被视为宏观经济学家，但他同时也是一名非常有建树的微观经济学家，他的学生贝克尔精选了弗里德曼的微观经济学文章结集成册，后记的题目就是"弗里德曼是一名微观经济学家"。

在芝加哥大学经济系，有一门非常著名的微观经济学课程是价格理论301。这门课程从20世纪30年代开始经历了近一百年，现在依然是芝加哥大学经济系博士的必修课程。1946年，弗里德曼从维勒手中接过301课程，一直教到了1976年（中途有十年改教货币经济学）。价格理论301是独具芝加哥大学特点的微观理论课程，从弗里德曼这门课程走出了很多位经济学诺贝尔奖得主，其中有贝克尔、卢卡斯、马科维茨以及布坎南等。后来这些学生都对弗里德曼的价格理论301课程赞不绝口，一致认为该课程质量无与伦比（卢卡斯语），是将微观理论应用到现实的典范。这门课程曾有一段师生佳话，曾经担任过芝加哥大学经济系主任的罗森也是弗里德曼301课程的学生。据说一次考试后，弗里德曼认为罗森的成绩太差，劝说他改学其他专业，此事对罗森打击不小。罗森离开芝加哥大学后发表了多篇非常有影响力的文章，弗里德曼知错就改，亲自邀请罗森回芝加哥大学执教并表达歉意。

弗里德曼对微观经济理论贡献巨大，比较有代表性的贡献有持久收入假说、期望效用理论与需求曲线争议等。弗里德曼在《消费函数理论》一书中质疑凯恩斯提出的消费与收入之间存在稳定关系的结论，认为消费主要受到预期的持久收入影响，短期收入的变动对消费的影响很小。持久收入假说实际上否定了政府通过短期减税刺激消费的政策。弗里德曼与塞维吉合作的知名论文《风险选择的效用分析》解释了人们既购买保险又购买彩票的"矛盾"行为，文中主要的论点是人们的效用函数实际上在某些区域是风险回避的，在另外一些区域是风险偏好的。这篇文章对风险态度的分析非常富于原创性，某种程度上是新兴学科行为经济学"参考点"假说的先驱。需求曲线曾经在微观经济学界争议不断，尤其是曲线斜率是否一定为负的问题，长时间没有清晰的答案。弗里德曼在《马歇尔需求曲线》一文中，认为需求曲线作为一种有实证价值的工具，需要明确"实际收入不变"的假设前提，这样需求曲线的斜率就不会出现"吉芬商品"的尴尬情形。该文除了解决需求曲线的争论之外，还严格界定了重要的前提——"其他因素不变"的含义，通过将所有其他条件分为与当下商品明显相互影响、单方面影响当下商品以及其他无明显影响三种类别，将重要但又模糊的"其他因素不变"条件具体化，为需求曲线奠定了清晰的理论前提。

五、阿门·艾尔钦

阿门·艾尔钦（Armen Alchian，1914—2013）1914年出生于美国加利福尼亚州，1944年在斯坦福大学取得博士学位，毕业后在兰德公司担任经济学家职务，1958年之后于洛杉矶加利福尼亚大学担任教授。

艾尔钦文章不多，但篇篇都是名作。1950 年在兰德公司工作期间，艾尔钦发表了《不确定性、进化与经济理论》，这是二战后被引用最多的十篇经济学文章之一。文中艾尔钦对"厂商追求利润最大化"等经济学基础假设提供了达尔文主义式的辩护，如市场提供了"适者生存"的机制，只有那些能够实现利润最大化的企业才能生存下去，由于无知或非理性而不去或不能实现利润最大化的企业则将被淘汰。

他 1969 年的文章《信息成本、定价和资源闲置》开"搜寻理论"之先河。该文指出由于信息不充分，人们所观察到的大部分失业不过是求职时间的延长。当然作为开山之作，文中大部分内容并没有得到充分的探讨，文章的主要贡献在于为之后的讨论打开了局面。

艾尔钦是公认的现代产权经济学奠基者之一。在《生产、信息成本与经济组织》一文中，艾尔钦对科斯的交易成本理论以及企业理论都进行了拓展，提出了团队生产、监督成本、偷懒和剩余索取权等概念和理论，这些研究对后来的产权经济学尤其是以巴泽尔为代表的华盛顿学派学者影响非常大。

此外，艾尔钦撰写的《交换与生产》是微观经济学教材中的"圣经"，广受经济学子们的欢迎。该书最早出版于 1964 年，取名《大学经济学》，后其节略本《交换与生产》出版于 1983 年。该书充分考虑市场中的交易费用和信息费用，对于竞争等市场机制的理解相比于单单一句"完全竞争情况下企业都是价格接受者"更为深刻。同时该书幽默又富于文学性，经济实例丰富，非常适合初学者学习经济学。

六、保罗·萨缪尔森

保罗·萨缪尔森（Paul Samuelson，1915—2009）几乎囊括了经济学界的所有荣誉：他于 1947 年获得克拉克奖，是克拉克奖的首位获得者；1970 年获得诺贝尔经济学奖，是首位诺贝尔经济学奖获得者。萨缪尔森被誉为经济学界最后一个通才、当代凯恩斯主义的集大成者，泰斗之地位，无可动摇。

萨缪尔森1915年出生于美国印第安纳州加里镇，8岁时搬到芝加哥居住。他15岁就考入芝加哥大学修习经济学，1935年获得芝加哥大学学士学位，1936年获得芝加哥大学硕士学位。1941年他获得哈佛大学博士学位。在哈佛就读期间，萨缪尔森曾师从熊彼特、列昂惕夫等经济学大师。1940年，萨缪尔森受聘到麻省理工学院任教，之后直到去世，萨缪尔森几乎都待在麻省理工学院。萨缪尔森在学术上非常高产，自1937年第一篇文章发表后，接下来的半个世纪他几乎每年都发表多篇文章。

萨缪尔森一生重大的经济学成就非常多，其中最为重要的是他引领了经济学研究的新范式，以严谨的数学分析进行经济学研究。在这方面最重要的标志是1947年出版的《经济分析基础》，这本著作实际上是萨缪尔森的博士论文，萨缪尔森也因此著而获得诺贝尔奖。该著展示了经济活动如何在约束下进行最优化决策，书中一系列技巧也更新了经济学的研究范式。关于此书在数学技巧上的前沿程度，一直流传着一段故事：在萨缪尔森博士论文答辩现场，由于论文的数学在当时非常前沿、高深，答辩委员会的各位教授似乎感觉自己处于答辩位置。据说在答辩结束之时，答辩委员熊彼特向另外一位教授列昂惕夫问道："瓦西里，我们答辩结束了吗？"

此外，萨缪尔森对经济学还做出了非常多的开创性贡献。在微观理论方面，他在1938年的《关于消费者行为的纯理论注记》一文中提出了显示偏好原理，为经典偏好理论打下了良好的实证基础。在一般均衡模型中，他补充并发展了希克斯的静态一般均衡的稳定条件，这一重大的贡献是著名的"对应原则"（Correspondence Principle），它对于一般均衡、博弈均衡的稳定性、唯一性以及比较静态分析等都有深远的影响。福利经济学方面，萨缪尔森综合前贤的学说，建立了自己的新福利经济学，并和自己的导师汉森为国家福利论的建立和实施做出了巨大贡献。他在1954年首次尝试对公共物品进行定义。在国际贸易理论方面，萨缪尔森证明了要素价格均衡定理，并因此有了"赫克谢尔-俄林-萨缪尔森模型"。

七、肯尼斯·阿罗

肯尼斯·阿罗（Kenneth Arrow，1921—2017），美国经济学家，1972

年因在一般均衡理论方面的突出贡献与约翰·希克斯共同荣获诺贝尔经济学奖。

阿罗1921年出生于美国纽约。1940年他在纽约市社会科学学院获得了学士学位，又进入哥伦比亚大学继续深造。在学习中他认识到研究现代经济必须有深厚的数学基础，因此一直没有放松学习数学，攻读了微积分、线性代数等高等数学课程。1942年，获得了硕士学位的阿罗继续攻读博士学位。可是，因为第二次世界大战，美国政府开始大量征兵。年满21岁的阿罗应征入伍当了空军。在服兵役的4年中，他始终没有放弃学习，只要有空闲，他就研究卡尔多、希克斯、伯格森等经济学家的著作。1946年，阿罗退伍后，又重新投身于经济学的研究。

除了在一般均衡领域的成就之外，阿罗在微观经济学很多领域做出了开创性的贡献，比如社会选择理论。阿罗于1951年出版了《社会选择与个人价值》一书，提出了"阿罗不可能性定理"。他用数学推理得出这样的论断：如果由两个以上偏好不同的人来进行选择，而被选择的政策也超过两个，那么就不可能做出大多数人都感到满意的决定。他提出的"阿罗不可能性定理"是对福利经济学的革新，指出了即使在很弱的假设条件下，也不可能从个人偏好加总获得一个正则的社会福利函数。

在风险决策与信息经济学方面，阿罗也做出了开创性贡献，比如现在流行的信息经济学术语"隐藏行动""隐藏信息"等都是阿罗首创。权威学术期刊《美国经济评论》曾评选了一百年来最有影响力的20篇论文，阿罗的《不确定性与医疗保健经济学》入选，而对于不确定性、保险和医疗的研究在阿罗的研究中不是最重要的，凭借这样相对次要的文章就可以获得如此大的影响力，足以见得阿罗在微观经济学上的贡献有多么巨大。

在对经济学研究范式的影响方面，阿罗对于经济学的严格化做出的贡献足以与萨缪尔森媲美，是公认的最伟大的数理经济学家之一。

八、杰拉尔·德布鲁

杰拉尔·德布鲁（Gerard Debreu，1921—2004）是1983年诺贝尔经济学奖获得者。他1921年生于法国加莱，1941年考入巴黎高等师范学院，

1946 年取得数学学士学位。之后他获得洛克菲勒基金会的奖学金，在哈佛大学、伯克利加州大学和芝加哥大学游学。1956 年，德布鲁获得法国巴黎大学科学博士学位，此期间他还在耶鲁大学任副教授。1962 年之后德布鲁一直在美国伯克利加州大学教授经济学。

在读大学期间，德布鲁接触了瓦尔拉斯的一般均衡理论，开始将兴趣投向经济学，致力于研究微观经济理论。德布鲁数学功底深厚，在经济计量学界享有盛誉。归功于高超的数学能力，德布鲁对一般均衡理论做出了卓越的贡献，其成果影响了微观与宏观经济学。德布鲁对一般均衡最大的贡献是研究每个市场是否达到均衡、如何达到均衡。1954 年德布鲁和阿罗联合发表的论文《竞争经济均衡的存在性》证明了在一般化的假设下，价格的存在使得市场趋于均衡，这是瓦尔拉斯提出一般均衡理论以来首次有经济学家对这些问题进行严格的证明，其处理后的模型也被视为竞争模型的标准参考。在 1959 年出版的《价值论》一书中，德布鲁利用数学集合论和拓扑学等分析工具对一般均衡理论的证明进行补充。1983 年，德布鲁因为对一般均衡的贡献而获诺贝尔经济学奖。人们评价，如果没有德布鲁和阿罗在一般均衡方面的贡献，现代经济学恐怕将是截然不同的面貌。德布鲁等人对于数学的应用，引发了经济学各个领域的"数学革命"。除了一般均衡理论领域外，德布鲁对于效用函数的存在性、超额需求以及经济核算的收敛等重要的微观经济学问题也做出了重大贡献。

虽然每每提到德布鲁时，人们总是会把他和数学、证明等技术能力联系起来，但德布鲁本人却表示，数学只是经济理论中相对轻松的部分，做一个经济学家比做一个数学家更难——经济学家不仅要有数学家的"正确和优雅"，亦需要"有趣"。而德布鲁本人也确实做到了这一要求：经济研究之外，他对文笔要求严格，力求文章干净、优雅。他的课堂和研讨会也"简朴"而"优美"，深受学生喜爱。

九、罗纳德·科斯

罗纳德·科斯（Ronald Coase，1910—2013）是 1991 年诺贝尔经济学奖得主。他因"科斯定理"而闻名，被经济学界认为是新制度经济学的鼻祖、法律经济学的创始人之一、现代产权理论的奠基人等。

科斯 1910 年出生于伦敦郊区。1932 年他在伦敦经济学院获得了理学学士学位。毕业之后，科斯曾先后在邓迪经济贸易学院、利物浦大学和伦敦经济学院任教。二战打断了科斯在伦敦经济学院的工作，他远赴美国，先后在布法罗大学、斯坦福大学和弗吉尼亚大学任教。1964 年，科斯抵达芝加哥大学，并在芝加哥大学法学院一直工作到 1981 年退休。

科斯最有影响力的两篇文章是 1937 年发表的《企业的性质》和 1960 年发表的《社会成本问题》。在前一篇论文中，科斯通过交易成本的概念解释企业存在的原因，即内部管理成本低于市场交易的成本时，企业出现，而前者超过后者时，经济活动主要在市场进行。这篇文章开启了交易成本经济学，经威廉姆森等学者的发展形成了交易成本学派。后一篇论文中诞生了著名的"科斯定理"。这篇文章文笔优美，逻辑严谨，论文最著名的贡献是改写了当时流传甚广的由庇古提出的经济"外部性"分析。科斯认为，导致经济效率损失的根本原因不在于经济行为的"外部性"影响，而在于有关经济行为的权利界定不清。如果将权利界定清晰，市场可以有效解决外部性问题。时隔近三十年的两篇文章不仅推进了法和经济学交叉领域的产生，而且将经济学的研究领域拓展到制度分析层面。根据科斯的贡献，交易成本的界定与深入分析成为新制度经济学的核心领域之一。

值得一提的是，科斯与华人经济学家张五常亦师亦友，两位学者经常讨论中国的经济改革，据张五常所言，科斯长期保持着对中国经济制度改革的关注。在晚年科斯以个人出资的方式组织了"中国经济改革国际研讨会"，多名诺贝尔经济学奖得主出席并发表了有关研究，张五常教授更是认为自己的投稿论文《中国的经济制度》是其学术巅峰之作。

科斯还是芝加哥学派的代表人物，尽管与弗里德曼、斯蒂格勒、贝克尔等芝加哥学派代表人物以经济"选择"为研究重点不同，科斯注重"制度选择"的研究路径。科斯引领的道路不仅是对"选择"学派必要的补充，而且与"选择"学派相得益彰，共同构成芝加哥学派不可或缺的支柱。

十、加里·贝克尔

加里·贝克尔（Gary Becker，1930—2014）是 1967 年克拉克奖得主，1992 年诺贝尔经济学奖得主。关于贝克尔在经济学界的影响力究竟多大，有人曾用文献计量的方式进行过统计：他关于人力资本和家庭研究的文章都在近二十年中保持着每年百次被引的频率，而其他著名的文章，比如研究歧视、时间分配和犯罪与处罚的文献，也在二三十年中保持着每年数十次被引的频率。这么高的被引率在经济学界很难有望其项背者。

贝克尔 1930 年出生于美国宾夕法尼亚州，1951 年在普林斯顿大学获得数学学士学位，之后在芝加哥大学师从弗里德曼学习经济学，1955 年在芝加哥大学取得博士学位。除 1957—1969 年在哥伦比亚大学任教外，他的整个经济学研究生涯都在芝加哥大学度过。

贝克尔被认为是"经济学帝国主义"的先驱。他认为人类的很多行为——不仅仅只是与经济相关的行为——都可以从经济学的视角进行分析。贝克尔是芝加哥学派、新自由主义经济学的重要代表人物。他的博士论文《歧视经济学》发表于 1957 年。该著指出，在竞争激烈的行业，歧视将不再普遍，因为企业会因为进行歧视而丧失竞争优势，进而失去市场；相对的，在被严加管制、竞争较少的市场，歧视更为普遍。虽然歧视的代价今天已经是常识，但在贝克尔的时代，这在经济学界还是一个新的想法，体现了贝克尔在理论上的独创性。

贝克尔最重要的贡献是与舒尔茨几乎同时提出了"人力资本"这一概念，不同的是舒尔茨是用来分析经济发展问题，而贝克尔用来分析劳动经济问题。他 1964 年出版的著作《人力资本》被经济学界认为是"人力资本投资革命的起点"。贝克尔在书中系统地阐释了哪些投入可算作人力资本，以及人力资本的收益，并强调了在当时还很新鲜的"教育是一种投资"的观点。由人力资本概念延伸，时间是投资教育的主要成本，借此他又在时间分配方面做文章，1965 年发表的《时间分配理论》一文研究家庭内部的时间分配，运用机会成本的概念阐明，市场工资上涨，则妇女留在家中的机会成本变高。该文不仅为妇女就业率与参工率等问题的研究做出了重大贡献，而且还为劳动经济学提供了一整套成熟的分析人们时间决策的理论框架。

实际上，以上研究仅仅是贝克尔在"非传统"经济问题方面研究的一小部分，他对经济学领域的开拓跨越了心理学、政治学、社会学等学科，比如他对于犯罪、人口生育率、家庭、政治学甚至流行时尚等都有颇具影响力的研究。在经济学界，贝克尔是最具经济学洞见的学者之一。他在芝加哥大学的后辈评价"一百年的时间，才能有一个加里"，也许这是对贝克尔最合适的赞誉。

贝克尔不仅是学术研究上的巨匠，在经济学教学上也独具特色。自从弗里德曼手中接过芝加哥大学的著名课程"价格理论301"后，贝克尔主讲了三十多年，使得这门课程名满全美，以至于哈佛、普林斯顿等名校的博士研究生，即使在本校学过了类似课程后，还愿意到芝加哥大学再学一遍贝克尔的课程。由于这种需求很大，贝克尔后来不得不面向全美招生，通过招生考核的学生可以在芝加哥大学接受价格理论暑期班培训。

十一、约翰·纳什

约翰·纳什（John Nash，1928—2015）于1928年出生于美国西弗吉尼亚州的一个中产家庭。纳什是公认的数学天才，更因其传奇的人生而广为人知。

高中时纳什就表现出了数学方面的天赋。1945年纳什入读宾夕法尼亚州卡耐基工学院（现卡耐基梅隆大学）。起初他学习化学工程，不久转学化学，后来又从其所好学习数学。1948年，他的一位老师在其研究生申请的推荐信中只写了一句话："他是一个数学天才。"纳什被哈佛大学和普林斯顿大学同时录取，他选择在普林斯顿大学继续学业。1950年，纳什发表了以"非合作博弈"为题的仅27页的博士论文，22岁的纳什由此获得了博士学位。

获得博士学位之后，纳什先后于普林斯顿大学和麻省理工学院任教。在麻省理工学院任职的这段时间里，纳什解决了黎曼流形在欧几里得空间中的等距嵌入问题，在这个高度抽象的纯数学领域做出了杰出贡献。30岁的纳什便获得麻省理工学院的终身教职。1959年纳什被确诊为严重的精神分裂症并因病辞职,开始了长期的治疗。后来,他的精神分裂症逐渐好转,并于20世纪80年代中期再次回归学术界。

纳什的学术生涯可以用短暂而辉煌来形容。纳什在20世纪50年代早期的开创性文章《非合作博弈》《N人博弈中的均衡点》《二人合作博弈》中正式区分了非合作博弈与合作博弈模型,并发展了非合作博弈的均衡概念,之后这个均衡被广泛使用,称为"纳什均衡"。他突破了冯·诺伊曼和摩根斯坦确定的二人零和博弈,开创了一般的非合作博弈理论。简单来说,在非合作类博弈中,如果参与者当前选择的策略形成了"纳什均衡",那么对于任何一位参与者来说,单方更改自己的策略不会带来任何好处。同时,纳什证明了,如果允许混合策略,那么任何一个博弈,只要参与者数量是有限的,参与者可以选择的纯策略也是有限的,那么这个博弈至少有一个纳什均衡。纳什还在《议价问题》中以公理化方法为议价问题提出了解决方案,开创了合作博弈论。

由于在非合作博弈论的均衡分析方面做出的开创性贡献,以及博弈论对经济学产生的重大影响,纳什1994年获得诺贝尔经济学奖。正因为纳什的开创性贡献,博弈论才得以蓬勃发展,并且广泛应用于国际政治、世界军事、商业策略等领域。正如普林斯顿大学经济学系教授迪克西特所言,"假如别人每次写到或说到'纳什均衡',纳什就能得到1美元,那么他早就变成大富翁了"。根据纳什的传奇人生改编的电影《美丽心灵》在2001年上映,电影展现了纳什不平凡的一生。由于影片的成功,纳什成为家喻户晓的学者。

十二、丹尼尔·卡尼曼

丹尼尔·卡尼曼(Daniel Kahneman,1934—)是具有美国和以色列双重国籍的著名心理学家。由于将心理学成果与经济学研究相结合,卡尼曼被誉为行为经济学的先驱。

卡尼曼1934年出生于以色列。1954年,他在耶路撒冷希伯来大学取得了心理学与数学学士学位。毕业后,他进入以色列国防军的心理学部门工作。1956 年退役后，卡尼曼前往美国伯克利加州大学攻读博士学位。取得博士学位后，卡尼曼于 1961 年回到耶路撒冷希伯来大学执教。1978 年起卡尼曼先后任加拿大不列颠哥伦比亚大学心理学教授、美国伯克利加州大学心理学教授，并于 1993 年起任美国普林斯顿大学心理学教授和伍德罗威尔森学院公共事务教授。

在希伯来大学期间，卡尼曼与阿莫斯·特沃斯基成为同事与好友，二人合作完成了很多在行为经济学领域具有里程碑意义的研究。他们发现人们在不确定情况下的决策与冯·诺伊曼和摩根斯坦提出的期望效用理论存在系统性偏离。1974 年卡尼曼与特沃斯基在《科学》上发表文章《不确定情况下的判断：直觉和偏差》。他们通过心理学实验的方式，将人们在进行决策的过程中会由于主观推断而产生的偏差总结为代表性偏差、可得性偏差与锚定效应。1979 年，卡尼曼与特沃斯基在《前景理论：一项风险条件下的决策分析》中提出了著名的"前景理论"。他们提出了确定性效应、反射效应与分离效应，并基于此在原期望效用理论的基础上将人的决策函数表述为价值函数和权重函数的加权和，更加真实地刻画了人们在不确定情况下的风险态度和行为方式。

在卡尼曼之前的经济学通常将外界激励视作人们行为的推动因素，而卡尼曼将心理学的视角引入经济学的研究，将人们的行为视作由外在激励与内在心理因素共同决定，这一富有见地的视角极大丰富了经济学的理论，为行为经济学发展奠定了基础。2002 年，卡尼曼与史密斯分享了诺贝尔经济学奖。瑞典皇家科学院认为，卡尼曼的突出贡献在于"将心理学领域的真知灼见运用到经济科学中，尤其是研究了人们在不确定情况下如何进行判断和决策"。哈佛大学心理学教授史蒂芬·平克评价说，"丹尼尔·卡尼曼是人类历史上最具影响力的心理学家之一，当然也是至今仍健在的最重要、最优秀的心理学家。他有着独特的天赋，可以揭示人类思想的许多显著特征，其中很多特征已经成为教材中的经典内容，成了我们传统观念的一部分。他的工作打开了社会心理学、认知科学、对理性和幸福的研究以及行为经济学研究的新局面"。

十三、约瑟夫·斯蒂格利茨

约瑟夫·斯蒂格利茨（Joseph Stiglitz，1943— ）是1979年克拉克奖得主和2001年诺贝尔经济学奖得主。斯蒂格利茨1943年出生于美国印第安纳州加里镇，与萨缪尔森是同乡。斯蒂格利茨年仅24岁就获得了麻省理工学院的博士学位。在剑桥大学工作一段时间之后，1969年斯蒂格利茨被耶鲁大学聘为经济学教授。斯蒂格利茨先后任教于耶鲁大学、普林斯顿大学、牛津大学和斯坦福大学。2001年至今，他在哥伦比亚大学任教，讲授经济学原理、微观经济学、宏观经济学等课程。

斯蒂格利茨因其对信息经济学的贡献而获得2001年诺贝尔经济学奖。在1976年的《竞争性保险市场均衡：不对称信息经济学研究》一文中，斯蒂格利茨对保险市场进行分析，提出购买保险的人比保险公司更了解自己的身体状况，并在购买保险时可能对自己的状况进行隐瞒，也就是现在常说的逆向选择问题。文章进一步提出，保险公司将提供一系列保险产品，并对其按风险高低分档，以此达到区分消费者的目的。斯蒂格利茨认识到这种信息不对称不止存在于保险市场，进一步分析了信贷市场上的信息不对称。1984年，斯蒂格利茨与夏皮洛的论文《作为均衡现象的失业是一种劳动纪律机制》发表，论文讨论了另外一种信息不对称——道德风险问题，并构建了非常著名的"效率工资理论"，为失业问题提供了一个严谨而又新颖的微观解释。

斯蒂格利茨是一位非常多产的学者，除了信息不对称领域之外，他还在发展经济学、金融学、贸易理论等领域做出了重要的贡献。斯蒂格利茨在经济政策方面的贡献也是他闻名遐迩的重要原因之一。1993年到2000年，斯蒂格利茨曾先后担任克林顿经济顾问委员会主席和世界银行首席经济学家。此外，斯蒂格利茨对中国经济的关注超乎寻常，2014年12月，他发表文章《中国世纪从2015年开始》，引起全球的关注。

斯蒂格利茨在他同时代的经济学家中可谓出类拔萃，由于他对经济学各领域的杰出贡献，有经济学家认为他获得诺贝尔经济学奖有些晚了。据传,在一封推荐信中,萨缪尔森评价道:斯蒂格利茨是印第安纳州加里镇里出来的最伟大的经济学家。言外之意,斯蒂格利茨的贡献超过他自己,可谓惺惺相惜了。

十四、埃里克·马斯金

埃里克·马斯金(Eric Maskin,1950—)是2007年诺贝尔经济学奖得主之一。马斯金1950年出生于纽约。1972年马斯金在哈佛大学取得数学学士学位,1974年取得应用数学硕士学位,1976年又取得了应用数学博士学位。值得一提的是,马斯金的博士生导师是阿罗,马斯金也正是因为本科期间偶然旁听了阿罗的信息经济学课程,日后才打开了机制设计的大门。毕业后直到1985年,马斯金都在麻省理工学院授课,1985年他回到哈佛大学任教。这两段任教经历都对马斯金意义非凡,在一篇短文自传中,他提到在麻省理工时常常在午饭时听萨缪尔森等成名前辈侃侃而谈,自己获益良多;在哈佛他则收获了一大批优秀的弟子,后来多位学生成为他的合作作者,比如国内著名经济学者钱颖一和许成钢等。

马斯金因其对"机制设计"所做出的理论贡献,2007年与赫尔维茨以及迈尔森分享了诺贝尔经济学奖,其突出贡献在于将博弈论的内容引入机制设计中。显示原理是机制设计理论中的一个重大创新,马斯金1979年的《社会选择规则的实施:激励相容性的一般结果》一文阐释和证明了贝叶斯机制下的显示原理。马斯金20世纪70年代的主要工作集中在机制设计理论的另一个重要方面,即机制的执行理论。1977年他在《纳什均衡和福利最优》一文中提出了著名的"马斯金单调性",文中对纳什均衡实施的充分条件和必要条件进行了证明,尤其是论证了什么样的机制,其所有的均衡都可实现某特定的社会选择目标。尽管文中证明存在一些小问题,但是该文在机制设计理论上的突出贡献并没有失色。

值得一提的是,马斯金因指导了多位来自中国的学子而与中国结缘,并就有关的转轨经济学问题发表了一些很有影响的文章。其中《集权与分权经济下的信贷与经济效率》一文是其中著名的一篇,这篇文章在很大程度上改写了由科尔奈发明的"预算软约束"理论,把问题的研究从模糊的描述性讨论推进到严谨的分析，并指出贷款方（比如银行）的承诺是否可信是预算纪律能否严格的关键所在。

马斯金一生勤恳，获得诺奖并没有松懈下来，获奖第二天他像往常一样早早来到办公室。马斯金治学之严谨非常有名，据经济学家钱颖一回忆，一篇论文如果有不严格之处，那么马斯金就会一直问下去，几乎所有的学生都害怕这种严厉的追问。当然，马斯金平时是个风趣的人，学生们回顾马斯金常常用浅显的例子来阐释高深的理论。他用母亲给两个孩子分蛋糕的例子来解释机制设计的运行：母亲来分蛋糕难免不均，最好的办法便是由一个孩子分，另一个孩子先挑，这便很轻易地解决了问题。

十五、罗杰·迈尔森

罗杰·迈尔森（Roger Myerson，1951— ）是2007年诺贝尔经济学奖得主之一。他1951年出生于美国波士顿，1976年获得哈佛大学应用数学博士学位。他与马斯金是同学，都曾师从于阿罗教授。博士期间迈尔森对博弈论有深入的研究。1979年，迈尔森进入西北大学任教，2001年获聘芝加哥大学经济系，在芝加哥大学任教至今。

迈尔森因其对机制设计理论的贡献而分享了2007年的诺贝尔经济学奖。机制设计的概念由另一位诺奖得主赫尔维茨定义，主要采用博弈论方法，不同之处在于博弈论预测给定博弈的结果，而机制设计则根据给定的结果来设计博弈。迈尔森对机制设计理论的重要贡献在于将显示原理一般化，并且将其应用到拍卖与管制等领域。迈尔森1979年在《激励相容与讨价还价》一文中发展了显示原理的一般形式，同时将直接显示原理拓展到贝叶斯纳什均衡。显示原理是指任意机制的均衡结果都可以通过一个激励相容的直接机制来实施，这几项工作将机制设计简化为一般的数学问题，从理论研究上大大降低了机制设计问题刻画的难度。迈尔森1981年发表的论文《最优拍卖设计》现在是机制设计领域的经典文献，迄今依然保持着高被引率。该文给出了激励相容机制的一般化形式，清晰阐述了显示原理，对所有标准拍卖形式的最优收入进行了研究，该文中的很多结论已经成为教科书中的定理。此外，迈尔森1982年在《管制未知成本的垄断企业》一文中通过对最优规制的研究，进一步证明了显示原理的重要性。文章证明规划者不需要知道垄断者的真实生产成本信息，只要设计出满足激励相容约束和参与约束的机制，就可以达到目的，这在今天已经是相当常用的手段。机制设计之外，迈尔森还对政治经济学等颇感兴趣，其研究领域集中在公共选择、选举规则、政治制度等方面。

迈尔森不仅在科研上贡献巨大，在教学方面，迈尔森所著的《博弈论：冲突的分析》一直是研究生高级博弈论的经典参考书，这本书的特点是全面涵盖了非合作与合作博弈论，既保持了严谨的数学形式，也兼顾了可读性。

十六、让·梯若尔

让·梯若尔（Jean Tirole，1953— ）1978年获得巴黎第九大学应用数学博士学位后，对经济学产生兴趣，到美国麻省理工学院继续深造，师从埃里克·马斯金，于1981年获得经济学博士学位。梯若尔与当时另一位师从马斯金的德鲁·弗登伯格合著了《博弈论》一书，该书至今还是博弈论课程的首选教材之一。梯若尔现担任法国图卢兹大学产业经济研究所所长，从1984年开始长期担任经济学顶级期刊《计量经济学》副主编。

梯若尔被誉为当代"天才经济学家"。他在学术上非常多产，其近四十年学术生涯中的贡献包括三百多篇高水平论文，11部专著，内容涉及经济学的众多领域。梯若尔以他开创性的贡献赢得了众多国际盛誉，并于2014年获得诺贝尔经济学奖。

梯若尔早期主攻宏观经济学，发表了一些颇有影响的论文，比如1982年发表的《理性预期下投机行为的可能性》和1985年发表的《资产泡沫和世代交叠模型》一文。

其后不久，梯若尔转向微观经济学，最终成为当代微观经济学大师。梯若尔的著作往往都是一个学科领域标志性的成果。1988年，梯若尔的经典著作《产业组织理论》出版，标志着一个新理论框架的形成。《产业组织理论》是第一本用博弈论范式写成的产业组织理论教科书。自出版以来，该书一直作为世界著名大学研究生的权威教材。20世纪90年代，梯若尔和法国经济学家拉丰共同开创了激励理论的一个最新的应用领域——新规制经济学，并以两本经典著作《政府采购和规制中的激励理论》（1993）和《电信竞争》（2000）完成了理论框架的构建，确立了在该领域的开创者地位。2002年，梯若尔出版著作《公司财务理论》，以博弈论与机制设计理论为框架，为公司金融的研究开辟了一条新途径。

梯若尔对学问永远保持好奇心，在开辟了多个微观经济学研究领域之后，现在又把目光投向了交叉学科——行为经济学的研究，完成了多篇高水平的行为经济学学术论文。普林斯顿大学迪克希特教授说："梯若尔的经济学直觉是经济学理论价值最完美的体现，他把智慧光芒的热量撒向他所触及的每一个领域。"

北京大学出版社教育出版中心
部分重点图书

一、大学之道丛书

大学的理念	[英]亨利·纽曼
德国古典大学观及其对中国的影响（第三版）	陈洪捷
哈佛通识教育红皮书	[美]哈佛委员会
什么是博雅教育	[美]布鲁斯·金博尔
美国文理学院的兴衰——凯尼恩学院纪实	[美]P. E. 克鲁格
营利性大学的崛起	[美]理查德·鲁克
学术部落及其领地	[英]托尼·比彻等
美国现代大学的崛起	[美]劳伦斯·维赛
大学的逻辑（第三版）	张维迎
教育的终结——大学何以放弃了对人生意义的追求	[美]安东尼·克龙曼
知识社会中的大学	[美]杰勒德·德兰迪
美国大学时代的学术自由	[美]罗杰·盖格
美国高等教育通史	[美]亚瑟·科恩
印度理工学院的精英们	[印度]桑迪潘·德布
后现代大学来临	[英]安东尼·史密斯 弗兰克·韦伯斯特
21世纪的大学	[美]詹姆斯·杜德斯达
理性捍卫大学	眭依凡
大学之用（第五版）	[美]克拉克·克尔
高等教育市场化的底线	[美]大卫·L.科伯
世界一流大学的管理之道——大学管理决策与高等教育研究	程星
大学与市场的悖论	[美]罗杰·盖格
美国如何培养研究生	[美]克利夫顿·康拉德等
公司文化中的大学：大学如何应对市场化压力	[美]埃里克·古尔德
哈佛，谁说了算	[美]理查德·布瑞德利
大学理念重审	[美]雅罗斯拉夫·帕利坎
美国大学之魂（第二版）	[美]乔治·M.马斯登
高等教育何以为"高"	[英]大卫·帕尔菲曼

二、21世纪高校教师职业发展读本

教授是怎样炼成的	[美]唐纳德·吴尔夫
给大学新教员的建议（第二版）	[美]罗伯特·博伊斯
学术界的生存智慧（第二版）	[美]约翰·达利等
如何成为卓越的大学教师（第二版）	[美]肯·贝恩
给研究生导师的建议（第二版）	[英]萨拉·德兰蒙特等

三、学术规范与研究方法丛书

如何成为优秀的研究生（影印版）	[美]戴尔·F.布鲁姆等

给研究生的学术建议（第二版）	[英] 玛丽安·彼得 戈登·鲁格
社会科学研究的基本规则（第四版）	[英] 朱迪思·贝尔
如何查找文献（第二版）	[英] 莎莉·拉姆奇
如何写好科研项目申请书	[美] 安德鲁·弗里德兰德 卡罗尔·弗尔特
高等教育研究：进展与方法	[美] 马尔科姆·泰特
教育研究方法（第六版）	[美] 乔伊斯·P.高尔等
如何进行跨学科研究（第二版）	[美] 艾伦·瑞普克
如何成为学术论文写作高手 ——针对华人作者的18周技能强化训练	[美] 史蒂夫·华莱士
参加国际学术会议必须要做的那些事 ——给华人作者的特别忠告	[美] 史蒂夫·华莱士
做好社会研究的10个关键	[英] 马丁·丹斯考姆
法律实证研究方法（第二版）	白建军
传播学定性研究方法（第二版）	李琨
生命科学论文写作指南	[加拿大] 白青云
学位论文写作与学术规范（第二版）	李武，毛远逸，肖东发
如何为学术刊物撰稿（第三版）（影印版）	[英] 罗薇娜·莫瑞
结构方程模型及其应用	易丹辉，李静萍

四、大学学科地图丛书

微观经济学学科地图	胡涛
管理学学科地图	谭力文
战略管理学科地图	金占明
旅游管理学学科地图	李昕
行为金融学学科地图	崔巍
国际政治学学科地图（第二版）	陈岳，田野
中国哲学史学科地图	刘乐恒
文学理论学科地图	王先霈
德育原理学科地图	檀传宝 等
外国教育史学科地图	王保星，张斌贤
教育技术学学科地图	李芒 等
特殊教育学学科地图	方俊明，方维蔚

五、北大开放教育文丛

西方的四种文化	[美] 约翰·W.奥马利
人文主义教育经典文选	[美] G.W.凯林道夫
教育究竟是什么？——100位思想家论教育	[英] 乔伊·帕尔默
教育：让人成为人——西方大思想家论人文和科学教育	杨自伍
透视澳大利亚教育	[澳] 耿华
道尔顿教育计划（修订本）	[美] 海伦·帕克赫斯特